航空摄影测量学

（非摄影测量专业用）

王春祥　李　晓　盛庆伟　主编

黄河水利出版社

·郑州·

内 容 提 要

本教材共分八章，以航测的基本理论为基础，以航测内、外业的作业技能为重点，较全面、系统地讲述了航空摄影测量作业的全过程。书中大量压缩了摄影测量中陈旧过时的内容，增加了数码航空摄影、数码调绘及数字摄影测量等方面的新技术。

本教材由具有丰富教学经验的一线教师编写，图文并茂，通俗易懂，讲解深入浅出。可作为中等专业学校测绘类非摄影测量专业的教学用教材，亦可作为高等职业教育测绘专业或其他院校的规划、农林、环保、资源等专业以及测绘技术工作者的参考用书。

图书在版编目(CIP)数据

航空摄影测量学(非摄影测量专业用)/王春祥，李晓，盛庆伟主编．—郑州：黄河水利出版社，2011. 3 （2022.9 重印）
ISBN 978-7-80734-998-3

Ⅰ．①航… Ⅱ．①王… ②李… ③盛… Ⅲ．①航空摄影测量-高等学校：技术学校-教材 Ⅳ．①P231

中国版本图书馆 CIP 数据核字(2011)第 027063 号

策划编辑：陶金志 电话：0371-66025273 E-mail：838739632@qq.com

出 版 社：黄河水利出版社 网址：www.yrcp.com
地址：河南省郑州市顺河路黄委会综合楼 14 层 邮政编码：450003
发行单位：黄河水利出版社
发行部电话：0371-66026940、66020550、66028024、66022620(传真)
E-mail：hhslcbs@126.com
承印单位：河南承创印务有限公司
开本：787 mm×1 092 mm 1/16
印张：11.5
字数：266 千字
版次：2011 年 3 月第 1 版 印次：2022 年 9 月第 3 次印刷

定价：36.00 元

前 言

本书是在郑州测绘学校使用多年的原《航空摄影测量学》教材的基础上，根据作者多年教学经验及有关教师和学生提出的宝贵意见和建议，对书中内容进行了认真地修改、充实和完善而成的。本书可作为中等专业学校测绘类非摄影测量专业的教材，亦可作为高等职业教育测绘类专业或其他院校的规划、农林、环保、资源等专业以及测绘技术工作者的参考用书。

随着现代计算机技术、空间定位技术、高分辨率遥感技术以及现代通信技术的快速发展，摄影测量的理论与方法也有了突飞猛进的发展，如今的摄影测量学科已远远超出了其传统测量与制图的狭窄范围，影像信息的获取以及数据的处理更趋自动化和智能化，数字化测绘产品的形式越来越丰富。为适应摄影测量新的理论、技术和作业方法，在编写本书的过程中，对摄影测量中陈旧过时的内容进行了大量的压缩和删减，增加了数码航空摄影、数码调绘及数字摄影测量等内容。全书共分为八章，第一章至第三章介绍航空摄影基础知识、像片和像对摄影测量的解析基础，第四章至第六章介绍像片判读、航测外业像片控制测量及像片调绘的作业方法和作业过程，第七章主要介绍解析摄影测量，第八章介绍数字摄影测量原理及作业过程。为了便于教学，每章内容后面都配有一定数量的思考题。

本书以航测的基本理论为基础，以航测内、外业的作业技能为重点，较全面、系统地讲述了航空摄影测量作业的全过程。书中涉及的规范要求，如果没有特殊说明，一般指的是1:5 000、1:10 000地形图航空摄影测量中的规范要求，教学过程中可以根据专业不同而有所侧重。在掌握航测基本理论的同时，应注重作业技能的培养。工程测量专业、地籍测量和土地房产专业的学生，应侧重航测外业方面的技能培养；制图与地理信息系统专业的学生，应侧重数字摄影测量内业的软件操作以及测图方面的技能培养（配套使用我校编写的“数字摄影测量实习指导书”及“解析空中三角测量实习指导书”）。

本书由王春祥主持编写。其中，第一章至第三章由李晓执笔，第四章至第六章由王春祥执笔，第七章、第八章由盛庆伟执笔，其中第六章的第七节“数码调绘系统介绍”由北京四维远见信息技术有限公司的刘四宁编写，在此表示感谢。

本书在编写过程中得到了郑州测绘学校领导和教材编委会的大力支持，听取了部分专家和有关老师的意见。航测教学部主任尚国旗及教务处处长薛雁明对本书进行了审阅并提出了许多宝贵意见，在此对提出意见的专家、老师、审稿人及有关参考文献的作者表示衷心的感谢。

由于时间仓促，加之编者水平有限，书中难免存在不足与不妥之处，敬请读者批评指正。

编 者

2011 年 1 月

目　录

第一章 绪 论

第一节 摄影测量概述

在普通测量学中，我们已经知道用常规的地形测量方法可以测绘地形图，但这并非测绘地形图的唯一方法。19 世纪 50 年代在摄影技术的基础上发展起来的摄影测量学同样能够用以测绘地形图。

摄影测量学(Photo Grammetry)有着悠久的历史，传统的摄影测量学是利用光学摄影机对所研究的对象进行摄影，根据所获得的像片信息来研究、确定被摄物体的形状、大小和空间位置的一门学科和技术。它包含的内容有：获取被摄物体的影像，研究单张和多张像片影像的处理方法，包括理论、设备和技术方法，以及将所处理和量测得到的结果以图解或数字形式输出的方法和设备。

摄影测量学的主要特点是在像片上进行量测与解译，无需接触被摄物体本身，因而很少受到自然和地理条件的的限制，而且可以得到瞬间的动态物体影像。摄影测量的分类方法有许多种，若按摄影机与被摄物体距离的远近可分为航天摄影测量、航空摄影测量、地面摄影测量、近景摄影测量和显微摄影测量等分支，若按应用的对象不同，又可分为地形摄影测量和非地形摄影测量。地形摄影测量的主要任务是测绘各种比例尺的地形图，工程勘察设计和城镇、农业、林业、交通等各部门的规划与资源调查用图，建立相应的数据库；而非地形摄影测量则用于解决资源调查、变形观测、环境监测、军事侦察、弹道轨道及工业、建筑、考古、生物医学等各方面的科学问题。

随着时代的进步和科技的发展，如今摄影测量无论是在信息的获取、处理，还是在成果的表达方面都发生了革命性的变化，摄影测量所处理的信息不再局限于单一的框幅式航摄仪硬拷贝光学影像加普通测量仪器的观测数据，CCD(电荷耦合器件)固态数字摄影机影像、合成孔径雷达影像、卫星传感器多光谱多时相遥感影像、GPS 定位数据也应有尽有。为了快捷地处理并充分利用这些信息，发展基于计算机的全数字摄影测量信息处理系统，提供可满足各行各业需要的多样化产品的产业结构已势在必行。如今的摄影测量学科已远远超出了传统测量与制图的狭窄范围，不再局限于测绘物体形状与大小等数据的几何处理。为此，国际摄影测量与遥感学会(ISPRS)于 1988 年在日本京都召开的第十六届大会对摄影测量与遥感作出新的定义：摄影测量与遥感是从非接触传感器系统获得影像，通过记录、量测、分析与数字表达等处理，获取地球及其环境和其他物体可靠信息的工艺、科学和技术。简言之，它是影像信息的获取、处理和成果表达的一门信息学科。

摄影测量学从其发展过程来看，可划分为三个阶段：模拟摄影测量、解析摄影测量和数字摄影测量。摄影测量三个发展阶段的特点如表 1-1 所示。

模拟摄影测量是在室内借助于立体测图仪模拟摄影过程，恢复摄影时像片的内外方位元素，建立与实地相似的立体几何模型，然后在该模型上进行量测。该方法主要依赖于摄影测量内业测量设备，研究的重点放在仪器的研制上，仪器价格十分昂贵。

表 1-1　摄影测量三个发展阶段的特点

发展阶段	原始资料	投影方式	仪器	操作方式	产品
模拟摄影测量	像片	物理投影	模拟测图仪	作业员手工	模拟产品
解析摄影测量	像片	数字投影	解析测图仪	机助作业员操作	模拟产品 数字产品
数字摄影测量	像片 数字化影像 数字影像	数字投影	数字摄影测量系统	自动化操作＋作业员干预	数字产品 模拟产品

随着计算机的问世，人们用严格计算的方法解求像点在物方空间的坐标成为可能，解决了长期困扰摄影测量工作者的复杂的几何解算和大量的数值计算问题，实现了"用数字投影代替物理投影"。所谓"物理投影"，就是指"光学的、机械的或光学－机械的"模拟投影。"数字投影"就是利用电子计算机实时地进行共线方程的解算，从而交会被摄物体的空间位置。该阶段的主要仪器设备是解析测图仪，但仪器价格依然很昂贵。

解析摄影测量的进一步发展是数字摄影测量。数字摄影测量就是利用所获取的数字影像，在计算机上进行各种数值、图形和影像处理，研究目标的几何和物理特性，从而获得各种形式的数字产品（如数字地图、DEM、DOM 及测量数据库等）和可视化产品（如地形图、专题图、纵横断面图、透视图、电子地图、正射影像图等）。

目前，在摄影测量中，航空摄影测量采用的最为普遍，航空摄影测量是摄影测量的重要组成部分。航空摄影测量的主要任务就是利用各种影像信息测制各种比例尺、不同类型的地形图，建立地形数据库，为各种地理信息系统（GIS）和土地信息系统（LIS）提供最原始的基础数据。因此，摄影测量学在理论、方法和仪器设备方面的发展都受到地形测量、地图制图、数字测图、测量数据库和地理信息系统的影响。摄影测量学作为影像信息获取、处理、加工和表达的一门学科，又受到影像传感器技术、航空航天技术、计算机技术的影响，并随着这些技术的发展而发展。

利用航空摄影测量的方法测制地形图，与常规的利用地形测量的方法测制地形图相比，不仅速度快，成本低，机械化、电子化程度高，图面精度有保证，而且减少了野外工作量并改善了作业条件。因此，航空摄影测量是我国测制国家基本比例尺地形图的主要方法，也是测制大比例尺地形图、地籍图的重要方法。鉴于航空摄影测量在国民经济建设的诸多部门及军事国防等方面所发挥的重要作用，对非航测专业的学生来说，学习掌握一定的航空摄影测量的基本知识和技能具有不可小视的意义。

第二节　影像信息科学的形成

摄影测量学的发展历史就是遥感发展的历史，而遥感技术则是传统摄影测量发展的必然趋势。摄影测量与遥感有机地结合起来，已成为 GIS 技术中的数据采集与更新的重要手段；反过来，GIS 则是摄影测量与遥感数据存储、管理、表达和应用的重要平台。摄影测量、遥感与 GIS 三者之间的结合，促进了一门信息科学分支——影像信息科学的形成。

数字测图、全数字化摄影测量和遥感图像处理技术的发展需要有一个数据库或空间信息系统来存储、管理这个数字数据，并与其他非图形的专题信息相结合，进行分析、决策，以回答用户的有关问题。由于地理信息系统（GIS）和土地信息系统（LIS）都与物体的空间位置和分布有关，都属于空间信息系统的某种特定形式，这就是摄影测量和遥感技术必然与地理信息系统相结合的原因。

影像信息科学是一门记录、存储、传输、量测、处理、解译、分析和显示由非接触传感器影像获得的目标及环境信息的科学、技术和经济实体。应当说，影像信息科学是由摄影测量学、遥感、地理信息系统、计算机图形学、数字图像处理、计算机视觉、专家系统、航天科学和传感器技术等相结合的一个边缘学科。它提供了基于影像认识世界和改造世界的一条途径，因而具有无限的生命力。

图 1-1 形象地概括了影像信息科学的组成与相互关系。可以看到，影像信息获取、处

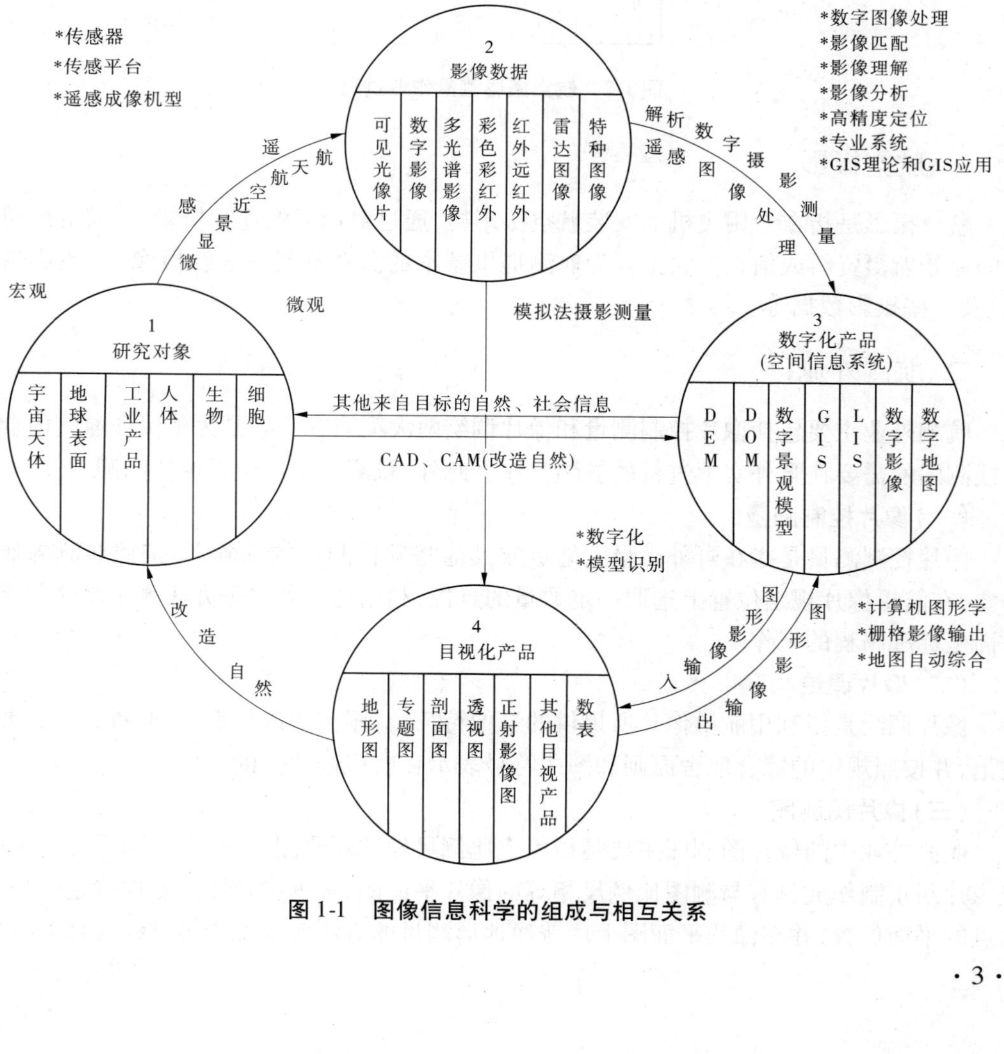

图 1-1　图像信息科学的组成与相互关系

理、加工和结果表达的整个过程是有机联系的，它既包含了模拟法、解析法和数字摄影测量，又包含了遥感与信息系统。图中用＊号表示的是与影像信息科学密切相关的专业课程和专业基础课程。

第三节　航空摄影测量的简要过程

航空摄影测量作业过程可以用图 1-2 简明表示。

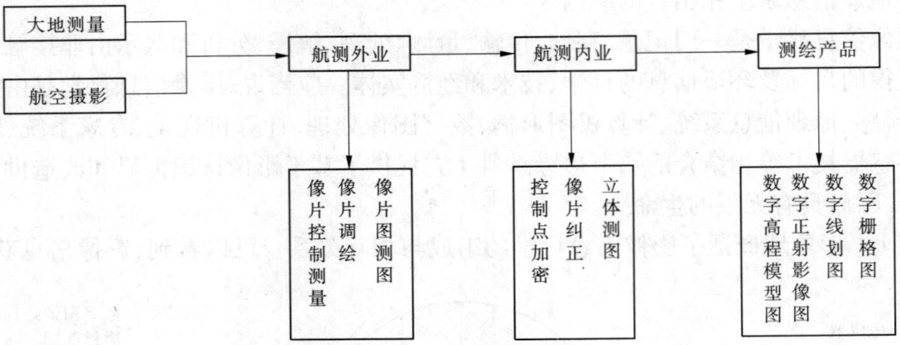

图 1-2　航空摄影测量作业过程

一、航空摄影

航空摄影是指在专用飞机上安装航空摄影机，通过对地面的连续摄影，以获取所摄地区的原始航摄资料或信息。它主要为航测提供基本的测图资料——航摄像片（或影像信息）及一些摄影数据等。

二、航测外业

航测外业主要包括像片控制测量和像片调绘两大项内容。它是为了保证航测内业加密或测图的需要在野外实地进行的航测工作。此外，航测外业还包括像片图测图。

（一）像片控制测量

像片控制测量是指在野外少量大地点或其他基础控制点的基础上，按照航测内业的需要，在航摄像片规定位置上选取一定数量的点位，利用地形测量等方法测定出这些点的平面坐标和高程的工作。

（二）像片调绘

像片调绘是指利用航摄像片所提供的影像特征，对照实地进行识别、调查和做必要的注记，并按照规定的综合取舍原则和图式符号表示在航摄像片上的工作。

（三）像片图测图

航测外业中的像片图测图主要是指固定比例尺像片图测图，它是以航摄像片为基础，经像片纠正制作成具有与测图比例尺相等的像片平面图，根据像片图的影像确定地物、地貌点的平面位置，并在像片平面图上用普通地形测量的方法实地测绘等高线，最终获得地形原图的一种测图方法。

三、航测内业

航测内业是指在室内依据航测外业等成果，利用一定的航测仪器和方法所完成的那部分航测工作。航测内业主要包括控制点加密（即电算加密或称解析空中三角测量）、像片纠正和立体测图三大项工作。

（一）控制点加密

为了满足内业立体测图或制作像片平面图的需要，在像片上必须确定一定数量的已知控制点（定向点或纠正点），这些点若仅凭外业来解决，或数量不够，或外业工作量大，目前该项工作在航测内业中主要采用解析空中三角测量的方法来解决。

（二）像片纠正

像片纠正是为了消除航摄像片与正射影像之间的差异，以满足像片图测图及其制作正射影像图的需要而进行的那部分航测内业工作。

（三）立体测图

立体测图是航测成图的主要方法，被生产单位广泛使用。它是在室内依据航摄像对摄影过程的几何反转原理，建立起可供量测的立体几何模型，然后在立体几何模型上测绘出地物、地貌元素。目前，主要利用全数字摄影测量系统来进行立体测图。

四、测绘产品

航空摄影测量可以根据客户及用图单位的需要，生产出各种各样的测绘产品，如我们常见的“4D”产品，即 DEM（数字高程模型图）、DOM（数字正射影像图）、DLG（数字线划图）、DRG（数字栅格地图）；另外，还有立体景观图、立体透视图、各种工程设计所需的三维信息及各种信息系统和数据库所需的空间信息等测绘产品。

思考题

1. 何谓摄影测量学？航空摄影测量的主要任务是什么？
2. 简述摄影测量发展的三个阶段及其特点。
3. 试利用框图简要说明航空摄影测量的过程及其所包含的主要内容。
4. 什么是影像信息科学？试从摄影测量、遥感与 GIS 三者的结合上去分析影像信息科学的形成。

第二章　航空摄影

航摄像片是航空摄影的产物,是进行航空摄影测量必备的基础资料。所以,学习航空摄影测量应当对航空摄影的基础知识有所了解。航空摄影是指将专用的照相机(即航摄仪)安装在飞机上,按照一定的技术要求从空中对地面进行摄影的过程。航空摄影后所获得的指定地区的航摄像片,是航测成图的重要基础资料。

第一节　航空摄影的基本概念

一、航摄仪

航空摄影机简称航摄仪(又称航摄机),是具有一定像幅尺寸,能够安装在飞机上对地面自动进行连续摄影的照相机。航摄仪是一台结构复杂、精密的全自动光学电子机械装置,其所摄取的影像能够满足量测和判读的要求。图 2-1 是一般的航摄仪结构示意图。

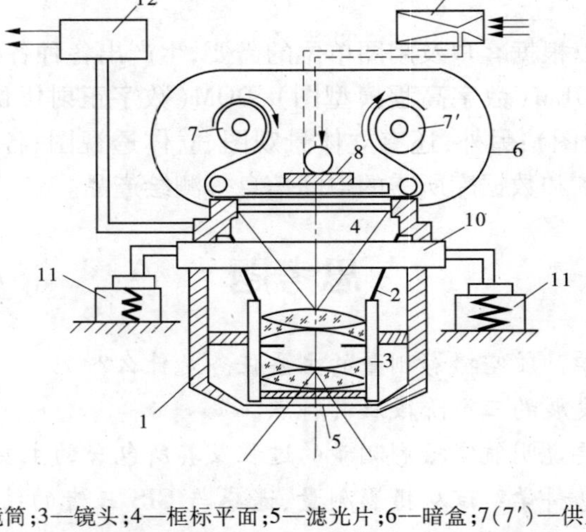

1—镜箱;2—镜筒;3—镜头;4—框标平面;5—滤光片;6—暗盒;7(7′)—供片轴(承片轴);
8—压片机构;9—吸气管;10—座架;11—减震器;12—控制器

图 2-1　航摄仪结构示意图

航摄仪与普通相机的主要区别之一是在其物镜的焦平面上(即镜箱与暗盒的衔接处)设置有一贴附框。贴附框每边的中点各设有一个框标,称为机械框标;有的航摄仪除有上述四个框标外,在贴附框的四个角隅还各设有一个光学框标,如图 2-2 所示。这些框标在摄影曝光时,都能与所摄地物同时构像于航摄软片上。框标是航测中建立像平面坐标系、进行像点坐标量测及对像片进行变形改正的重要依据。

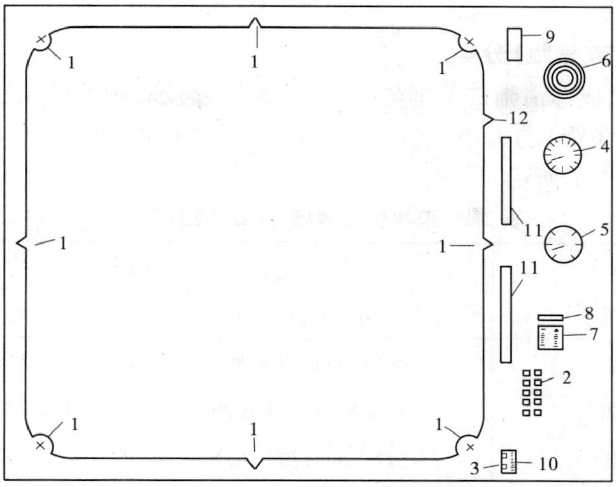

1—8 个框标;2—光楔;3—像片号;4—时表;5—粗高度计;6—圆水准气泡;
7—日期和测区书写板;8—摄影机编号;9—暗匣号;10—镜箱常数(摄影主距);
11—外方位元素值;12—第 9 个非对称排列的框标

图 2-2　量测摄影机的辅助构像

与普通相机不同的还有航摄仪常使用主距的概念。所谓主距(f),是指像平面到物镜后主平面之间的距离。这是因为航摄仪像平面的位置在工厂安装时已作了定焦调整,并能保证影像清晰和几何位置精度的像平面固定下来,所以航摄仪的主距实际上就是固定的像距,它与物镜的焦距是两个不同的概念。但对航空摄影而言,由于摄影时其物距远远大于像距,因此实际上航摄仪的主距与物镜的焦距值相差很小。我们把摄影时航摄仪镜头中心到某一地面的垂直距离称为航高(H)。航高有绝对航高和相对航高之分,绝对航高(H_0)是指航摄仪镜头中心到大地水准面的垂直距离,航摄仪镜头中心到某一基准面的垂直距离则称为相对航高。

此外,在航摄仪贴附框的四周镜箱上还设置有指示飞行高度的气压表、指示摄影时刻的时表、指示光轴位置的水准器以及摄影记数器,新型航摄仪上还有一条光楔(见图 2-2)。这些指示器都能随每一幅同时记录在航摄像片上,成为曝光瞬间像片状况数据的记录。

航摄仪由控制器通过电磁开关来操作启动快门和计数器,同时通过传动机构以及暗盒内的卷片轴,可以使摄影胶片一幅幅地移动。景物的反射光线通过镜筒内的镜头在胶片上曝光成像,物镜前的滤光片起减少大气灰雾影响的作用。压片机构和吸气管可在曝光之前将航摄胶片展平在焦平面上。座架与减震器相连,以减小飞机震动的影响。

二、航摄仪的分类

在航空摄影测量中使用的航摄仪一般有两种分类方式。

(一)按像幅分类

航摄仪按所摄像片的像幅可分为 18 cm×18 cm 和 23 cm×23 cm 两种,现代航摄仪多用后者。

（二）按像场角（或焦距）分类

物镜焦面上中央成像清晰的范围称为像场，像场直径对物镜后结点的夹角称为像场角。根据像场角（或焦距）的大小，航摄仪可分为常角（长焦距）、宽角（中焦距）、特宽角（短焦距）三种，如表 2-1 所示。

表 2-1　航摄仪按像场角（或焦距）分类

像场角	焦距	
	18 cm×18 cm	23 cm×23 cm
<70°（常角）	>200 mm（长焦距）	>255 mm（长焦距）
70°～100°（宽角）	80～200 mm（中焦距）	102～255 mm（中焦距）
>100°（特宽角）	<80 mm（短焦距）	<102 mm（短焦距）

三、航空摄影的主要工作环节

（一）航摄协议书的拟订

航摄协议书应由用户单位拟订。在航空摄影规范中，对大部分技术要求都有明确规定，但对其中的个别项目，用户单位应根据其测绘任务的实际情况和对资料的要求进行仔细分析，这是用户单位在向航摄单位联系航摄任务前必须认真考虑的问题。其内容主要包括以下几个方面：

（1）划定需航摄的具体区域范围。根据计划测图的范围和图幅数，按图幅分幅方法用经纬度或图号在计划图上标示出所需航摄的区域范围，或直接标示在小比例尺的地形图上。

（2）规定航摄比例尺。在满足成图精度的条件下，一般从经济角度考虑应选择较小的航摄比例尺。具体航摄比例尺的大小和航片的重叠度应按规范的要求确定，对一些特殊的要求可提出协商。

（3）规定航摄像片应达到的质量要求。这里主要包括参照规范的规定提出飞行质量和摄影质量的要求。

（4）规定航摄仪类型及焦距、像幅的规格。一般是先确定像幅的规格（目前生产中多采用 23 cm×23 cm 的像幅），然后根据像幅大小与有关质量和功能的要求（如测图精度、测图的仪器设备情况、测图的比例尺和测图的方法等）选择航摄仪。目前，我国常用的航摄仪有瑞士威特厂生产的 RC 系列，德国生产的 RMK、LMK 系列航摄仪。最后根据航摄地区的地形特征和成图要求确定合适焦距的镜头。例如：欲减少地物点在像平面上的投影差，一般选择长焦距镜头；平坦地区欲提高高程量测精度，宜选择短焦距镜头；山区为了避免摄影死角，宜选择中等或较长焦距镜头。

（5）规定移交成果的方式、内容和期限。应移交的航摄资料包括：①航摄底片；②接触晒印的航摄像片（份数按合同规定提供，一般为两套）；③像片索引图的底片和像片；④航摄成果质量检查记录和航摄鉴定表；⑤航摄仪检定记录和数据；⑥附属仪器记录数据和资料;⑦各种登记表及其他有关资料;⑧移交清单。以上成果根据双方协议可一次性移交,也可分期分批移交。具体移交日期应有所限定。

(6)规定甲、乙双方的责任和费用。

(二)航摄技术计划的制订和实施

当航摄协议书双方签字后,航摄部门就应根据用户单位的航摄技术要求,制订出具体的航摄技术计划并进行实施。

1. 收集航摄地区的有关资料

收集航摄地区已有的地形图、控制测量成果、气象资料和其他图件、图表等资料,了解航摄地区的地形特征、地物种类及分布规律,作为制定航摄技术计划的参考或依据。

2. 划分航摄分区

当航摄区域大、地形起伏多时,应划分成若干个航摄分区(分区的最小范围除1∶5 000测图不得小于两个图幅外,其余不得小于一个图幅)。划分时每个分区的高差应尽量小(分区内的地形高差不应大于1/4 相对航高),每一分区的边界线应与地形图图幅的图廓线一致,分区划分应考虑加密的要求和外业布设控制点的方便,同一分区内应使用同一架航摄仪摄影。

3. 确定航线方向和敷设航线

航空摄影一般按东西方向直线飞行。特定条件下亦可按地形走向作南北向飞行或沿线路、河流、海岸、境界等任意方向飞行。常规摄影航线应与图廓线平行敷设。对于1∶5 000、1∶10 000测图,当 $M_{像}/M_{图}$ 大于3.3 时,航线应沿图幅中心线敷设。

4. 计算航摄所需的飞行和摄影数据

在航摄中需要计算的飞行和摄影数据主要是绝对航高、摄影航高、像片重叠度、航摄基线、航线间距、航摄分区内的航线数、曝光时间间隔和像片数等。

5. 确定航摄的日期和时间

以测制地形图为目的的航摄,其航摄日期和时间的选择一般应避免或减小植被、积雪等的遮盖,并应晴天无云。我国的北方和南方有所差异。总的来说,每年较好的航摄时间段为4 ~5 月或8 ~11 月,一天之内最有利的航摄时间是中午前后的几个小时(此时,地物的阴影最短,地面照度最大)。航摄的日期和时间确定后,飞机按预定计划转至航摄地区附近的机场,安装好航摄仪并检查各种仪表设备、导航设备,标好领航地图和选择正确的航摄参数。当飞机进入航摄地区上空时,按已标绘的领航图确定的目标和方向进入第一条航线。到达开始摄影标志的正上空时,打开航摄仪进行自动连续摄影;到达终止摄影标志正上空时,关闭航摄仪停止摄影。然后转弯飞行进入第二条航线,如此依次摄影,直至整个区域的空摄工作全部完成即可返航。其航摄过程如图2-3 所示。

四、GPS 辅助空中摄影技术

(一)航摄飞行导航

航空摄影飞行必须按航摄计划中的要求,在一定的高度沿设计的航线飞行,以保证所得影像具有一定的摄影比例尺、航向重叠度及旁向重叠度。

早期的航空摄影导航是由领航员按地形图上的特征点引导飞机进入航线,确定开、关

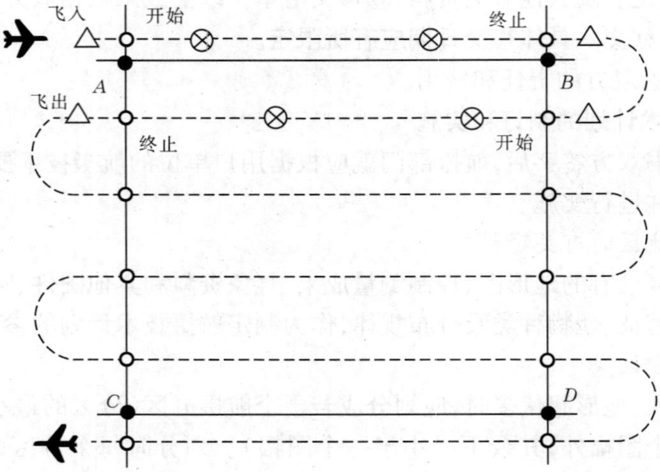

○—摄影开始或终止的标志；⊗—控制飞行方向的地面标志；

△—飞机飞入、飞出的方向标；*ABDC*—摄影范围线

图 2-3　区域航空摄影航摄过程

机点并通知摄影员工作。由于飞机对领航员的"视线"影响及地物的变化，导航难度较大，效果也不理想。随着 GPS 的广泛应用，现在已普遍使用 GPS 进行航空摄影导航。GPS 用于航空摄影导航采用单点定位即可满足精度要求。单点定位就是根据接收机的观测数据，利用 C/A 码伪距实时 GPS 定位来确定接收机位置，即飞机的实时位置。

(1)将航摄设计书中 GPS 领航数据表中的航线数据输入到 GPS 中，并编辑各导航点生成航线。航线数据是指各条航线的进入点、开机点、关机点的经纬度，是在地形图上设计的航线上按要求进行量算获得的。

(2)航摄飞行时，领航员根据 GPS 显示屏上显示的计划航线，指挥飞行员进入航线并保持飞机按计划航线飞行，在开、关机点通知摄影员开、关摄影机。

(3)当 GPS 仅用于航摄飞行导航时，摄影航高一般是按飞机上的高度表确定的，GPS 只负责平面位置的确定。

(二)IMU/DGPS 组合系统辅助航空摄影技术

20 世纪 90 年代以来，诞生于军事工业的 DGPS(差分 GPS)技术与 IMU(惯性测量单元 Inertial Measurement Unit)的组合应用使准确地获取航摄仪曝光时刻的外方位元素成为可能，从而实现无(或少)地面控制点，甚至无需空中三角测量工序，即可直接定向测图，从而大大缩短作业周期，提高生产效率、降低成本。国际上有很多机构和公司都将 IMU、DGPS 组合成的高精度位置与姿态测量系统(简称 IMU/DGPS 系统)应用于航空摄影中。

应用于航空遥感等领域的导航及姿态测量系统主要有卫星无线电导航系统(如全球定位系统 GPS)和惯性导航系统(Inertial Navigation System，简称 INS)。GPS 的基本定位原理是卫星不间断地发送自身的星历参数和时间信息，用户接收到这些信息后，经过计算求出接收机的三维位置、三维方向及运动速度和时间信息；INS 姿态测量主要是利用惯性测量单元(IMU)来感测飞机或其他载体的加速度，经过积分等运算，获取载体的速度和姿态

(如位置及旋转角度)等信息。在 IMU/DGPS 辅助航空摄影测量中主要采用载波相位差分 GPS(DGPS)定位技术,该技术可使定位精度达到厘米级,大量应用于动态需要高精度位置的领域。

一套完整的 IMU/DGPS 系统硬件主要包括 IMU、机载双频 GPS 接收机、高性能机载 GPS 天线、地面 GPS 接收机、机载计算机及存储设备。其软件包括 DGPS 数据差分处理软件、IMU/DGPS 滤波处理软件及检校计算软件。目前,国际上常用于航空摄影测量的 IMU/DGPS 系统主要有两种:德国 IGI 公司的 AEROControl 和加拿大 Applanix 公司的 POS/AV 系统。

IMU/DGPS 系统可以与多种传感器(如光学航摄仪、高光谱仪、数字航摄仪、LIDAR 及 SAR)相联,实现直接传感器定向或辅助定向测量。其中,线阵推扫式数字航摄仪(如徕卡公司的 ADS40)以及 LIDAR(机载激光三维扫描系统)中必须包含 IMU/DGPS 系统。

IMU/DGPS 辅助航空摄影测量是指利用装在飞机上的 GPS 接收机和设在地面上的一个或多个基站上的 GPS 接收机同步而连续地观测 GPS 卫星信号,通过 GPS 载波相位测量差分定位技术获取航摄仪的位置参数,应用与航摄仪紧密固连的高精度惯性测量单元(IMU)直接测定航摄仪的姿态参数,通过 IMU、DGPS 数据的联合后处理技术获得测图所需的每张像片高精度外方位元素的航空摄影测量理论、技术和方法。IMU/DGPS 辅助航空摄影测量的方法主要包括直接定向法和 IMU/DGPS 辅助空中三角测量方法。

直接定向法是利用高精度差分 GPS 和惯性测量单元在航空摄影的同时获得差分 GPS 数据和姿态数据,通过事后 GPS 差分处理及姿态测量数据处理,获得摄影时刻航摄仪精确位置坐标和姿态,通过对系统误差的改正,进而得到每张像片的高精度外方位元素。IMU/DGPS 辅助空中三角测量方法是将基于 IMU/DGPS 技术直接获取的每张像片的外方位元素作为带权观测值参与摄影测量区域网平差,获得更高精度的像片外方位元素成果。

第二节　航摄资料的质量要求

为了满足航测成图的需要,航摄部门所提交的航摄资料(主要是航摄像片),经检查验收后必须满足规范和协议规定的技术要求,用户方可接收。用户在检查、验收航摄资料时,除清点按合同要求应提供的资料名称和数量外,主要检查航摄负片的飞行质量和摄影质量。

一、对飞行质量的要求

(一)对像片倾斜角的要求

像片倾斜角是指航摄仪的主光轴与过镜头中心的铅垂线之间的夹角,用 α 表示。在目前条件下,所摄得的航摄像片难免有一定的倾斜,为了减小该因素对航测成图的不利影响,要求像片倾斜角一般不大于 2°,个别倾斜角最大不超过 3°。

检查像片倾斜角是按圆水准器影像中气泡所处的位置来确定的,如 RC 型航摄仪,其圆水准器的分划是每圈 0.5°,圆水准器一共有 5 个分划,根据摄影后圆水准气泡偏离的圈数，可以读出像片倾斜角的度数，以此来判定像片倾斜角是否超限。

（二）对航摄比例尺的要求

在确定航摄比例尺时往往与满足成图精度要求和提高经济效益之间存在着一定的矛盾。比如说，若航摄比例尺大，则点位的刺点和量测精度就高，同时也利于像片的判读、调绘，但航线数和像片数必然增多，摄影工作量大、经济效益降低；反之，若航摄比例尺较小，则对提高经济效益有利，但测图精度有时较难保证。所以，航摄比例尺应根据不同航摄地区的地形特点，在确保测图精度的前提下，本着有利于缩短成图周期、降低成本、提高测绘综合效益的原则在表 2-2 的范围内选择。

表 2-2　航摄比例尺的选择

测图比例尺	航摄比例尺	航摄计划用图
1:500	1:2 000 ~ 1:3 000	1:10 000
1:1 000	1:4 000 ~ 1:6 000	1:10 000 或 1:25 000
1:2 000	1:8 000 ~ 1:12 000	
1:5 000	1:10 000 ~ 1:20 000	1:25 000 或 1:50 000
1:10 000	1:20 000 ~ 1:40 000	
1:25 000	1:25 000 ~ 1:60 000	
1:50 000	1:35 000 ~ 1:80 000	1:100 000 或 1:250 000
1:100 000	1:60 000 ~ 1:100 000	

从表 2-2 中可以看出，一般测绘小比例尺（如 1:100 000）地形图时，航摄比例尺应大于测图比例尺；测绘中比例尺（如 1:50 000）地形图时，航摄比例尺略大于或接近于测图比例尺；测绘大比例尺（如 1:10 000 或更大）地形图时，航摄比例尺应小于测图比例尺。

表 2-2 中“航摄计划用图”一栏为用户向航摄单位联系航摄任务时，所需提交的一定比例尺的地形图，该地形图既作航摄计划用，也作航摄领航及检查验收用。

（三）对航高差的要求

一般来说，飞机在航空摄影时很难准确地保持同一高度水平飞行，这样航摄像片之间会有航高差的存在。由于航高差的影响，航片之间的比例尺会有所差异，特别是当相邻航片之间这种差别较大时，会影响立体观察和立体量测的精度。对于中小比例尺测图，规范要求同一航线上相邻像片的航高差不得大于 30 m；最大航高和最小航高之差不应超过 50 m；摄影分区内实际航高不应超出设计航高的 5%（实际航高指摄影时飞机实际的飞行高度，设计航高则指飞机计划飞行的高度）。

（四）对像片重叠度的要求

为了满足航测成图的需要，考虑到航线网、区域网的构成及模型之间的连接等，要求相邻三张航摄像片应有公共重叠部分。航摄中，我们把相邻两张像片具有同一地面影像的部分称为重叠，可分为航向重叠和旁向重叠。航向重叠是指同一航线相邻像片之间的重叠，旁向重叠则是指相邻两条航线之间像片的重叠（见图 2-4）。像片重叠的大小以重

叠度表示,它是重叠部分长度与像幅大小之比的百分数,分为航向重叠度和旁向重叠度,可用式(2-1)所示为

$$P_x = \frac{q_x}{L} \times 100\%\;;\quad P_y = \frac{q_y}{L} \times 100\% \tag{2-1}$$

式中 P_x、P_y——航向、旁向的重叠度;

q_x、q_y——航向、旁向重叠部分的像片长度;

L——像幅长度。

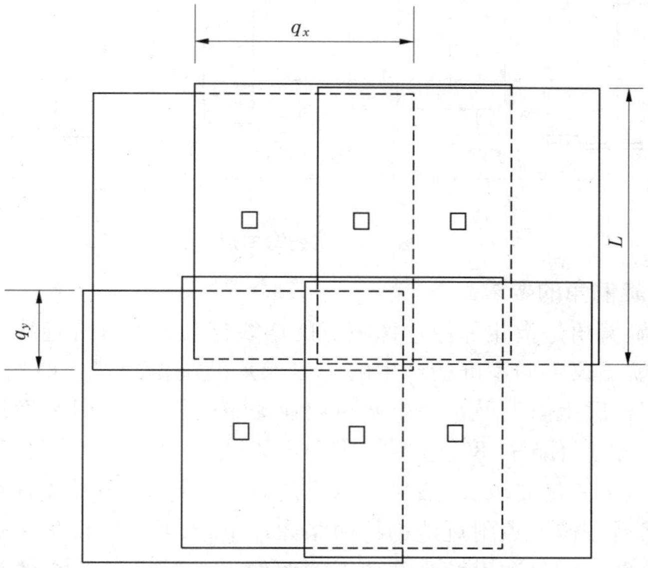

图 2-4 航摄像片的重叠

一般要求:航向重叠度(P_x)应为 60% ~65%,个别最大不得大于 75%,最小不得小于 56%。当个别像对的航向重叠度虽小于 56%,但大于 53%,且相邻像对的航向重叠度不小于 58%,能确保测图定向点和测绘工作边距像片边缘不小于 1.5 cm 时,可视为合格。

旁向重叠度(P_y)应为 30% ~35%,个别最小不得小于 13%。

在沿图幅中心线敷设航线,实现一张像片覆盖一幅图时,航向重叠度可加大到80% ~90%,且应保证图廓线距像片边缘至少大于 1.5 cm。

检查像片重叠度是否满足要求时,应以重叠部分最高地形部分为准。当像片航向或旁向的重叠度小于最小重叠度要求时,将可能产生“航摄漏洞”。航摄漏洞会给航测成图带来严重困难。重叠部分小到不能建立立体模型,但在单张像片应用范围内还有地面影像的称为航摄相对漏洞;否则称为绝对漏洞。

(五)对航线弯曲度的要求

航线弯曲是指航摄时飞机不能准确地在一条直线上飞行,实际航线呈曲线状。航线弯由的大小用航线弯曲度 e 表示。航线弯曲度的确定方法如图 2-5 所示,首先把一条航线的像片按其重叠正确排好,然后用直尺量取该航线两端像片像主点之间的距离 L,同时

也量出偏离该直线 L 最远的像主点之距 δ，两值之比的百分数即为航线的弯曲度 e，即

$$e = \frac{\delta}{L} \times 100\% \tag{2-2}$$

首先，航线弯曲度将影响像片的旁向重叠度，弯曲度太大，有可能产生航摄漏洞；其次，航线的不规则将增加航测作业的困难，影响航测内业加密精度。因此，规范规定航线弯曲度一般不应大于 3%。

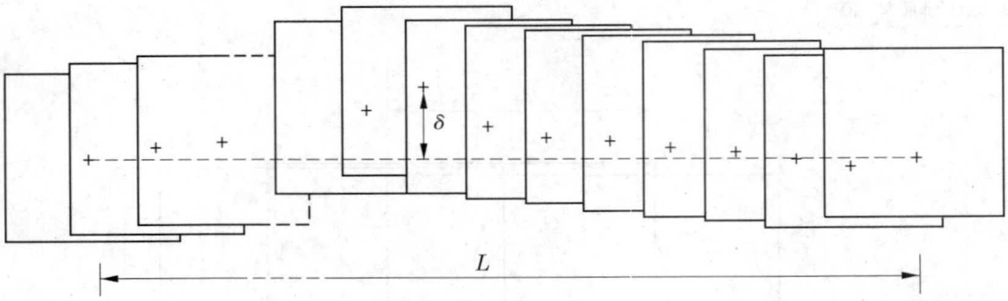

图 2-5　航线弯曲度

(六)对像片旋偏角的要求

航摄像片的旋偏角是指相邻像片像主点的连线与航向两框标连线之间的夹角。旋偏角是航空摄影时航摄仪定向不准所产生的。当像片的旋偏角过大时，会使得像片重叠不正常，而且在一定程度上影响航空摄影测量内业测量的精度。所以，航摄像片的旋偏角要求一般不大于 6°，最大不超过 8°（且不得连续 3 片）。

像片旋偏角是否满足要求，一般采用以下的方法进行检查：首先在相邻像片上标出两个像主点位置，然后按像主点附近地物将两张像片重合，并将两个像主点分别转刺在相邻像片上，再用量角器分别量测出两张像片上的两像主点连线与沿航线方向框标连线的两个夹角，以其中最大的一个夹角为旋偏角。

二、对摄影质量的要求

(1)航空摄影后所获得的航摄像片，首先要求目视检查时应满足影像清晰、色调一致、层次丰富、反差适中、灰雾度小。

(2)航摄像片上不应有云影、阴影、雪影。

(3)航摄像片上不应有斑点、擦痕、折伤及其他情况的药膜损伤。

(4)航摄像片上所有摄影标志（如圆水准器、时钟、框标、像片号等）应齐全且清晰可辨。

(5)航摄像片应具有一定的现势性。

第三节　数码航空摄影

随着计算机技术和信息技术的飞速发展以及社会对数字产品需求的日益扩大，航空摄影测量与遥感技术也发生着显著的变化，常规的航空光学胶片摄影正逐步向高精度的数码航空摄影发展。数码航摄仪是传统航摄仪的升级换代产品，是目前应用于高精度、高

分辨率的航空摄影测量任务最完善、最先进的数字相机系统。目前,国际上最具有代表性的数码航摄仪有两种:一种是利用面阵 CCD(Charge Coupled Device,电荷耦合器件)记录影像(框幅式);另一种是利用线阵 CCD 扫描记录影像(推扫式)。

一、数码航摄仪的特性

(一)像元的大小和排列

像元大小决定了数码航摄仪获取影像的几何分辨率,像元小则分辨率高。

像元的排列分为线阵排列和面阵排列,线阵排列的双线阵排列能提高影像的质量,面阵排列一般是按行列排列成规则的矩形。

(二)像元总数

对于面阵排列的 CCD 像元,像元总数为行与列的乘积。相同的像元尺寸,在相同比例尺摄影时,像元总数越多,则一幅影像地面的覆盖面积越大。

(三)辐射分辨率和感色范围

辐射分辨率是指影像的灰度采样级数,以比特(bit)表示。如辐射分辨率为 8 比特,则灰度采样为 $2^8=256$ 级。

感色范围是 CCD 所能感受的光谱范围以及对不同波长光的响应,数码航摄仪一般能感受可见光及近红外波段。

(四)数据压缩和记录

由于数码航摄仪在工作期间需要连续获取影像并实时记录,对如此大量数据的传输及记录,就需要考虑对数据进行压缩。数据压缩用压缩率表示。

数据记录包括记录的格式和记录的速度。记录格式分为通用格式(JPEG、TIFF 等)和专用格式。记录速度用“数据量/s”表示,同时还需要大容量的机载存储器。

(五)摄影物镜

因为数码航摄仪的实际像幅较模拟航摄仪小,所以数码航摄仪摄影物镜的几何尺寸较小。考虑到 CCD 器件的特点,曝光量的确定一般以固定光圈的方式进行自动曝光,所以数码航摄仪多采用一个固定的光圈号数,一般是 4 或 5.6。

(六)获取连续影像的最小周期

获取连续影像的最小周期是数码航摄仪进行连续摄影时的最小时间间隔。其主要取决于 CCD 器件的响应时间、数据压缩率、数据记录的速度。

二、几种常见的数码航摄仪介绍

(一)ADS40 数码航摄仪

Leica 公司的 ADS40 数码航摄仪就是典型的三线阵数码航摄仪,它采用线阵列推扫式成像原理,在成像面上分别安置前视、下视、后视 3 个全色波段 CCD 线阵传感器,从不同方向进行前视、下视和后视扫描,获取 3 个不同方向上的数字影像。所有目标在 3 个全色扫描条带分别记录,能直接生成 3 个立体像对,这 3 个条带影像可以构成 100% 的三度重叠。蓝、绿、红和近红外波段阵列安置在全色阵列之间,通过三色分色镜记录目标的多光谱信息。航空摄影时,传感器采用推扫式成像原理,7 个通道同时对地面连续采样,同时获得目标 3 个全色与 4 个多波段数字影像。

ADS40 数码航摄仪的成像方式不同于传统航摄仪的中心投影构像,传统的航空摄影是在航线上按照设计的重叠度拍摄像片,每张像片都是中心投影。ADS40 数码航摄仪得到的是中心投影的条带影像,每条扫描线有其独立的摄影中心,最后得到的是一整条带状无缝隙的影像。

ADS40 数码航摄仪由传感器组件 SH40、数字光学组件 DO40、控制箱 CU40、大容量存储系统 MM40、操作面板 OI40、导航界面 PI40、PAV30 陀螺稳定等部件组成。

传感器组件 SH40 中镜头平面上安装 3 个全色线阵 CCD,每个为 2 × 12 000 像元,交错 3.25 μm 排列;4 个多光谱线阵 CCD,每个为 12 000 像元,像元大小为 6.5 μm × 6.5 μm;除复杂的传感器元件、电器部件、在线单板计算机外,还在聚焦平面上精确安装了惯性测量装置 IMU。在 CU40 中集成了 CPS 接收机及 Applanix 公司的定位定向系统(Position & Orientation System,简称 POS),POS 通过对 IMU 数据及 GPS 数据的实时处理,保证了飞机的平稳飞行,并为后来影像的外部定向提供了高精度的初始值。MM40 由 6 个高速 SCSI 磁盘构成,能记录 4 h 的航摄数据,传输率高达 40 ~ 50 Mb/s。OI40 和 PI40 界面采用图形化、触摸式、高分辨的显示屏,更易于操作。为控制、协调、监视各个独立部件的运行,ADS40 数码航摄仪还提供图形化的飞行控制管理系统 FCMS,大大减轻了用户正确操作传感器的压力。

推扫式成像方式具有获取高质量影像的特点,但是线阵式的航空传感器给摄影测量工作也带来了新的挑战。由于在飞行过程中,传感器的位置和姿态一直处于不断的变化中,传感器对地面的每条扫描轨迹与其他扫描轨迹之间是不平行的,因此线阵 CCD 传感器得到的影像是扭曲变形的,必须使用 GPS/IMU 数据对原始影像进行逐行的纠正。

(二) UltraCam - D 数码航摄仪

UltraCam - D(简称 UCD)数码航摄仪由奥地利 Vexcel 公司开发生产,它是属于多镜头组成的框幅式数码航摄仪,一次摄影可同时获取黑白、彩色和彩红外影像。UCD 数码航摄仪的外观如图 2-6 所示,图 2-7 为 UCD 摄影的地面影像。

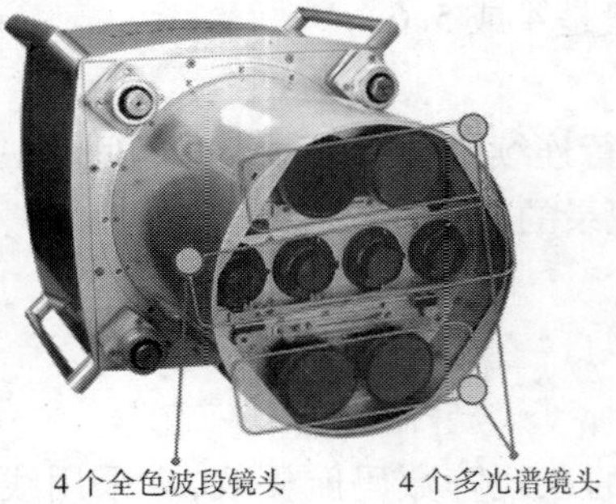

图 2-6 UCD 数码航摄仪

图 2-7 UCD 摄影的地面影像

1. UCD 数码航摄仪系统的组成

UCD 数码航摄像机系统主要由传感器单元(SU)、存储计算单元(SCU)、移动存储单元(MSU)以及空中操作控制平台和地面后处理系统软件包等部分构成。

1）传感器单元（SU）

UCD 的传感器单元（SU）由 8 个高质量的光学镜头组成，其中 4 个全色波段镜头沿飞行方向等间距顺序排列，另外 4 个多光谱镜头对称排列在全色镜头的两侧。UCD 系统通过 13 个面阵 CCD 采集影像数据，其中 9 个 CCD 用于全色波段生成全色影像，4 个 CCD 用于多光谱段同时生成彩色 RGB 影像和近红外影像。

2）存储计算单元（SCU）

UCD 的存储计算单元（SCU）是一个拥有 15 套高性能、高可靠性、能在高空中工作的计算机和先进网络设备组成计算系统。其中，13 套计算机对应 13 个 CCD 面阵相机，能在空中对获取的影像进行高速并行处理，提高拍摄速度；其他两套计算机，一套用于系统的整体控制，另一套备用。为了提高数据的安全性，所有拍摄影像在 SCU 中均被记录两次。

3）移动存储单元（MSU）

UCD 系统能够在 45 min 内将 SCU 存储的 2 700 张影像数据（满载拍摄）导出并存储在移动存储单元（MSU）中，航摄操作员可以在返航途中或地面上完成这个操作，然后方便地将 MSU 中的原始数据带回地面处理中心进行后期处理。

空中操作控制平台用来制作飞行计划，可以很方便地实时观察摄影情况。地面后处理系统软件包主要是对导出的影像数据，先进行辐射校正并对数据重新排序后获得第一级影像数据；然后对第一级影像数据进行全色影像的拼接、校正和多光谱影像的合成，获得第二级影像数据；最后对第二级影像数据进行融合、配准，生成高分辨率的彩色和彩红外影像。

2. UCD 数码航摄仪系统的工作原理

为了获取中心投影的影像，UCD 数码航摄像机系统在每个镜头承影面上精确安置了不同数量的 CCD 面阵：全色波段 4 个镜头对应呈 3 × 3 矩阵排列的 9 个 CCD 面阵，其中主镜头对应四角的 4 个 CCD 面阵，第一从镜头对应前后 2 个 CCD 面阵，第二从镜头对应左右 2 个 CCD 面阵，第三从镜头对应中间 1 个 CCD 面阵；多光谱段的 4 个镜头分别对应另外 4 个 CCD 面阵。

UCD 系统所使用的 13 个 CCD 面阵尺寸均为 4 008 × 2 672 像素，其中形成全色影像的 9 个 CCD 面阵之间存在一定程度的重叠（航向为 258 像素，旁向为 262 像素），CCD 获取的影像数据通过重叠部分影像精确配准，消除曝光时间误差造成的影响，生成一个完整的中心投影。全色影像通过与同步获取的 RGB 和彩红外影像进行融合、配准等处理，生成高分辨率的真彩色和彩红外影像产品。

3. UCD 数码航摄仪的成像过程

如图 2-8 所示，UCD 系统的 4 个全色镜头沿飞行方向排列，在航摄过程中，当第一个镜头到达目标上空，正中心的 1 个 CCD 被曝光；随飞机的飞行，第二个镜头到达相同位置，上下 2 个 CCD 及绿色和近红外镜头对应的 CCD 曝光；第三个镜头（主镜头）到达同一位置时，四角的 4 个 CCD 及红色和蓝色镜头对应的 2 个 CCD 曝光；第四个镜头到达时左右 2 个 CCD 曝光。至此，整个像幅内所有 CCD 的曝光操作全部完成。由于每个像机镜头之间的距离很短（8 cm），所以相邻镜头之间的曝光时间也很短（大约 1 ms），因此所有镜头几乎都是在同一位置、同一姿态下曝光的，这样就能将 9 个 CCD 面阵拼接，得到一个完整的中心投影大幅面全色影像。

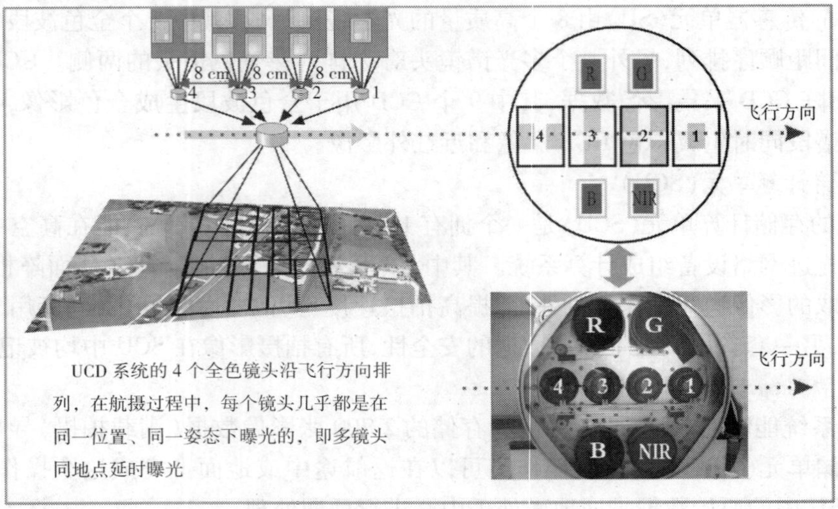

图 2-8　UCD 数码航摄仪的成像过程

(三)国产 SWDC 数字航摄仪

SWDC 数字航摄仪是在国家测绘局、科技部中小企业创新基金的扶持下，由中国测绘科学研究院、北京四维远见信息技术有限公司等多家单位联合开发研制的。图 2-9 是 SWDC 数字航摄仪底部镜头部分。

图 2-9　SWDC 数字航摄仪底部镜头部分

SWDC 数字航摄仪是基于多台非量测相机，经过精密相机检校和拼接，集成测量型 GPS 接收机、数字罗盘、航空摄影控制系统、地面后处理系统，经多相机高精度拼接生成虚拟影像，以提供数字摄影测量数据源，是一种能够满足航空摄影规范要求的大面阵数字航空摄影仪。SWDC 数字航摄仪的技术指标如表 2-3 所示。

SWDC 数字航摄仪特点：

(1)可以更换镜头，以适应不同的应用场合。SWDC 可更换 50 mm、80 mm 焦距镜头，其 80 mm 焦距的技术指标与进口数码相机几乎一样，而 50 mm 焦距的 SWDC 又可以用在有高程精度要求的场合和国家中小比例尺的地形图测绘中。

表 2-3　SWDC 数字航摄仪的技术指标

项目	参数
焦距	50 mm/80 mm
畸变差	<2 μm
像元物理尺寸	6.8 μm
拼接后虚拟中心投影影像幅面	14.5 K×10 K/14 K×11 K 像元
基高比	0.59/0.37
像元角(弧度)	1/7 353　1/11 764
辐射分辨率	8/12 bit 真彩色
旁向视场角	91°/59°
航向视场角	74°/49°
数据存储器(数码伴侣/CF 卡)	100 G/CF 卡 32 G×5
一次飞行可拍摄像数量(CF 卡)	3 000 张
最短曝光间隔	4 s
快门方式,曝光时间	中心镜间快门:1/320 s,1/500 s,1/800 s
光圈	最大 3.5
感光度	50/100/200/400

(2)短焦距的 SWDC 可以获得大的 GSD(像元的地面尺寸),即小的摄影比例尺。由于 SWDC 的角像元(CCD 尺寸除以焦距)比其他数码相机大,所以在同样的成图比例尺条件下(同样的 GSD 条件下),航高可以降低,有利于争取天气飞行,加上数码相机可以调整感光度,在阴天、轻雾等天气条件下飞行,经过图像预处理也可以获得合格的影像。另外,短焦距的 SWDC 旁向视场角大(90°),有利于航线数的减少。

(3)接近方形的影像(11∶8)与传统的像片形状相似,符合作业习惯。

(4)高程精度高。50 mm 焦距的 SWDC 基高比大(0.59),有利于高程精度的提高。

(5)具有匀光、匀色的处理功能。由于拼接影像的内部重叠度为 10%,大大高于其他数码相机,这就为拼接影像的色彩均衡提供了良好的基础,同时可对整个测区影像进行匀光、匀色,有利于正射影像的制作。

(6)直接的天然真彩色。SWDC 的彩色不是融合彩色,而是 BAYER 彩色,它是在黑白的 CCD 上面蒙上一层品字形的阵列滤光片,然后通过一定的算法恢复像元的 RGB 值,具有逼真度较好的特点,特别是植被影像色彩自然,绝不会产生色彩错位的现象。

(7)内置的双频 GPS 接收机,可实现高精度定点曝光,并记录曝光时刻的位置数据(投影中心精确坐标),为 GPS 辅助空三提供原始数据,可以节省大量外业控制点。

(8)可以实现无控制航测和少控制航测。由于投影中心有精确到 5 cm 左右的三维坐标,中小比例尺测图时,可以实现在无控制点、无基站、无 IMU 的情况下,精度达到 2～3

倍的 GSD；当有一个控制点时，精度可达到 0.5 倍的 GSD。

三、数码航摄仪与胶片航摄仪的比较

目前，航空摄影采用的航摄仪仍然是以传统的胶片航摄仪为主，先通过胶片获取地面影像信息，然后经过冲洗、扫描、数字测图等工序获得各种数字地图产品。采用传统胶片航摄仪进行航空摄影对天气情况有严格的要求，尤其是中小比例尺真彩色航空摄影，相对航高一般在 3 000 m 以上，即使在碧空条件下，胶片的色彩也不能还原到理想的情况。

随着计算机和传感器技术的发展，已经出现的大像幅数字航摄仪可为摄影测量直接提供数字影像，并可同时获取黑白、真彩色及彩红外影像。与传统胶片航摄仪相比，采用数字航摄仪不仅减少了冲洗、扫描等环节，也避免了影像扫描时的信息损失。数字影像可以用计算机进行图像增强及色彩还原和纠正，相比胶片的摄影处理更加方便有效，所以数字航摄仪可以在气象条件较差、不能进行传统航空摄影的情况下获得较理想的地面影像，提高航空摄影的效率。

（一）影像获取方式的区别

传统胶片航摄仪是利用胶片感光来获取负片的，数字航摄仪则是采用 CCD 直接获得数字影像的。一台数字航摄仪可同时获取全色、真彩色及彩红外数字影像，传统胶片航摄仪只能获得一种影像。另外，数字航摄仪还具有无须胶片、免冲洗、免扫描等优点。

CCD 是利用曝光时产生的电流强度来表示受到光照的强弱的，其光学动态范围（相当于胶片的宽容度）就是 CCD 所能感受到最明亮和最微弱光线之间的范围。现代的电子技术和计算机技术使 CCD 的光学动态范围比胶片的宽容度要大，借助滤光片 CCD 可以将对红、绿、蓝光线的感应限定在理想的光谱范围，更容易进行色彩还原，所以数字航摄仪的影像获取能力比传统胶片航摄仪的影像获取能力要强。

（二）像移补偿方式的区别

航摄仪在低空拍摄时，由于飞机飞行速度很快，必须采用像移补偿装置来防止出现影像在飞行方向的模糊。胶片航摄仪的像移补偿方法是机械式的，使位于焦平面的胶片在曝光时以适当速度移动来获得清晰的影像。数字航摄仪的像移补偿是将多个在短时间内以极快快门速度拍摄的影像加上像点位移量后叠加在一起，同一像元的信号是从航向的多个 CCD 单元获得电流的累加获得的，这样既消除了像点位移，又保证具有足够的曝光量。

（三）像幅大小的区别

胶片航摄仪的像幅大小为 23 cm × 23 cm，若使用 18 μm 的扫描分辨率扫描（一般情况下，高于 18 μm 的扫描分辨率扫描只会增加噪声，而不能提取更多的信息，少数大比例尺航片的扫描分辨率可能达到 14 μm），影像大小约为 12 700 × 12 700 像素，框幅式数字航摄仪像幅一般是长方形的，如 UCD 影像大小为 11 500（旁向）× 7 500（航向）像素。由此可以看出，胶片航摄仪与 UCD 的旁向像素数量大体相当，若获取同样地面分辨率的影像，飞行效果相同（航线数接近）。但是航向若是相同重叠度，则框幅式数字航摄仪的基高比相对于胶片航摄仪的基高比要小，其高程精度要差一些。

思考题

1. 何谓航空摄影？航摄仪与普通相机有哪些主要区别？
2. 简述航空摄影的主要工作环节。
3. 拟订航摄协议书主要应包括哪些内容？
4. 制订和实施航摄技术计划中主要应考虑哪些问题？
5. 航测成图对像片的飞行质量和摄影质量有哪些技术要求？如何检查验收？
6. 试比较数码航摄仪与传统胶片航摄仪各自的优、缺点。

第三章　航空摄影测量的理论基础

第一节　航摄像片是地面的中心投影

航摄像片是通过航空摄影所获得的地面三维空间的二维影像信息。航空摄影测量的目的就是通过地面被摄物体的影像信息来研究确定其空间位置和几何形状，测制出地形图。因此，了解航摄像片与相应地面之间的关系，研究航摄像片的投影方式及其规律，是学习航空摄影测量知识的重要基础。

一、投影、正射投影与中心投影

假设有一组空间直线，将物体的形状沿直线方向投影到某一几何平面上，该过程称为投影，如图 3-1 所示。通常，我们将假想的空间直线称为投射线或投影线（如图 3-1 中的 L_A、L_B、L_C）；投影到的几何平面称为像面或承影面（如图 3-1 中的 P 平面）；物体所在的面称为物面；人们往往将投影的结果称为像，它是投影线与像面交点（即像点）的集合。

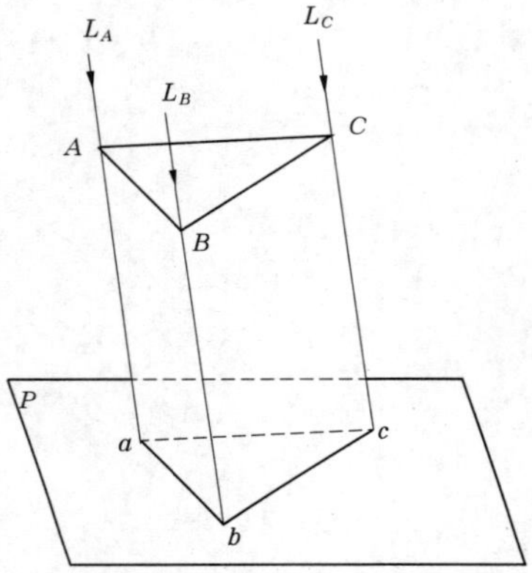

图 3-1　投影

在投影中，若投影线相互平行（见图 3-1），这种投影称为平行投影。如果所有的投射线相互平行且与承影面垂直（见图 3-2），则称为正射投影。

在投影中，若投影线会聚于一点（见图 3-3），这种投影称为中心投影。其中，投影线所会聚的那个点称为投影中心（如图 3-3 中的 S 点）。

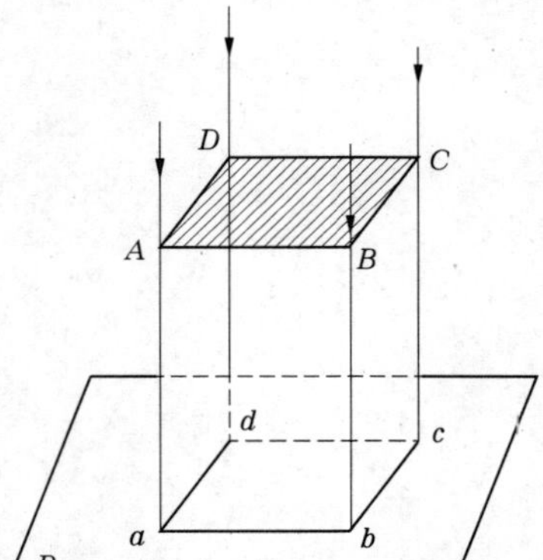

图 3-2　正射投影

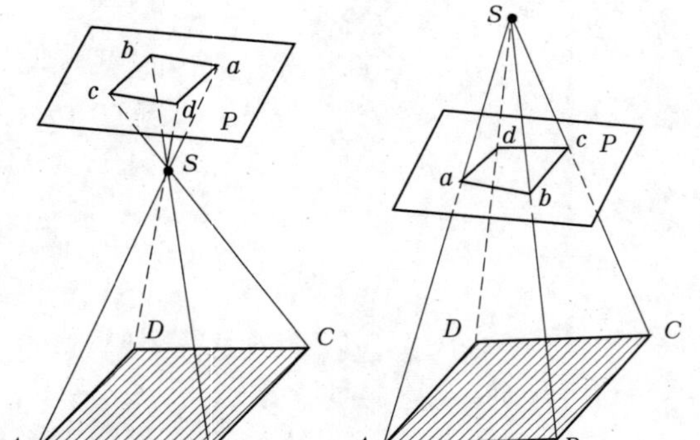

图 3-3　中心投影

在中心投影中，任一物点与所对应的像点及投影中心均位于同一直线上，称为中心投影的三点共线。

二、航摄像片是地面的中心投影

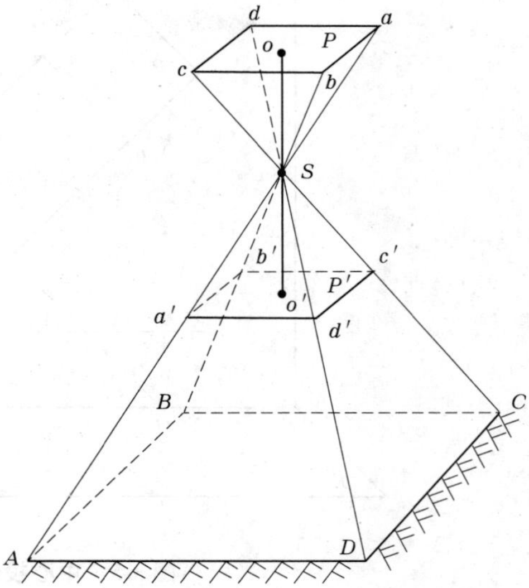

图 3-4　中心投影的阳位与阴位

由航空摄影知识可知，航摄像片是地面物体通过摄影物镜，在底片平面所构成的该物体的影像（即负片），再经航摄负片接触晒印后可得到航摄正片。所以，航摄像片（无论是负片或正片）从投影角度而言是被摄物体的中心投影。

在同一几何关系的中心投影条件下，中心投影有阴位、阳位之分（见图 3-4）。

当投影中心 S 位于物、像之间时，我们称像片 P 处于阴位；若把处于阴位的像片绕主光轴（过 S 垂直于像面 P 的直线）旋转 180°，且沿主光轴将像片平移至投影中心与物之间，并使其与 S 之距和阴位时相同，则称此时像片 P' 处于阳位。显然，空间物体在阴位和阳位像片上有相同的构像。所以，航测中，在分析航摄像片时，航摄像片可以放在阴位，也可以放在阳位。

三、中心投影的基本点、线、面

如前所述，航摄像片是地面的中心投影，像片平面与地平面存在着透视对应的关系。在研究地面与像片之间的中心投影关系中，某些点和直线具有一定的特性，它们对于分析、确定航摄像片与被摄地面之间的数学关系和空间位置等都具有极为重要的意义，因此我们将这些点、线及其有关平面称为中心投影的基本点、线、面（亦可称为中心投影的特别点、线、面），如图 3-5 所示。

（一）中心投影的基本面

物面：物体所在的平面，用 E 表示。

像片平面：像片所在的平面，简称像面，用 P 表示，它是用来承载影像的一个平面。

主垂面：过投影中心 S 作一垂直于物面 E 和像面 P 的平面，该平面称为主垂面，用 W 表示。

（二）中心投影的基本点和线

迹线：物面 E 与像面 P 的交线，常用 TT 表示，迹线通常又称为透视轴。

基本方向线：主垂面 W 与物面 E 的交线，用 VV 表示。

主纵线：主垂面 W 与像面 P 的交线，用 vv 表示，它表示像片平面的最大倾斜方向线。

真水平线：在像面上过主合点 i 与迹线 TT 平行的直线，用 h_ih_i 表示。真水平线又称为合线或地平线。

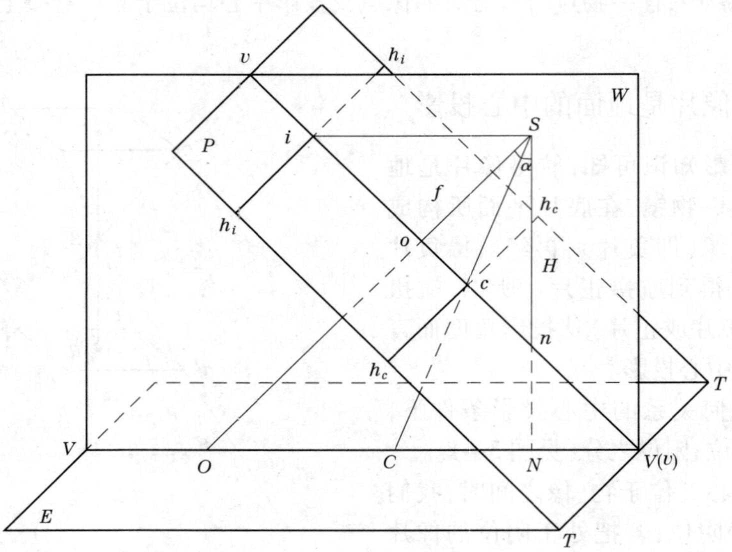

图 3-5 中心投影的基本点、线、面

摄影方向线：过投影中心 S 且垂直于像面 P 的直线，用 SO 表示。摄影方向线有时又称为主光轴。

主垂线：过投影中心 S 且垂直于物面 E 的直线，用 SN 表示（SN 的长度等于航高 H），主垂线有时也叫铅垂线。

应当指出，在上述的基本线中，摄影方向线 SO、主垂线 SN、基本方向线 VV、主纵线 vv 都位于主垂面 W 内，同时 VV 与 vv 的夹角、SO 与 SN 的夹角都等于像片倾斜角 α。

像主点、地主点：主光轴与像面 P 的交点 o 称为像主点（其中 So 的长度等于摄影机的主距 f），主光轴与物面的交点 O 称为地主点。

像底点、地底点：主垂线与像面 P 的交点 n 称为像底点，它是一组垂直于 E 面的平行线束在 P 面上构像的会聚点；主垂线与物面的交点 N 称为地底点。

像等角点、地等角点：过投影中心 S 作像片倾斜角 $\alpha(\alpha = \angle osn)$ 的平分线，该角的平分线必位于主垂面内，它与像面的交点 c 称为像等角点，与物面的交点 C 称为地等角点。等角点的一个重要的特性就是倾斜像片上以等角点为顶点所引绘的方向线不受像片倾斜的影响，这个特性在后边内面倾斜误差概念时具有十分重要的意义。

应当指出，在上述 6 个基本点中，其像方的 3 个点（像主点、像底点、像等角点）均位于主纵线 vv 上；而物方的 3 个点（地主点、地底点、地等角点）均位于基本方向线 VV 上，且像方与物方的相应点为共轭点。

等比线：在像面上过像等角点 c 与迹线 TT 平行的直线称为等比线，用 h_ch_c 表示。

迹点、主迹点：迹线 TT 上的点叫迹点。其中，主纵线 vv、基本方向线 VV 与迹线相交的点 V 称为主迹点。显然，迹点是二重点，它既是物点，也是像点。

合点、主合点：空间直线的无穷远处在像片平面上的中心投影称为合点。其中，合线与主纵线的交点 i 称为主合点，它是 E 面上一组平行于基本方向线的平行线在 P 面上构像的会聚点。我们可以根据合点的定义和特性，用过投影中心 S 作物方空间直线平行线的方法求出任何直线的合点。

图 3-6 表示的是位于主垂面 W 内上述一些基本点、线的关系，这些关系常用如下数学关系式来表达

$$on = f \cdot \tan\alpha \qquad oc = f \cdot \tan\frac{\alpha}{2}$$

$$oi = f \cdot \cot\alpha \qquad iS = ic = \frac{f}{\sin\alpha}$$

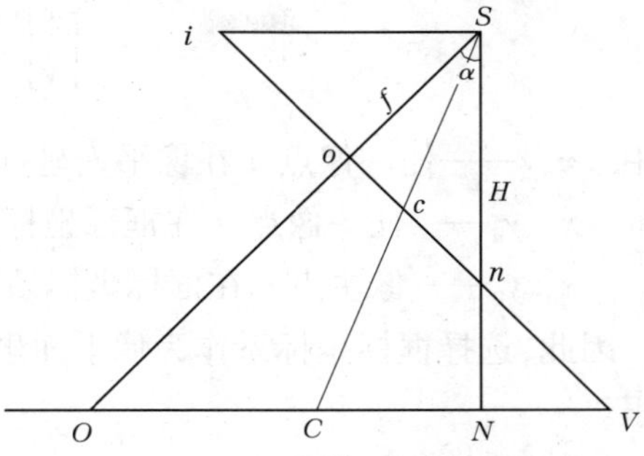

图 3-6　主垂面内的基本点和线的关系

以上各点、线在像片上是客观存在的，但是除像主点在像片上的近似位置容易找到外，其他点、线均不能在像片上直接找到，而需要经过求解才能得到。然而，这些点、线对于定性和定量地分析航摄像片上像点的几何特性有着重要的意义，这将在后面的章节中讨论。

第二节　航摄像片解析

一、摄影测量常用的坐标系

为了用数学的方法建立物、像之间的关系，必须在像方空间与物方空间建立起一些必要的坐标系统。下面对航空摄影测量中一些常用的坐标系统及其坐标变换关系作一简要介绍。

(一) 像平面坐标系 ($o-xy$)

像平面坐标系用以表示像点在像平面内的位置。按定义它是以像主点 o 为坐标系的原点，但实际上由于像主点的位置在像片上很难直接找出，所以一般是以框标连线的交点作为该原点（即此时视像主点 o 与框标连线的交点重合），以对应框标的连线为其坐标轴 x,y 组成右手直角坐标系（$o-xy$）。显然，这是以框标坐标系作为像平面坐标系，这样，某像点 a 在像平面坐标系（$o-xy$）中的坐标则用 $a(x,y)$ 表示（见图 3-7）。

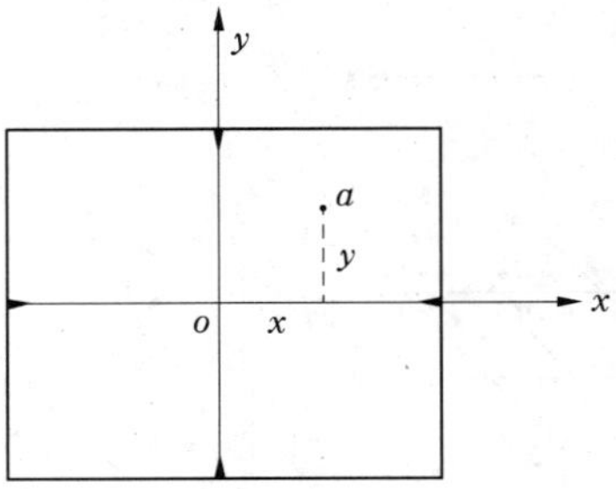

图 3-7　框标坐标系

严格地讲,以像主点为原点的像平面坐标系($o-xy$)与框标坐标系($p-xy$)之间存在着坐标原点简单平移的关系,即

$$\begin{bmatrix} x \\ y \end{bmatrix} = \begin{bmatrix} x_a \\ y_a \end{bmatrix} - \begin{bmatrix} x_0 \\ y_0 \end{bmatrix} \tag{3-1}$$

式中　x、y——任一像点 a 在像平面坐标系 $o-xy$ 中的坐标;

x_a、y_a——任一像点 a 在框标坐标系 $p-xy$ 中的坐标;

x_0、y_0——像主点 o 在框标坐标系 $p-xy$ 中的坐标。

因此,选择框标坐标系作为像平面坐标系时,应用中可按内方位元素 x_0,y_0 进行数据改正。

(二)像空间坐标系 $S-xyz$

像空间坐标系用以表示像点在像方空间的位置。该坐标系的原点选在摄影(或投影)中心 S 上,其主光轴 So 为 z 轴,向上为正;x,y 轴则分别与像平面坐标系($o-xy$)的 x,y 轴平行且方向一致(见图 3-8)。

这样,任一像点 a 在像空间坐标系 $S-xyz$ 中的坐标为 $a(x,y,z)$,其中 $z=-f$,故任一像点在像空间坐标系中的坐标常用$(x,y,-f)$表示。

(三)空间辅助坐标系

空间辅助坐标系的种类较多,由于它只是解决所求问题的一种过渡性坐标系统,因此它具有根据不同坐标变换的需要,坐标原点及轴系选择灵活的特点。例如,当坐标原点选在某一摄影中心 S,X 轴与航线方向一致,向东为正,Z 轴铅垂,且向上为正,以此构成的右手坐标系 $S-XYZ$ 称为像空间辅助坐标系,如图 3-9 所示。显然,在航测中,地面某一点 A 在像空间辅助坐标系 $S-XYZ$ 中的 Z 值等于该点航高值 H_A 的反号(即 $Z=-H_A$)。

再如,当空间辅助坐标系的原点选在某一地面点 A 时,此时组成的坐标系 $A-XYZ$(见图 3-9)称为地面辅助坐标系,简称地辅坐标系。

所以,空间辅助坐标系用以表示像点和地面点的空间位置。

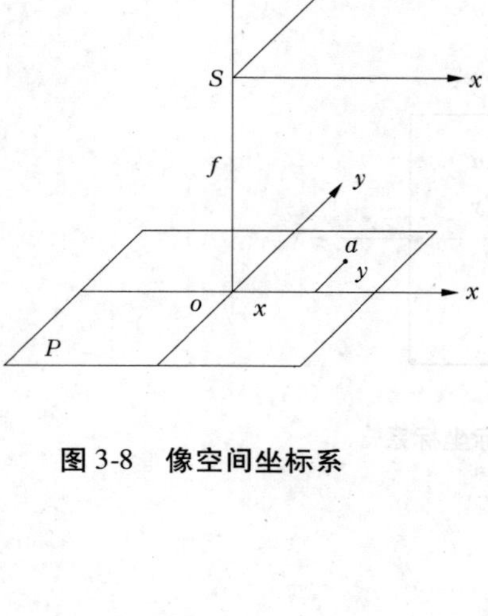

图 3-8　像空间坐标系

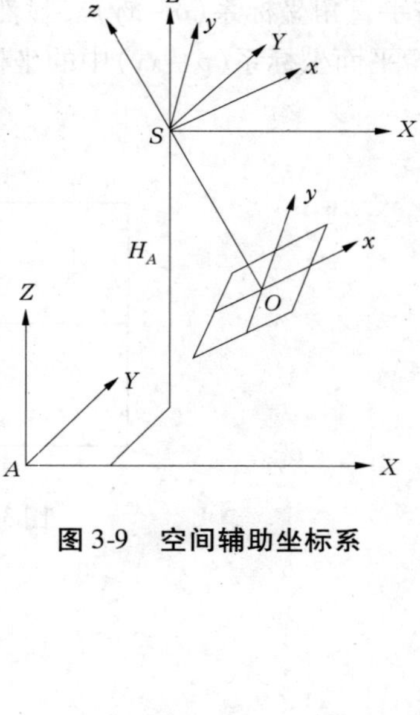

图 3-9　空间辅助坐标系

(四)物方空间坐标系

物方空间坐标系用于描述地面点在物方空间的位置,常用的坐标系有以下3种。

1. 摄影测量坐标系

摄影测量坐标系仍然是一种过渡性质的坐标系。将像空间辅助坐标系平移到相应地面点 P 上,得到的坐标系 $P-X_PY_PZ_P$ 称为摄影测量坐标系,如图3-10(a)所示。由于它与像空间辅助坐标系平行,因此只要将像空间辅助坐标平移并乘以适当的比例因子,变换求得的坐标就是相应的地面点的摄影测量坐标。

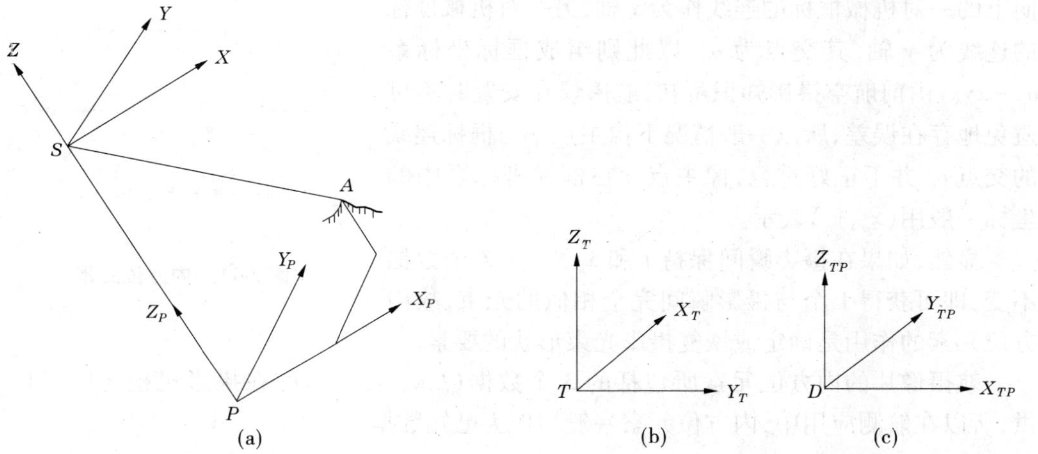

图3-10　物方空间坐标系

2. 地面测量坐标系

地面测量坐标系通常指地图投影坐标系,它是一个左旋的高斯－克吕格平面直角坐标系(纵轴为 X,横轴为 Y),用 $T-X_TY_TZ_T$ 表示,如图3-10(b)所示。野外像片控制测量所提供的像片控制点就是地面测量坐标。

3. 地面摄影测量坐标系

由于地面测量坐标系采用的是左手系,而摄影测量坐标系采用的是右手系,这给由摄影测量坐标系到地面测量坐标系的转换带来了许多不便。为此,在摄影测量坐标系与地面测量坐标系之间建立一种过渡性的坐标系称为地面摄影测量坐标系,用 $D-X_{TP}Y_{TP}Z_{TP}$ 表示,其坐标原点在测区内的某一地面点(一般是已知点)上,坐标轴与地面坐标系平行,横轴与纵轴互换构成右手直角坐标系,如图3-10(c)所示。在摄影测量的坐标变换中,首先将摄影测量坐标转换成地面摄影测量坐标,最后转换成地面测量坐标。

二、航摄像片的方位元素

利用航摄像片测制地形图,必须研究航摄像片与相应地面之间的关系。其中,航摄像片内、外方位元素的概念,是用于建立物、像之间数学关系的重要基础。

在航测中,将确定摄影瞬间摄影中心 S、像片 P 与地面(物面)E 相关位置的数据称为航摄像片的方位元素。根据作用不同,航摄像片的方位元素又分为内方位元素和外方位元素。

（一）航摄像片的内方位元素

在航摄像片的方位元素中，用以确定摄影中心 S 与像片平面 P 相关位置的数据，称为航摄像片的内方位元素。

如图 3-11 所示，过摄影中心 S 作像片平面 P 的垂线，其垂足 o 即为该像片的像主点，摄影中心至像片的垂直距离 So 为像片的主距，用 f 表示。通常，把航线方向上的一对机械框标的连线作为 x 轴，另一对机械框标的连线为 y 轴，其交点为 o_0，以此则组成框标坐标系 o_0-xy。由前航空摄影知识可知，航摄仪在安置时不可避免地存在误差，所以一般情况下像主点 o 与框标连线的交点 o_0 并不正好重合，像主点 o 在框标坐标系中的坐标一般用(x_o, y_o)表示。

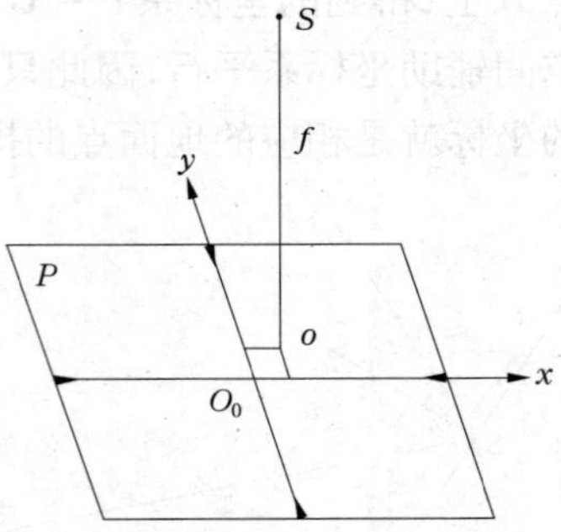

图 3-11　内方位元素

显然，如果在摄影瞬间保持 f 和 x_o、y_o 这 3 个数据不变，即可获得 1 个与摄影瞬间完全相似的光束，故内方位元素的作用是确定或恢复摄影光束形状的要素。

航摄像片的内方位元素所包括的 3 个数据$(f、x_o、y_o)$，目前在摄影机检定时可以提供，所以在航测应用中，内方位元素一般均作为已知数据。

（二）航摄像片的外方位元素

在航摄像片的方位元素中，用以确定摄影光束的空间位置及其姿态的数据，称为航摄像片的外方位元素。

航摄像片的外方位元素共有 6 个，其中 3 个用来确定摄影光束在空间位置的数据叫做直线元素，另外 3 个用来确定摄影光束在空间姿态的数据叫做角元素。

1. 直线元素

外方位直线元素通常指摄影中心 S 在地面坐标系中的 3 个空间坐标值(X_S, Y_S, Z_S)，如图 3-12 所示。有了这 3 个直线元素，某航摄像片在摄影瞬间的空间位置即可确定。

2. 角元素

仅仅有 3 个直线元素还不足以描述处在空间某位置的该摄影光束此时的姿态，为此还必须引入 3 个角元素。

在这 3 个角元素中，其中两个是用以确定主光轴的方向，另 1 个则是用以确定像片平面绕主光轴的旋转量。外方位角元素往往与直线元素在同一坐标系中定义，由于空间直角坐标有 3 个坐标轴，因此在定义角度时以那个坐标轴为主轴（即先绕其旋转某一角度的那个轴）就有 3 种可能，故角元素有 3 种情况的表达形式（参见图 3-12）：

(1) 以 Z 轴为主轴的转角系统——角元素(A, α, κ_v)。在该转角系统中，3 个角元素(A, α, κ_v)的定义如下：

A——基本方向线的方位角。从地面坐标系的 Y 轴的正方向起始，顺时针至基本方向线 NO 的夹角。其值为 0～360°。

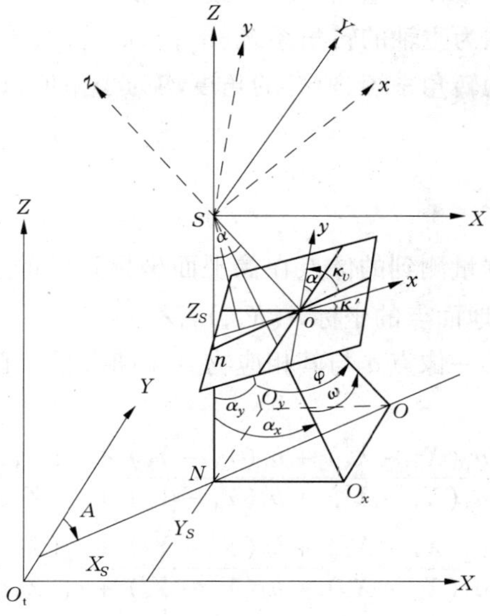

图 3-12　外方位元素

α——像片倾斜角，即铅垂线 SN 与主光轴 SO 之间的夹角。由于目前在航测中像片倾斜角一般不大于 $3°$，所以该角为小角度且恒为正。

κ_v——像片的旋角，即像片主纵线与像平面坐标系 y 轴之间的夹角。该角从主纵线的方向逆时针转到 y 轴的正方向，其值为 $0 \sim 360°$。

角元素 A、α、κ_v 常用于单张像片测图。

(2)以 Y 轴为主轴的转角系统——角元素(α_x,ω,κ)。在该转角系统中，3 个角元素(α_x,ω,κ)的定义如下：

α_x——航向倾角，即主光轴 SO 在 XZ 平面的投影 SO_x 与 Z 轴的夹角。从 Z 轴起算，逆时针至 SO_x 为正。

ω——旁向倾角，即主光轴在 XZ 平面的投影 SO_x 与主光轴的夹角。从 SO_x 起算，逆时针至 SO 为正。

κ——像片旋角(即 Y 轴在像片平面 P 上的投影与像平面坐标系 y 轴之间的夹角)。从 Y 轴的投影起算，逆时针至 y 轴为正。

(3)以 X 轴为主轴的转角系统——角元素$(\alpha_y,\varphi,\kappa')$。在该转角系统中，三个角元素$(\alpha_y,\varphi,\kappa')$的定义如下：

α_y——旁向倾角，即主光轴在 YZ 面上的投影 SO_y 与 Z 轴的夹角。从 Z 轴起算，逆时针至 SO_y 为正。

φ——航向倾角，即主光轴在 YZ 面上的投影 SO_y 与主光轴的夹角。从投影面起算，逆时针至主光轴 SO 为正。

κ'——像片旋角，即 X 轴在像片平面 P 的投影与像平面坐标系 x 轴的夹角。从 X 轴的投影起算，逆时针至 x 轴为正。

必须指出的是，在立体摄影测量中其角元素通常采用后两种，即以 Y 轴为主轴的转角系统（α_x,ω,κ）和以 X 轴为主轴的转角系统（α_y,φ,κ'）。其原因是，在近似垂直摄影的状态下，若采用该角元素的转角系统，所有的角度均为小角值，这样不仅有利于仪器的设计，而且也便于解析计算。

三、共线条件方程式

在航测中，往往要根据量测到的像点在像平面坐标系中的坐标 $a(x,y)$，设法通过一系列的坐标变换求得相应地面点的坐标 $A(X_A,Y_A,Z_A)$。

按中心投影的特性，某一像点 a 与其相应物点 A 和摄影中心 S 应三点共线，它们之间应满足下列公式

$$\left.\begin{aligned} x &= -f\frac{a_1(X_A-X_S)+b_1(Y_A-Y_S)+c_1(Z_A-Z_S)}{a_3(X_A-X_S)+b_3(Y_A-Y_S)+c_3(Z_A-Z_S)} \\ y &= -f\frac{a_2(X_A-X_S)+b_2(Y_A-Y_S)+c_2(Z_A-Z_S)}{a_3(X_A-X_S)+b_3(Y_A-Y_S)+c_3(Z_A-Z_S)} \end{aligned}\right\} \tag{3-2}$$

式中　x,y——像点 a 在像平面坐标系中的坐标 $a(x,y)$；

X_A,Y_A,Z_A——像点 a 的相应地面点 A 在地面辅助坐标系中的坐标 $A(X_A,Y_A,Z_A)$；

X_S,Y_S,Z_S——摄影中心 S 在地面辅助坐标系中的坐标 $S(X_S,Y_S,Z_S)$；

a_i,b_i,c_i——与航摄像片的外方位元素有关的系数项，称为方向余弦。

式(3-2)就是摄影测量中常用的共线条件方程式。

若转角系统为（α_x,ω,κ）时，各系数如下

$$\left.\begin{aligned} a_1 &= \cos\alpha_x\cos\kappa-\sin\alpha_x\sin\omega\sin\kappa \\ a_2 &= -\cos\alpha_x\sin\kappa-\sin\alpha_x\sin\omega\cos\kappa \\ a_3 &= -\sin\alpha_x\cos\omega \\ b_1 &= \cos\omega\sin\kappa \\ b_2 &= \cos\omega\cos\kappa \\ b_3 &= -\sin\omega \\ c_1 &= \sin\alpha_x\cos\kappa+\cos\alpha_x\sin\omega\sin\kappa \\ c_2 &= -\sin\alpha_x\sin\kappa+\cos\alpha_x\sin\omega\cos\kappa \\ c_3 &= \cos\alpha_x\cos\omega \end{aligned}\right\} \tag{3-3}$$

共线条件方程式是摄影测量学中的一个极为重要的公式，它以数学形式表达了投影中心、像点、相应物点之间的三点共线关系。由于它建立起了像点与相应物点之间坐标变换的关系，因此共线条件方程式有着广泛的用途。

共线条件方程式的应用主要有：

(1)单像空间后方交会、多像空间前方交会以及解求像点坐标；

(2)解析空中三角测量光束法平差中基本数学模型的建立；

(3)构成数字投影的基础；

(4)利用 DEM 与共线条件方程式制作正射影像;

(5)利用 DEM 与共线条件方程式进行单幅影像测图。

第三节 航摄像片的倾斜误差和投影误差

航摄像片是地面物体的中心投影。在实际中,航摄像片一般不可能处于绝对水平的位置,而地面也总是存在着不同程度的起伏。正由于这种像片倾斜和地面起伏因素的存在,必然使得地面物体在航摄像片上的构像产生像点的移位和偏差。因此,在航测成图中对此问题必须了解并给予处理。

一、航摄像片的倾斜误差

(一)倾斜误差的概念及实用公式

由于像片倾斜而引起的某一地面点在该像片上的构像相对于同摄站、同主距的水平像片上的构像所产生的一段位移,称为倾斜误差。倾斜误差一般用 δ_α 表示。

如图 3-13 所示,P^0 和 P 分别表示同摄站、同主距的水平像片和倾斜像片,其交线为等比线 h_ch_c。某一地面点 A 在 P^0 和 P 上的构像分别为 a^0 和 a,像点 a^0、a 与等角点 c 的连线 ca^0、ca 称为像点的辐射距,辐射距与等比线的夹角分别用 φ_c^0、φ_c 表示。倾斜像片与相应水平像片之间像点坐标的关系式(推导过程略)

$$\left.\begin{aligned} x_c{}^0 &= \frac{fx_c}{f - y_c\sin\alpha} \\ y_c{}^0 &= \frac{fy_c}{f - y_c\sin\alpha} \end{aligned}\right\} \tag{3-4}$$

式(3-4)中,像平面坐标系采用的是主纵线坐标系,即像平面坐标系的 y 轴与主纵线重合,指向主合点的方向为正,等比线 h_ch_c 为 x 轴,等角点 c 为坐标原点(主纵线坐标系在航测单张像片测图中常采用)。像点 a^0 和 a 在主纵线坐标系中的坐标分别为(x_c^0, y_c^0)和(x_c, y_c)。

若将式(3-4)中的两式相除,可得:$\frac{y_c{}^0}{x_c{}^0} = \frac{y_c}{x_c}$,即 $\tan\varphi_c^0 = \tan\varphi_c$,$\varphi_c^0 = \varphi_c$,这一结果表明了等角点的一个重要特性(也是等角点名称的由来)。

根据上述特性,不难想象,若将图 3-13 中的像片 P 以等比线 h_ch_c 为旋转轴,使其与 P^0 面重合,此时 x_c 与 x_c^0、y_c 与 y_c^0 必然重合,ca 与 ca^0 也必然重合于一条直线上(因为 $\varphi_c = \varphi_c^0$)。但由于辐射距 ca 和 ca^0 并不相等(航测中习惯将辐射距用 $r_c = ca$,$r_c^0 = ca^0$ 表示),二者之间的差值 $r_c - r_c^0 = \delta_\alpha$,即为倾斜误差,如图 3-14 所示。

倾斜误差的实用公式可用式(3-5)表示(推导过程略)

$$\delta_\alpha = -\frac{r_c{}^2}{f}\sin\varphi_c\sin\alpha \tag{3-5}$$

(二)倾斜误差的特性

由式(3-5)并参见图 3-14 可以看出:

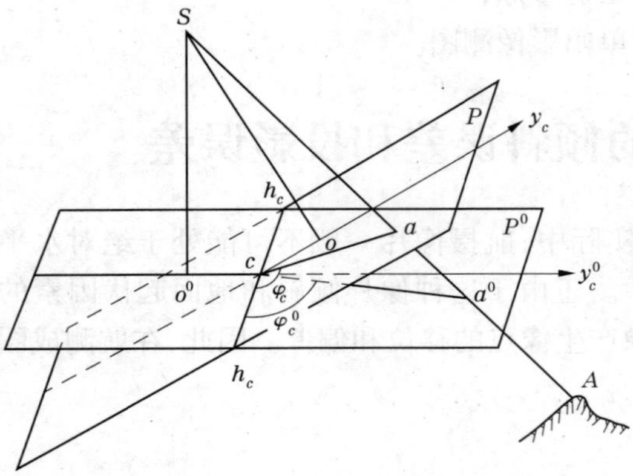

图 3-13 同摄站水平像片与倾斜像片

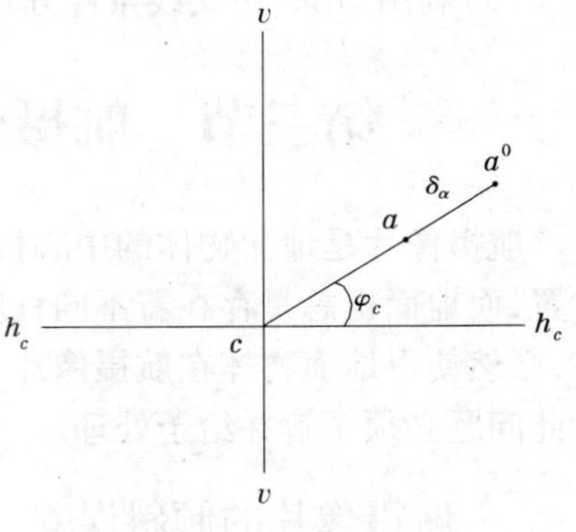

图 3-14 叠合平面上的倾斜误差

(1)当 $\alpha=0$ 时,$\delta_\alpha=0$,说明倾斜误差是由于像片倾斜引起的,水平像片上没有倾斜误差。

(2)当 $\varphi_c=0$ 或 $\varphi_c=180°$时,$\delta_\alpha=0$,说明等比线上的像点无倾斜误差。

(3)当 $0°<\varphi_c<180°$时,$\sin\varphi_c>0$,则 $\delta_\alpha<0$;当 $180°<\varphi_c<360°$时,$\sin\varphi_c<0$,则 $\delta_\alpha>0$。因此,等比线将像片分成了两部分,含像主点 o 的部分,其倾斜误差为负值,即朝向等角点位移;含像底点 n 的部分,其倾斜误差为正值,即背向等角点位移。

(4)当 $\varphi_c=90°$或 $270°$时,$\sin\varphi_c=1$,即为最大值。所以,对于 r_c 相等的各像点,当像点位于主纵线上时,倾斜误差最大。

(5)由于 α 角较小,所以对称于等角点 c 的像点(即 $r_{c1}=r_{c2}$,$\varphi_{c1}=\varphi_{c2}\pm\pi$),其倾斜误差大小相等,符号相反。

(6)倾斜误差分布在以等角点 c 为顶点的辐射线上,且与辐射距 r_c^2 成正比。因此,像片边缘的倾斜误差较大。

二、航摄像片的投影误差

(一)投影误差的概念及实用公式

由于地面起伏,使得高于或低于某基准面上的地面点在像片上的构像点与该地面点在基准面上垂直投影点的构像之间所产生的像点位移,称为投影误差。投影误差一般用 δ_h 表示。

投影误差是由于地面起伏而引起的,即使是水平航摄像片时,投影误差仍然存在。如图 3-15 所示,设 P^0 为一水平像片,E^0 为投影基准面;h、$-h$ 分别表示某地面点 A、B 相对于基准面的高差;A_0、B_0 分别为地面点 A、B 在基准面 E^0 上的垂直投影位置;a、a^0、b、b^0 分别为 A、A_0、B、B_0 在水平像片 P^0 上的构像点;S 为摄影中心,n、N_0 分别为像底点和地底点;像点 a(或 b)至 n 点的距离为像点以像底点为顶点的辐射距,以 r 表示。由图 3-15 不难看出,$Sn=f$(像片主距),$SN_0=H$(基准面的航高),则 aa^0、bb^0 即为地面点 A、B 的投影误差。

根据相似三角形的关系,很容易推导出水平像片时,计算投影误差的实用公式

$$\delta_h = \frac{h}{H}r \qquad (3\text{-}6)$$

当像片是倾斜像片时，投影误差的计算公式应为式(3-7)(推导略)

$$\delta_h = \frac{rh}{H}(1 - \frac{r}{2f}\sin\varphi\sin2\alpha) \qquad (3\text{-}7)$$

由于目前航摄像片为近似垂直摄影的像片，α 角值很小，因此式(3-7)中第二项的影响很小，故实际应用中一般采用式(3-6)。

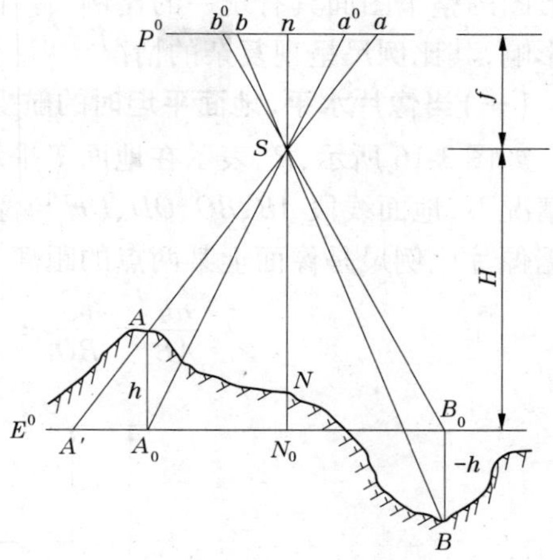

图 3-15 航摄像片的投影误差

(二)投影误差的特性

由式(3-6)并结合图 3-15 可以看出，投影误差的特性可归纳如下：

(1)投影误差是由于地面起伏引起的，它发生在像底点的辐射线上。

(2)投影误差的大小与像点到像底点的辐射距 r 成正比。当 $r=0$ 时，$\delta_h=0$，说明位于像底点 n 处的像点不会产生投影误差；像点距像底点越远，投影差越大，反之越小。

(3)投影误差的大小与地面点到基准面的高差 h 成正比。高于基准面的点(即 $h>0$)，$\delta_h>0$，背向像底点位移；低于基准面的点(即$h<0$)，$\delta_h<0$，朝向像底点位移；位于基准面上的点(即 $h=0$)与像点不存在投影误差。因此，投影误差具有相对性，即对于同一点，当选择的基准面不同时，其投影误差的大小则不同。

(4)投影误差与基准面的航高 H 成反比。当摄影时，若选择的航高较大，或当摄影比例尺 m 确定后采用较长焦距 f 的航摄机摄影，根据 $H=mf$，均可减小航摄像片的投影误差。

第四节 航摄像片与地形图的区别

利用航摄像片测制地形图是航空摄影测量的重要任务。所以，弄清航摄像片与地形图的区别与联系，对于完成上述任务有着重要的意义。

航摄像片和地形图虽然都是表示地面物体的资料，但它们之间存在着一些主要的区别。

一、投影方式的区别

地形图是地面的正射投影，所以图与相应地面物体之间保持着相似的关系。航摄像片则是地面的中心投影，由于像片的倾斜和地面起伏因素的客观存在，使得地面物体在航摄像片上的构像产生一定的形变。

二、比例尺的区别

从测绘的基本知识我们已经知道，地形图是以正射投影的方式测绘而成的，所以一张地形图的整个图面具有统一的比例尺。而对于航摄像片来说，由于投影方式和其他因素的影响，其比例尺呈现复杂的情况。

（一）当像片水平、地面平坦时的航摄像片比例尺

如图3-16所示，P^0 表示在地面 T 平坦（$h=0$）时，所摄得的水平航摄像片（$\alpha=0$）。在此情况下，地面线段 AB、BO、OD、DE 与像片上相应构像线段 ab、bo、od、de 之比为一常数，根据像片比例尺是像面上某两点的距离与物面上相应距离之比的定义，有

$$\frac{ab}{AB}=\frac{bo}{BO}=\frac{od}{OD}=\frac{de}{DE}=\frac{f}{H}=\frac{1}{m} \tag{3-8}$$

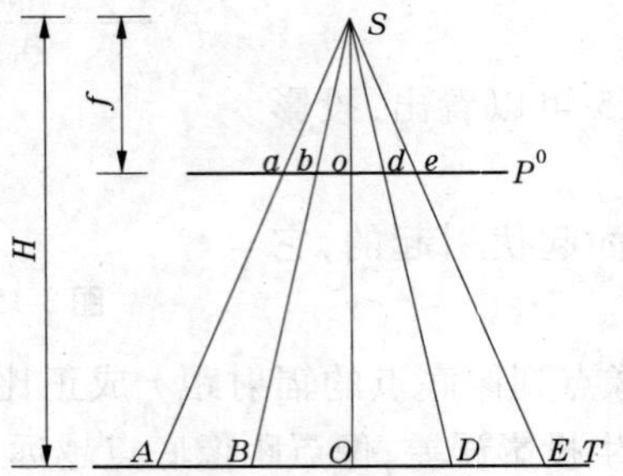

图3-16 像片水平、地面平坦时的像片比例尺

式(3-8)说明，当像片水平、地面平坦时，航摄像片具有统一的比例尺。此时，航摄像片具有正射投影的性质。

（二）当像片水平、地面起伏时的航摄像片比例尺

如图3-17所示，当像片水平、地面起伏时，航摄像片 $\alpha=0$，而地面的 $h\neq0$。若设 AB 位于基准面 T 上，其航高为 H_A；DE 位于高于基准面上，其航高为 H_D，则两处的像片比例尺应分别为

$$\frac{ab}{AB}=\frac{f}{H_A}=\frac{1}{m_a} \quad \frac{de}{DE}=\frac{f}{H_D}=\frac{1}{m_d}$$

因为 $H_A>H_D$，故 $\frac{1}{m_d}>\frac{1}{m_a}$。

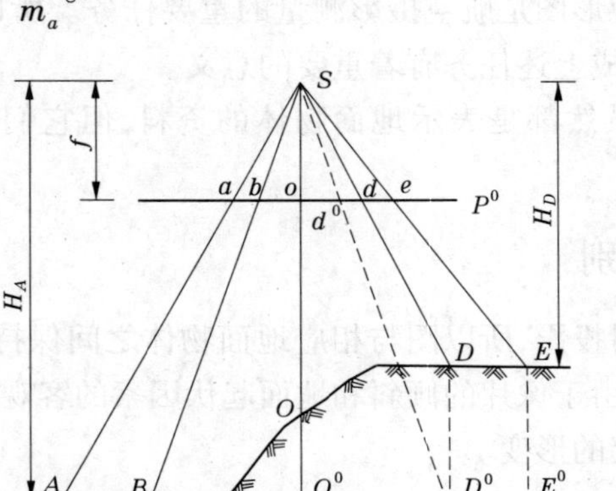

图3-17 像片水平、地面起伏时的像片比例尺

由此说明，在起伏地区的水平像片上，不同高程面上的线段具有不同的像片比例尺。地形高处的物体在航摄像片上的比例尺较大，反之则较小。

（三）当地面平坦、像片倾斜时的航摄像片比例尺

当地面平坦、像片倾斜时，$h=0,\alpha\neq 0$。从倾斜误差的分析中知，在该情况下，只有等比线上的线段具有与水平像片相同的比例尺，即$\frac{1}{m_c}=\frac{1}{m}=\frac{f}{H}$。这也正是等比线名称的由来。而其余航摄像片被等比线分成了两部分：含像主点 o 的部分，其水平方向线段的比例尺小于$\frac{f}{H}$，且越远离等比线则比例尺越小；含像底点 n 的部分则反之。

（四）当地面起伏、像片倾斜同时存在时的航摄像片比例尺

当地面起伏、像片倾斜同时存在时，航摄像片的比例尺比较复杂，各处的比例尺均不相等。实际应用中，常采用主比例尺（即 $1/m=f/H$）作为该张航摄像片的概略比例尺，也可以从航摄像片上选取并量测大致对称于主点且互相垂直的两线段，另外在实地量测与之相应的地面线段来计算出航摄像片的平均比例尺。

三、表示方法的区别

地形图是对地面物体按规范、图式规定的线划符号、数字和文字注记有选择性地加以表示；而航摄像片则是以不同灰度的影像全面客观地反映地面物体的情况，没有选择性。

地形图对地面上具有重要作用的地形元素可以进行夸大突出的表示，对地面上的一些无形要素（如地名、境界、坐标、树种、高程等）也给予了一定的表示；而这些具有重要作用的地形元素在航摄像片上并没有特意突出夸大的表示，有的元素甚至还有可能会消失，地面上的一些无形要素，在航摄像片上也是无法显示出来的。

虽然，航摄像片在表示方法方面与地形图相比有其不足的一面，但随着正射影像地图的发展，航摄像片该方面的不足已被克服。在正射影像地图上，不仅具有地形图的特性和优势，而且航摄像片信息丰富、形态逼真、生动直观的一面更得到了充分的展示。

第五节　航摄像对与立体观察

一、航摄像对的基本概念

从两相邻摄站对同一地区所摄取的，具有一定重叠度的两张像片称为航摄像对，也称立体像对，简称像对。

在摄影测量中，一般情况下利用单张像片是不能确定地面点的空间位置的，只能确定地面点的平面位置。若要获得物点的空间位置必须利用立体像对，它是立体摄影测量的基本单元，由其构成的立体模型是立体摄影测量的基础。

（一）理想像对

如图 3-18 所示，如果一个像对的两张像片及摄影基线 B 都处于水平位置，且两像片的 x 轴共线并与摄影基线 B 平行，这样的像对称为理想像对，也称为标准式像对。

对于理想像对来说，其两张像片 P_1^0，P_2^0 位于同一水平面内，且二者的主光轴 S_1O_1，S_2O_2 与摄影基线 B 正交并位于同一铅垂面内。

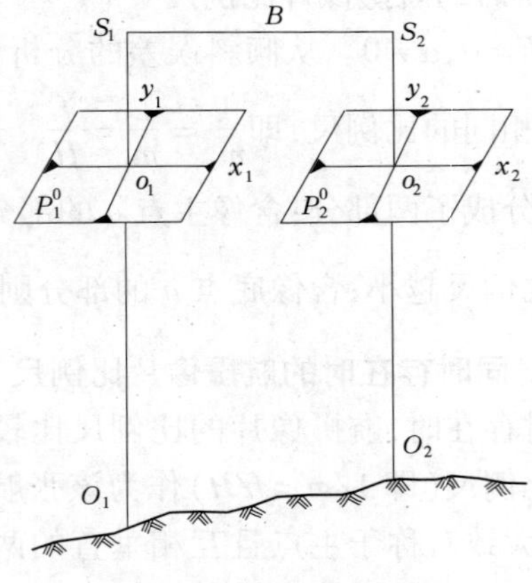

图 3-18　理想像对

应指出的是，实际上理想像对是很难得到的。目前，一般来说航摄像对的两张像片及摄影基线都有一定的倾斜，但倾斜角度都不大。因此，在航空摄影测量中所用的航摄像对无须加以说明，都是近似垂直摄影的像对。

(二)航摄像对的基本点、线、面

航摄像对是由一定关系的两张航摄像片组成的，这里我们研究由这两张航摄像片所组成的航摄像对具有哪些基本的点、线、面。

图 3-19 表示的是在摄影瞬间所得到的一航摄像对。S_1、S_2 分别表示左片 P_1 和右片 P_2 的摄影中心，S_1 与 S_2 间的连线称为摄影基线，用 B 表示；点 a_1、a_2 分别是地面点 A 在 P_1、P_2 上的构像，称为同名像点，其光线 AS_1a_1 和 AS_2a_2 叫做同名光线。

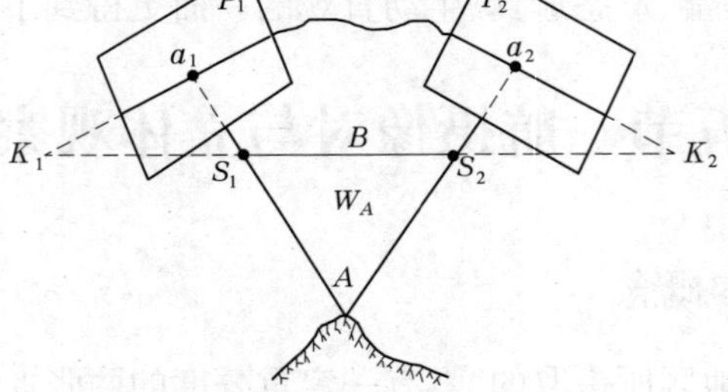

图 3-19　航摄像对的基本点、线、面

摄影基线 B 延长与左、右像片平面的交点 K_1、K_2 称为核点。

由摄影基线 B 与任一地面点 i 所构成的平面，称为 i 点的核面，用 W_i 表示。如图 3-19中的 W_A，即表示 A 点的核面。显然，在构像时，地面点 A 的同名光线 AS_1a_1、AS_2a_2 与摄影基线 B 三者同位于核面 W_A 内，称为三线共面。由于地面点有无穷多个，所以一个像对可以有无穷多个核面，而且这无穷多个核面都是以摄影基线 B 为共同轴的平面束。在这些核面中，摄影基线与地底点决定的平面称为垂核面，由于左、右地底点的光线与摄

影基线 B 位于同一铅垂面内，所以一个像对只有一个垂核面。摄影基线与地主点所决定的平面称为主核面，由于像对的两张像片都有一定的倾斜，所以一般情况下通过左、右地主点的两个核面并不重合，有左主核面和右主核面之分。只有当左、右主光轴位于同一平面内时，左、右主核面才会重合为一个。显然，理想像对只有一个主核面。

核面与像片平面的交线称为核线。一个地面点的核面与左、右像片平面各相交出一条核线，这样的一对核线称为同名核线。由于摄影基线是所有核面共有的一条直线，因此在一张与摄影基线不平行的像片平面上，所有的核线构成一个会聚于核点的平面直线束；当像片平面与摄影基线平行时，核点位于像片平面的无穷远处，此时像片上所有的核线相互平行。核线是像对的一个重要概念，人们可以根据像对两张像片上核线的相关位置，来确定像对在空间的相对状态，而且可以根据一个像对某核线上一个像点，其在另一像片上的同名像点必然位于同名核线上的特性，在自动化测图中进行同名像点的搜索。

二、像对的立体观察

（一）人眼的天然视觉

1. 单眼视觉

人眼的视觉功能在测量中具有重要的作用。图 3-20 表示人的单眼结构，它好像一架性能完善、精良的照相机。其中，人眼的水晶体如同照相机的摄影物镜；瞳孔如同照相机的光圈，可自动调节光线的进入量；其“快门”的开启时间则由眼皮控制；眼睛后壁的视网膜如同照相机的感光材料。空间物体通过水晶体在视网膜上成像，同时水晶体两侧韧带的伸缩可改变其曲率，即自动调焦达到成像的清晰，视网膜上的像再通过视神经系统传到大脑的视觉中心，使人眼实现该物体的视觉观察。

试验已证实，单眼观察物体时所感觉的只是物体的透视像，物体的远近只是一种“远小近大”的间接经验判断，因此单眼视觉只是一种“平面视觉”。

2. 双眼视觉

由于单眼视觉只是一种平面视觉，所以用单眼准确地判断物体的远近是比较困难的。当我们用双眼对空间物体进行观察时，能够辨别出物体的形状和远近，这种视觉称为天然立体视觉。

为什么用双眼观察物体时会产生天然立体视觉呢？对此我们进行简要分析。

如图 3-21 所示，假设有一物点 F 为主视点（即其构像正好分别落于左、右眼网膜窝中心的视点）；在 F 点附近另有两点 A、B，且 A 较 F 远，B 较 F 近。A、B 两点在左、右眼视网膜上的像点分别是 a_1、b_1 和 a_2、b_2，其交角 $\angle a_1Aa_2$ 和 $\angle b_1Bb_2$ 称为交会角（以 γ_A 和 γ_B 表示）。不难看出，交会角的大小与物体离眼睛的距离有关，而且还发现，远近不同的两物点在左、右眼视网膜上的构像存在着一定的弧长之差（即 $\delta = a_1b_1 - a_2b_2$），该差值 δ 称为生理视差。这种生理视差正是双眼产生天然立体视觉的根本原因。

天然立体观察的范围一般为 0.25（明视距离）~450 m，超出该范围愈多，则立体视觉的能力也愈弱。

（二）人造立体视觉

我们在双眼天然立体观察的基础上，进行一个如下的试验。

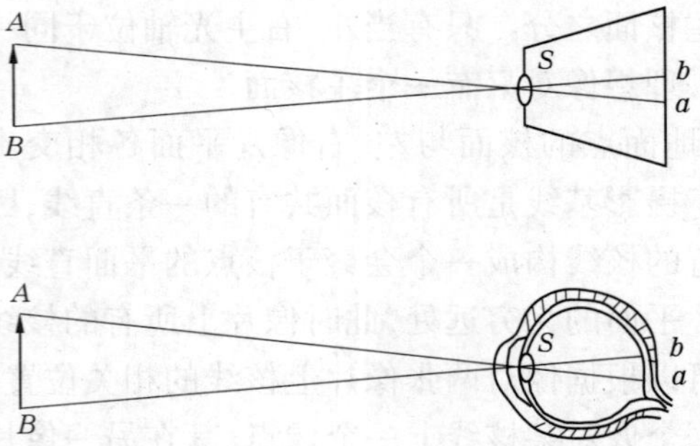

图 3-20　人眼与照相机比较示意图

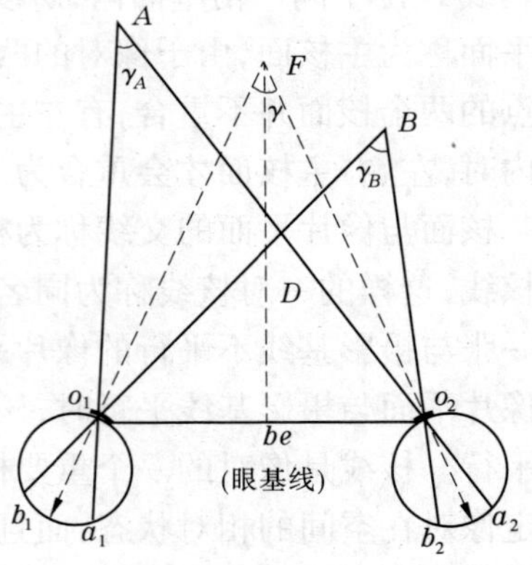

图 3-21　天然立体视觉

如图 3-22 所示，设 A 为原双眼天然立体观察时的物体。若我们将该物体的像分别记录到左、右片 P_1、P_2 上。而后，我们不再直接去看物体 A，而是通过左、右眼分别观察其在 P_1，P_2 上的像。试验证实，当满足一定条件时，人们借助人工制造的空间物体的构像，同样能获得空间物体的立体视觉，以此方法产生的立体视觉称为人造立体视觉。实现人造立体视觉的过程叫做人造立体观察。

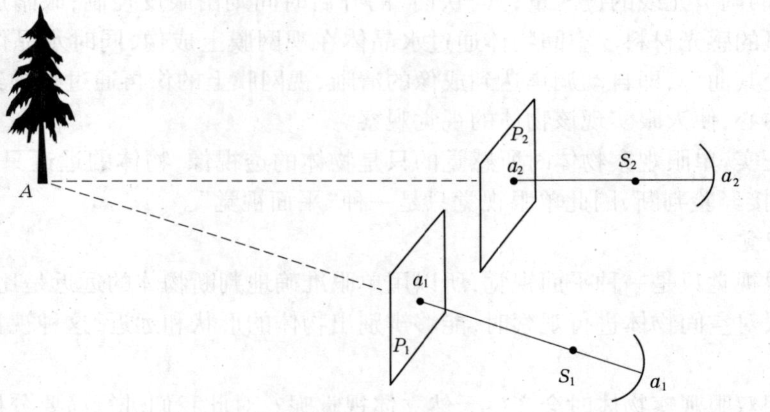

图 3-22　人造立体观察

人造立体视觉在航测中具有重要的作用，它使得人们可以利用二维的像片在组成像对的基础上解决三维空间的问题，同时人造立体观察不受物体时空的限制。

（三）像对的立体观察

1. 实现像对立体观察的条件

利用像对实现立体观察必须满足以下三个条件：

（1）两张像片必须能组成一个像对；

（2）观察时必须两只眼睛分别看一张像片，即称为分像；

（3）两张像片放置时，应使同名像点的连线与眼基线大致平行。

2. 三种不同的立体效应

在满足上述立体观察的三个条件情况下，如果改变两张像片间的摆放位置，会产生三种不同的立体效应：

(1)正立体效应。将像对两张像片的影像重叠部分向内放置，然后按立体观察的要求使左眼看左片，右眼看右片，此时所获得的与实地起伏一致的立体效果，称为正立体效应。正立体效应是最常用的一种立体观察的方式。

(2)反立体效应。如果把像对两张像片的影像重叠部分向外放置(即将一个处于重叠向内的像对的左、右像片位置对调或将左、右像片各旋转 180°放置)，在立体观察时所产生的与实地起伏相反的立体效果，称为反立体效应。反立体效应有时在检查时使用。

(3)零立体效应。若将像对的两张像片在各自平面内绕某同名像点按同方向旋转 90°放置，在立体观察时只有平面图像的感觉效果，称为零立体效应。这种方式在某些场合有利于增强观察影像的清晰度，常用于地物的转绘和同名点的转刺。

3. 像对立体观察的方法

在满足像对立体观察的三个条件后，人们所看到的立体效果称为视模型。视模型是一种可望而不可触及的虚像。由于人眼有凝视的本能，因此在实现像对立体观察的三个条件中分像条件往往最难做到，因为它违反了人眼通常的观察习惯。所以，要想较好地实现像对的立体观察，一方面须经过一定的训练，另一方面往往要借助一些工具、仪器并采取一定的措施。下面简要介绍几种常用的像对立体观察的方法。

1)立体镜法

立体镜是一种便于人们进行像对立体观察的辅助工具。立体镜的主要作用是便于进行“分像”，同时由于像平面可放置在立体镜放大镜的焦平面上，这样像点经放大镜后出来的光线为平行光线，即相当人眼观察的是较远处的物体，所以会感到舒适而不易疲劳。目前，较常用的立体镜有袖珍立体镜和桥式反光立体镜两种。

袖珍立体镜是由一对透镜及镜架所组成的简易立体观察工具，如图 3-23(a)所示。袖珍立体镜的透镜放大倍率一般为 1.5~2.0 倍，两透镜的间距可调节至约等于观察者的眼基线长度，其镜架能够折叠，便于携带，特别适合于外业工作。

桥式反光立体镜如图 3-23(b)所示，它在透镜两侧和下方增加了一组反光镜，使影像光线经两次反射后才进入透镜，同时透镜的焦距较袖珍立体镜的长。这样，桥式反光立体镜不但增大了放大倍率，而且扩大了眼基线的观察范围。

(a) 袖珍立体镜　　(b) 桥式反光立体镜

图 3-23　常用的立体镜

2）叠映式立体观察法

叠映式立体观察法是利用光线照射透明的左、右像片，并使其影像叠映在同一个承影面上，然后通过某种方式使得观察者左、右眼分别只看到一张像片的影像，从而得到立体效应。常用的方法有红绿互补色法、光闸法、偏振光法以及液晶闪闭法。

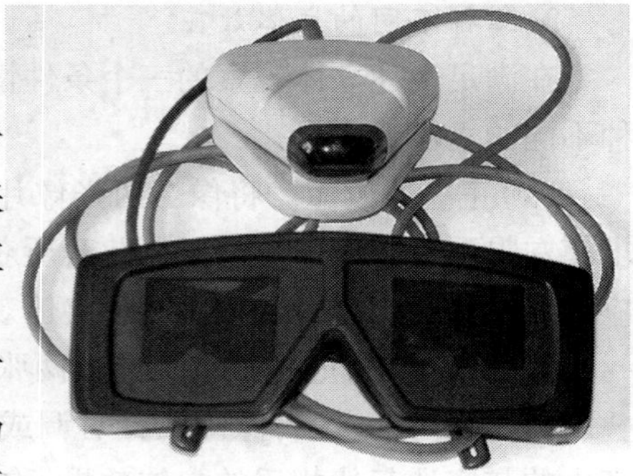
图 3-24　液晶立体眼镜

液晶闪闭法是一种新型的立体观察方法，被广泛应用于现代的数字摄影测量系统中。图 3-24 为数字摄影测量系统中配备的液晶立体眼镜，它主要由液晶眼镜和红外发生器组成。使用时，红外发生器的一端与通用的图形显示卡相连，图像显示软件按照一定的频率交替地显示左、右图像，红外发生器则同步地发射红外线，控制液晶眼镜的左、右镜片交替地闪闭，从而达到左、右眼睛各看一张像片的目的。

三、像对的立体量测

立体量测是航测立体测图的重要基础，它是在立体观察的基础上，利用浮游测标切准模型点作为量测的手段。摄影测量中采用的浮游测标有双测标和单测标两种，在立体量测时，这两种测标均可以作三维运动，如图 3-25 中的“T”字形。两测标在像片上可以作 x 和 y 方向的共同运动和相对移动，立体量测时，先用左测标对准左像片上像点 a_1，然后保持左测标不动，使右测标相对左测标移动，直到对准右像片上的同名像点 a_2。这样，在立体观察下，就能看到一个空间的测标与立体模型上的 A 点相切，如图 3-25 所示。此时，若左右移动右测标，可观察到空间测标相对于立体模型表面作升降运动，或沉入立体模型内部，或浮于模型的上方。

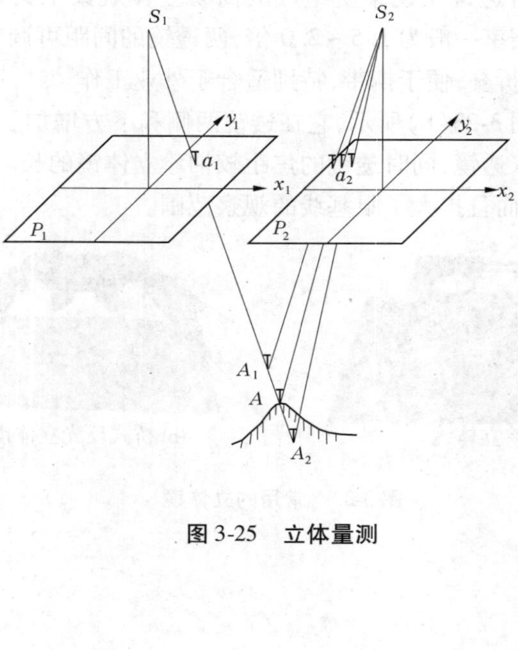

图 3-25　立体量测

第六节　航摄像对的外方位元素

在立体摄影测量中，欲建立起一个与实地完全相似的立体几何模型，必须依靠航摄像对。很显然，要恢复、确定一个像对的两张像片在摄影瞬间的空间位置，就必须知道该像对的外方位元素。从本章第二节我们知道，一张航摄像片的外方位元素有 6 个（X_S、Y_S、Z_S、α_x、ω、κ），所以一个航摄像对的外方位元素就应有 12 个。

一个航摄像对的 12 个外方位元素按其作用不同，被划分成相对定向元素（5 个）和绝对定向元素（7 个）两部分。

一、相对定向元素

确定一个像对的两张像片相对位置关系所需要的元素叫做相对定向元素。一个像对的相对定向元素共有 5 个，这 5 个相对定向元素随着所选取的像空间辅助坐标系的不同，通常有两种不同的表达形式。

（一）连续像对的相对定向元素

欲恢复一个像对两张像片之间的相对位置，可以以像对的左片为基准，以左片的像空间坐标系作为像空间辅助坐标系，只通过确定右片相对于左片的 5 个元素（B_y、B_z、α_x、ω、κ）来实现。由于这种相对定向元素能连续地恢复相邻或一条航线上所有投影光束之间的相对方位，故这种相对定向元素被称为连续像对的相对定向元素。

（二）单独像对的相对定向元素

同样，欲恢复一个像对两张像片的相对位置，我们还可以选择摄影基线 B 为像空间辅助坐标系的 X 轴，通过确定左、右片的 5 个元素（α_{x1}、κ_1、α_{x2}、ω_2、κ_2）来实现。由于采用这种相对定向元素来确定一个像对的两张像片相对位置时，左、右光束需要分别变动才能实现，这种相对定向元素只考虑建立一个像对的立体几何模型（即称单模型或独立模型），而不顾及相邻模型间的连续性，故这种相对定向元素被称为单独像对的相对定向元素。

二、绝对定向元素

经相对定向后，恢复了立体像对的两张像片的相对方位，同名光线对对相交，形成了一个与实地相似的立体几何模型。但这个模型在地面摄影测量坐标系中的方位还是任意的，模型的比例尺也是任意的。要确定模型的空间方位和大小，必须利用已知的地面控制点来进行坐标变换。用来确定立体模型在地面摄影测量坐标系中的正确方位和比例尺所需要的参数叫模型的绝对定向元素。

模型的绝对定向元素有 7 个，即 X_S、Y_S、Z_S、$\boldsymbol{\Phi}$、$\boldsymbol{\Omega}$、$\boldsymbol{K}$、b。它们是用以确定所建立起的立体几何模型的大小和空间方位的要素。其中，X_S、Y_S、Z_S 是模型在地面坐标系三个坐标轴方向的平移量，确定模型的空间位置；$\boldsymbol{\Phi}$、$\boldsymbol{\Omega}$、$\boldsymbol{K}$ 为模型绕地面坐标系三个轴向的旋转量,确定模型的倾斜、旋转;b 是投影基线值,确定模型的大小。

三、立体测图的基本作业过程

(一)内定向

恢复一个像对的两张像片内方位元素的工作称为内定向。

模拟摄影测量中是通过装片、归心以获得与摄影光束相似的投影光束。

数字摄影测量中,内定向的目的就是确定扫描坐标系与像平面坐标系之间的关系以及数字影像可能存在的变形。

(二)相对定向

通过一定手段恢复或确定摄影时像对的两张像片之间相对位置的工作称为相对定向。相对定向的目的就是使得同名光线对对相交,建立起一个与实地相似的立体几何模型。

模拟摄影测量中的相对定向通常采用光学机械法来实现,即利用模拟测图仪投影器上 5 个与相对方位元素相对应的机械螺旋的动作,改变两投影器之间的相对位置(即用连续像对相对定向的方法或单独像对相对定向的方法),使模型范围内的几个有代表性点位上同名光线对对相交,即恢复了像对的 5 个相对定向元素,完成相对定向的方法。

解析法相对定向的理论基础是共面条件方程,图 3-26 表示一个立体模型实现正确相对定向后的示意图,图中 a_1、a_2 表示模型点 A 在左、右两张像片上的构像。S_1a_1、S_2a_2 是一对同名光线(分别用矢量 $\boldsymbol{R}_1$ 和 $\boldsymbol{R}_2$ 表示),它们与摄影基线 S_1S_2 共面,这个平面可以用三个矢量 $\boldsymbol{R}_1$、$\boldsymbol{R}_2$ 和 $\boldsymbol{B}$ 的混合积表示,即

$$\boldsymbol{B}\cdot(\boldsymbol{R}_1\times\boldsymbol{R}_2)=0$$

若用坐标的形式表示,则为

$$F=\begin{bmatrix} B_X & B_Y & B_Z \\ X_1 & Y_1 & Z_1 \\ X_2 & Y_2 & Z_2 \end{bmatrix}=0 \tag{3-9}$$

式中:(B_X,B_Y,B_Z)是 S_2 点在左片像空间辅助坐标系 $S_1-X_1Y_1Z_1$ 中的坐标;(X_1,Y_1,Z_1)是左片像点 a_1 在 $S_1-X_1Y_1Z_1$ 中的坐标;(X_2,Y_2,Z_2)是右片像点 a_2 在 $S_2-X_2Y_2Z_2$ 中的坐标。

式(3-9)便是解析相对定向的共面条件方程式。

利用共面条件方程式可以推导相对定向元素的求解公式,根据模型上同名光线产生的上下视差来计算相对定向元素,然后根据空间前方交会公式计算出模型点的坐标,建立与实地相似的数字立体模型。需要注意,此时的立体模型是相对于选定的像空间辅助坐标系而言的,其大小和方位均是任意的。因此,选取摄影测量坐标系作为用相对定向元素计算出的模型点坐标的基础坐标系。

(三)绝对定向

经相对定向后,虽然已经建立起一个与实地相似的立体模型,但此时该模型的比例尺

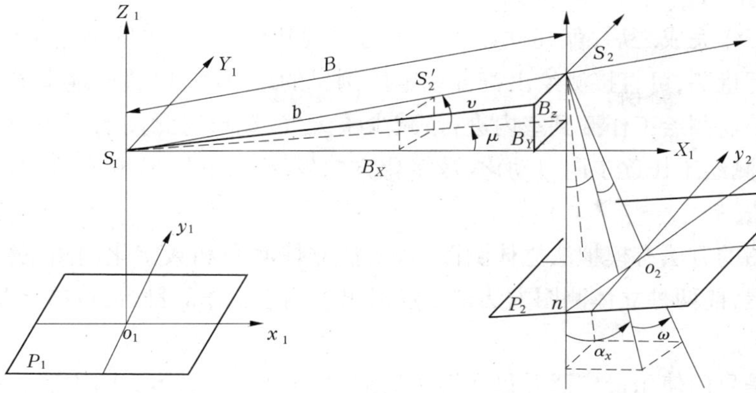

图 3-26　连续像对相对定向的共面条件

及其在空间的方位仍是任意的，为了能用以测制地形图，还须将该模型依据一定数量的已知控制点归化到要求的比例尺上，并使其置于大地坐标系的正确方位之中，该作业过程称为模型的绝对定向。

绝对定向的实质是解求（确定）7 个绝对定向元素，所以绝对定向时至少需要 2 个平高控制点和 1 个高程控制点，且这 3 个已知控制点不应在一条直线上。实际作业中为了提高精度和检查，一般每个像对用于绝对定向的已知控制点（平高点）为 4 个，并分布于像对有效范围的 4 个角上。

模型绝对定向的方法主要有光学机械法和解析法。

（1）光学机械法绝对定向：主要包括归化模型比例尺和模型置平两大步工作。

归化模型比例尺是利用改变仪器投影基线的长度及旋转移动图板的方法，使模型上 2 个已知点的投影点与图板上按一定比例尺所展绘的相应控制点相重合来完成的，该步实际确定了绝对定向元素中的 b 及 X_S、Y_S、$\boldsymbol{K}$。

模型置平是利用不在一条直线上的 3 个已知高程控制点，通过改动仪器的有关螺旋，使模型产生 X 方向和 Y 方向的倾斜，以达到 3 个相应模型点的高程读数与已知高程值相一致的目的。该步实际确定了绝对定向元素中的 Z_S 和 $\boldsymbol{\Phi}$、$\boldsymbol{\Omega}$。

（2）解析法绝对定向：目的就是要把相对定向后求出的模型点的摄影测量坐标转化为地面测量坐标。

相对定向以后可以求得任一模型点的空间辅助坐标，而我们的目的是求出这些点的空间坐标。空间辅助坐标系与地面坐标系通常是不一致的，需要通过空间相似变换来确定 2 个坐标系之间的关系，即在立体模型的绝对定向过程中，经过 3 个角度的旋转、1 个比例尺的缩放和 3 个坐标方向的平移，才能将模型点的空间辅助坐标变换为地面坐标。

绝对定向的解算实际上就是要确定空间相似变换的 7 个待定参数（ΔX、ΔY、ΔZ、λ、$\boldsymbol{\Phi}$、$\boldsymbol{\Omega}$、$\boldsymbol{K}$），这需要利用最少 2 个平高点和 1 个高程点，列出 7 个误差方程式。若有多余的控制点，便可按最小二乘法原理进行平差计算。

（四）立体测图

当上述定向工作完成之后，就建立起了一个与实地相似的、按比例尺缩小的立体模型。在模型上进行量测，可直接测绘出符合规定比例尺的地形图，以获取地理基础信息。这种测绘方式将外业测绘工作搬到室内进行，减少了天气、地形对测图的不利影响，提高了工作效率，并使测绘工作逐步向自动化、数字化方向发展。因此，航测成图方式是测绘地形图的主要方法。

航测立体测图的方法有模拟法立体测图、解析法立体测图和数字化测图三种。随着计算机技术的发展，前两种立体测图方法都已经退出了测绘工作的舞台，目前主要采用的是数字化测图。

数字化测图是目前使用最广泛并仍在继续发展之中的一种立体测图方法，它所使用的仪器是数字摄影测量系统，该系统由像片数字化仪、计算机、输出设备及摄影测量软件系统组成。透明底片或像片经过数字化后，转变成数字影像，利用数字相关技术，让计算机代替人的眼睛进行立体观察，自动寻找同名像点并量测坐标。采用解析计算的方法，建立数字立体模型，由此建立数字高程模型，自动绘制等高线，制作正射影像图，提供地理基础信息等。整个过程除少量人机交互外，全部自动化完成。关于数字化测图的原理与方法，将在第八章的数字摄影测量中进行具体介绍。

思考题

1. 什么叫投影、平行投影和正射投影？

2. 何谓中心投影？中心投影的三点共线指的是什么？

3. 何谓航摄像片的内方位元素？内方位元素有哪几个？其作用是什么？

4. 何谓航摄像片的外方位元素？外方位元素有哪几个？其作用是什么？

5. 在航测中，像平面坐标系一般如何建立？其作用是什么？

6. 像空间坐标系是如何定义的？其作用是什么？它与像平面坐标系有何关系？

7. 为什么说共线条件方程式是摄影测量中一个重要的公式？公式中各符号的含义分别是什么？

8. 什么是倾斜误差？倾斜误差有何特性？

9. 什么是投影误差？投影误差有何特性？

10. 有一地面高程为 60 m 的点，当选大地水准面为基准面时，该点在绝对航高为 2 000 m 的水平像片上，其像点的投影误差为 3 mm。若选择高程为 30 m 的高程面作为基准面，该点的投影误差又是多少？什么情况下可使得该点的投影误差为零？

11. 航摄像片与地形图的主要区别有哪些？

12. 何谓航摄像对？满足什么条件的航摄像对称为理想像对？

13. 航摄像对上有哪些基本点、线、面？各是如何定义的？

14. 实现像对立体观察的三个条件是什么？在何种情况下可以实现何种立体效应

（并通过实践验证）？

15. 欲建立一个可供量测的立体几何模型必须恢复一个像对的几个外方位元素？一个像对的外方位元素可划分为哪两大部分？各部分的作用是什么？

16. 绝对定向的实质是什么？绝对定向至少需要几个控制点？

第四章　像片判读

第一节　概　述

像片判读是进行像片调绘的基础,即进行像片调绘首先必须掌握对地物的辨认和定性,然后才能用相应的符号表示这些物体。因此,可以说,像片判读是进行像片调绘工作的一项基本技术。但像片判读绝不仅仅用于航测成图中的像片调绘,在众多科学领域里和军事上它还有更重要、更广泛的用途。

根据各种地物、地貌的光谱特征,像片的成像规律以及各种影像判读特征,借助某些仪器设备和有关资料,采用一定的方法对像片影像进行分析判断,从而确认影像所表示的地面物体的属性、特征,为测制地形图或为其他专业部门提供必要的要素,这一作业过程称为像片判读(或称像片解译)。像片判读所指的像片不仅是航摄像片,也可以是卫星像片、地面摄影像片或其他特殊摄影像片;既可以是黑白像片,也可以是彩色像片、多光谱像片、红外像片、微波像片等。

根据判读的目的不同,像片判读可区分为地形判读和专业判读。地形判读主要是指航空摄影测量在测制地形图过程中所进行的判读,其判读目的是通过像片影像获取地形测图所需要的各类地形要素。专业判读是为解决某些部门专业需要所进行的带有选择性的判读,其判读目的是通过像片影像获取本专业所需的各类要素。

根据判读的方法不同,像片判读又可区分为目视判读和电子计算机判读。目视判读是指判读人员主要依靠自身的知识和经验以及所掌握的其他资料和观察设备,在室内或者与实地对照去识别像片影像的过程。电子计算机判读又称为电子计算机模式识别,它借助于电子计算机根据识别对象的某些特征,对识别对象进行自动分类和判定。目前,像片判读的主要方法是目视判读,本节重点介绍这种判读的方法和特点。

目视判读又可进一步分为野外判读和室内判读。野外判读就是在野外根据实地地物、地貌的分布状况和各种特征,与像片影像对照去进行识别的方法。在很长时间内,航测成图中的像片调绘工作都是采用这种方式,它的优点是判读方法简单,易于掌握,判读准确可靠;缺点是野外工作量大,效率低。在目前条件下,野外判读在生产中占有十分重要的地位。室内判读则是主要根据物体在像片上的成像规律和可供判读的各种影像特征以及收集到的各种信息资料,采用平面、立体观察手段和影像放大、图像处理等技术,并与野外调绘的“典型样片”比较,进行推理分析,完全脱离实地所进行的判读。显然,室内判读的主要优点是能充分利用像片影像信息,发挥已有的各种图件资料、仪器设备的作用,减少野外工作量,改善工作环境,提高工作效率,无疑室内判读是发展方向。但室内判读对判读人员自身的素质要求较高,目前判读的准确率还不是很高。因此,室内判读还必须和野外判读结合起来,这就是所谓的室内外综合判读法。

第二节　像片的判读特征

由于航摄像片采取的是由空中向地面进行的近似垂直摄影，像片影像所记录的是地物顶部和部分侧面（对于突出于地面的物体）的图形，加之像片影像比实际地物小几千倍甚至几万倍，如果用通常的习惯去观察像片，根据影像去识别地物就比较困难。因此，学习像片判读就必须熟悉地面物体在像片上构像的各种图形特征和其他特征。我们把像片上能用来识别地面物体的影像特征叫做像片的判读特征。

一、形状特征

形状特征是指地物外部轮廓在像片上所表现出的影像形状。根据形状特征识别地物时应注意以下问题：

（1）由于航摄像片倾斜角很小，对于平地不突出于地面的物体，如运动场、旱地、稻田、河流、湖泊等在像片上影像的形状与实地地物的形状基本相似。

（2）不突出于地面的物体位于倾斜地面上时，如山坡上的旱地、树林等，由于投影差的影响，面向像主点的倾斜面及其地物被拉长，背向像主点的倾斜面及其地物被压短，位于其他方向的倾斜面及其地物将根据投影差的变化规律而产生不同程度的变形。

突出于地面而具有一定空间高度的物体，如烟囱、水塔等，由于受投影差的影响，其构像形状随地物在像片上所处的位置而变化，如图 4-1 所示。地物位于像主点附近，不论空间高度如何，在像片上的构像为地物顶部的正射投影图形；地物位于像主点以外，在像片上的构像则由顶部图形和侧面图形两部分组成。侧面图形随着离开像主点的距离大小而变化，离开像主点的距离越大，构像越长，且地物顶部的构像总是朝着离开像主点的方向移位。

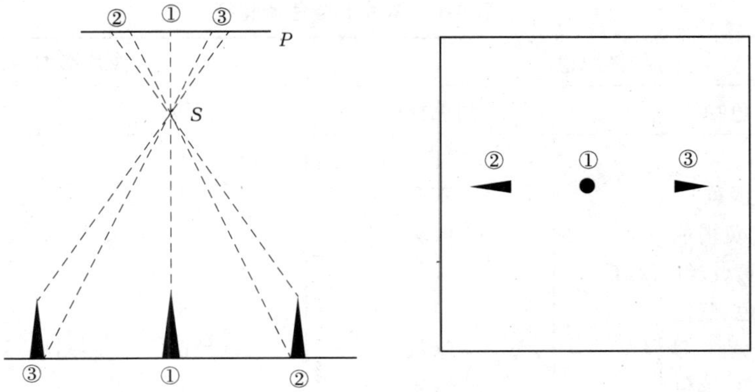

图 4-1　突出于地面的物体构像特征

（3）在像片比例尺较小时，某些形体较小的地物的构像形状将变得比较简单甚至消失，如长方形的小水池其构像变成一个小圆点；在 1∶20 000 的像片上很难找到一个普通电线杆的构像，这时就不能再从形状上去识别地物了。

（4）同一地物在相邻像片上的构像由于投影差大小、方向不同，其形状也不一样。

(5)对于突出于地面的物体,通过立体观察可以看到物体的空间形状,因此立体观察更有利于从空间形状去识别地物。

一般情况下,地面上地物的形状千差万别,它们在像片上构像的形状也各不相同,地物的形状不仅是描绘地物的重要依据,在一定程度上还能反映出地物的某些性质。因此,形状特征是判读地物的重要标志。

二、大小特征

大小特征是地物在像片上构像所表现出的轮廓尺寸。在航摄像片上,平坦地区的地物与其相应构像之间,由于像片倾角很小,基本上可以认为它们存在统一比例关系,即实地大的物体在像片上的构像仍然大。但在起伏地区,像片上各处的比例尺不一致,因而实地同样大小的地物,在像片上处在高处的比处在低处的地物的构像要大。

地形图上许多地物都是按规定尺寸表示的,如依比例尺、不依比例尺和半依比例尺表示的房屋,双线沟渠与单线沟渠,甚至道路和等级也与路宽有关。因此,对有些难以区分其属性的物体,往往只要通过对影像尺寸的简单量测就能将其区分。

需要指出的是:地物构像尺寸大小不仅取决于地物本身的大小和像片比例尺,还与像片倾斜、地形起伏、地物形状及其亮度等因素有关;对于与背景形成较大反差的线状地物,如草地上的小路,其构像宽度一般大于实际宽度。

三、色调特征

地面上五颜六色的地物,在黑白像片上显示成深浅不一的黑白影像,这种影像的黑白程度称为色调。色调的深浅以灰阶表示。航摄像片一般分为 10 个灰阶:白、灰白、淡灰、浅灰、灰、暗灰、深灰、淡黑、浅黑、黑。物体原色与像片影像色调之间的近似对应关系如表 4-1 所示,这些关系可作为像片判读时参考。

表 4-1　像片影像色调特征

物体原色		像片影像色调	
彩色物体	消色物体	灰阶	色调
	白	1	白
淡黄	灰白	2	灰白
黄、黄褐色	淡灰	3	淡灰
深黄、橙黄、浅红、淡红	浅灰	4	浅灰
红色、蓝色	灰	5	灰
深红、紫红、淡绿	暗灰	6	暗灰
绿色、紫色	深灰	7	深灰
深绿	淡黑	8	淡黑
墨绿	浅黑	9	浅黑
	黑	10	黑

在用色调特征辨认地物时,人们就会发现,这个特征是不固定的,同一物体的影像由

于光照等因素的不同,它们的色调也就不同。因此,在利用其色调特征时,应充分考虑到决定物体影像色调的主要因素,以便正确运用它。

影响物体影像色调的主要因素有:

(1)物体表面的照度。物体表面的照度是指物体表面单位面积上受光量的多少。一般情况下,阳光与地物受光面的角度越大,受光量越大,其影像色调越浅;反之,受光量越小,其影像色调越深。

(2)物体的亮度。人眼感觉到的物体的明亮程度称为物体的亮度。物体的亮度取决于它们所受的照度和对光的反射能力。亮度越大的物体,对光的反射能力越强,在像片上的色调就越浅。

(3)地物的含水量。对于同一物体,由于含水量不同,其影像色调也不同。因为水分能吸收光线,水分越多吸收光线越多,影像色调越暗,如同一块旱地或干沟、小路,雨后摄影色调明显加深。

(4)摄影季节的影响。不同地区的植被随着季节的变迁,植被的颜色将产生明显的变化,其影像色调也会有所不同,如我国北方阔叶树在春季时多为浅绿色,夏季时为深绿色,秋季时开始变黄,其影像色调将分别为浅灰、深灰、淡白色调。

(5)地物表面的粗糙程度。平滑的地表面反射光线的方向性很强,主要产生镜面反射,其影像色调与摄影机所处的位置和所接收的反射光线的多少有关。如果反射光线恰好通过摄影机的镜头,则地物在像片上的影像呈亮白色;否则,进入摄影机镜头的反射光线大大减弱,地物在像片上的构像色调变暗。粗糙的地表面产生漫反射,此时影像的色调主要取决于地物自身的亮度。应当指出,水域在像片上构像的色调情况较复杂,它不仅与水的深浅有关,也与水中悬浮物的性质、水底物质的性质、悬浮物的多少、颗粒的大小等因素有关。

四、阴影特征

高出地面的物体在航摄像片上一般会形成三部分影像,如图 4-2 所示:a 为受阳光直接照射,由其自身的色调形成的影像;b 为未受阳光直接照射,但有较强的散射光照射所形成的影像,称为本影;c 为被建筑物遮挡在地面上所形成的阴暗区,即建筑物的影子,称为落影,其色调很深。

利用阴影特征判读时应当注意,在同一张像片上阴影具有方向一致的特点。在相邻像片上,如果不是航区分界线,阴影的方向也基本保持不变。一般情况下,阴影与本影成一定角度相交,只有当阴影与本影方向一致时才重合,如图 4-3 所示。

对像片的判读来说,阴影有两种相反的作用:

(1)有利方面。阴影反映了地物的侧面形状,有助于增强立体感,对投影面积小而空间高度大的地物(如烟囱、水塔、电线杆等),利用阴影判读十分有利,可根据落影和本影的交会点准确判定其位置。

(2)不利方面。由于阴影色调很深,使处在阴影中的地物变得模糊不清,甚至完全被遮盖,从而给判读带来困难或产生错判。

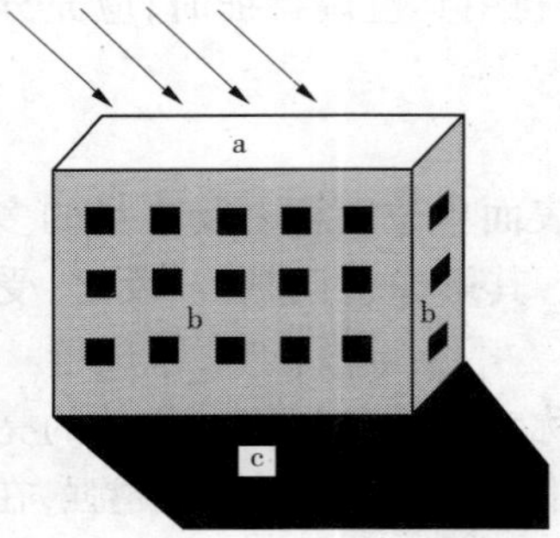

图 4-2　阴影特征

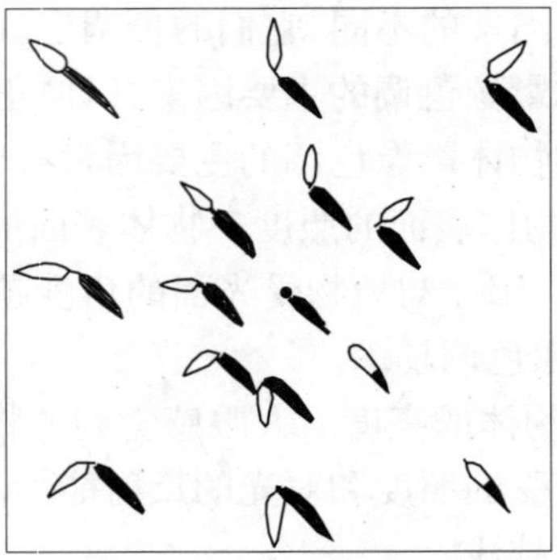

图 4-3　阴影与本影的关系

五、纹理特征

成片分布的细小地物在像片上成像，在平滑程度、颗粒大小、色调深浅、花纹变化等方面造成有规律的重复，这就是影像的纹理特征。每一种地物都有自己特有的纹理特征，人们可以从纹理的差异中去区分和判别它们的类型及属性。例如，一颗草是无法辨认的，一片草地在像片上形成的色调就构成了纹理特征，它却是可以识别的。草地有细腻、平滑的丝绒状纹理，若与颗粒很大的阔叶林相比，从纹理的差异上是很容易区分的。

六、图案结构特征

如果说纹理特征是指地物成群分布时无规律的积聚所表现出的群体特征，那么地物有规律的分布所表现出的群体特征就称为图案结构特征。如树林与经济林都是由众多的树木组成的，但它们的空间排列形状都有明显差别；天然生长的树林其分布状况是自然选择的结果，而人工栽种的经济林则是经过人工规划的，其行距、株距都有一定的尺寸。有经验的农艺师甚至可以根据图案结构的微小差异区分各种经济林的性质，利用图案结构特征还可以区分各种类型的沙地、居民地等地物。

七、色彩特征

色彩特征只适用于彩色像片。在彩色像片上各种不同物体反射不同波长的能量（地物的波谱特性），像片影像以不同颜色反映物体特征。判读时，不仅可以从彩色色调而且可以从不同颜色去区分地物，因此具有更好的判读效果。但由于其在高空摄影的天然彩色像片效果较差，成本也较高，故在地物判读中很少使用。

八、相关位置特征

地物之间互相联系、互相依存的特征称为相关位置特征。如居民地与道路、桥梁与河流、铁路与火车站等都有不可分割的联系，以此为基础进行推理分析，就可以解释一些难以判读的影像。一种地物识别出来后，另一种地物就可以根据它们之间的关系进行判定，如沙漠中发现有几条小路通向同一个点状地物，一般可以判定这里有水源。

对地物进行判读不可能只用一种特征，只有根据实际情况，综合运用上述各种判读特征才能取得较满意的判读效果。应当指出，作业人员只有具备丰富的经验和丰富的知识才能表现出较高的判读水平。

第三节　野外像片判读的基本方法

野外判读就是在野外用像片影像与实地对照进行判读，看起来比较简单，但也必须掌握一定的方法，其基本方法如下：

（1）选好判读位置。判读时，判读人员要尽可能站在视野开阔、地势较高的地方进行判读。这样，看的范围大，总貌特征比较明显，容易确定像片方位和自己在像片上所处的位置。

（2）确定像片方位。就是将像片方向与实地方向联系起来，使它们基本一致，这也叫像片定向。像片定向时，首先应在像片上找出判读人员所在的位置，然后与四周明显突出的目标对照，旋转像片，使之与实地方位一致。像片定向之后再进行详细的判读就比较容易了。

（3）判读地物、地貌元素。像片判读的最终目的就是判读航测成图所需要的地物、地貌元素。此时，应注意掌握“由远到近，由易到难，由总貌到碎部，逐步推移”的判读方法，然后综合运用判读特征，在像片上找到判读目标的准确位置。

由远到近：远处范围大，总貌清楚，先判读远处大目标的位置，再推向近处，寻找所需判读目标的准确位置。

由易到难：先抓住容易判定的特征地形，迅速找到它们在像片上的具体位置，作为判读其他地物的突破口，以此为基础，向周围扩展开去，找出较难判定目标的准确位置。

由总貌到碎部：一个地区，一般是由村庄、河流、山岭、山路、森林、稻田、旱地等主要地物构成这一地区总貌。总貌描绘了这一地区地形的轮廓，给人以很深的印象，在像片上也最容易判定。在判定总貌的基础上，再缩小到某一范围去判定某个小目标的位置就比较容易了。

逐步推移：这是判读中常使用的方法，假设第一个地物已经判出，则紧跟着的第二个地物也就不难判定，以此类推，逐步推移，就一定能够准确判出所需要的判读目标。

综合运用以上方法就能较迅速、准确地判定全部地物、地貌元素的位置。

（4）走路过程中的判读。全野外判读更多的时候是在走路过程中进行的，即边走边判读，尤其是在地物密集的地区，到处都分布着需要判读的目标，这时就应注意“看、听、想、记”相结合，时时掌握自己在像片上的相应位置，随时将判定的地物在调绘片上标明出来，并对判读结果采用相关位置特征及比例尺核对实际距离进行检核，才能收到良好的效果。

（5）勤看立体，随时检核。看立体模型是帮助判读的重要手段，立体模型可以使需要判读的地物显得更清楚、更生动，对比感更强。应当指出，由于地物众多，地形千变万化，判读中出现错判的事时有发生，因此在判读过程中要经常进行检查，从多方面推断，直到确信无误。

总之，像片判读是项复杂、细致、责任很重、技术性很强的工作，在判读过程中，由于地形条件千变万化，地物种类繁多，错判、漏判的事会经常发生，因此要求从事这项工作的专业人员，不但要具有很好的技术水平，而且要有优良的思想素质，这样才能有效地完成这项工作。

思考题

1. 什么是像片判读？试简述像片判读的分类和各种判读方法的优、缺点。
2. 什么是形状特征？根据形状特征去判读地物应注意哪些问题？
3. 什么是大小特征？影响地物构像尺寸大小的因素有哪些？
4. 什么是阴影？阴影在像片构像上有什么规律？阴影在像片判读中有哪些有利作用和不利作用？
5. 什么是相关位置特征？相关位置特征在像片判读中有什么作用？
6. 试述野外判读的一般方法和注意事项。

第五章　航测外业像片控制测量

航测外业的像片控制测量是以测区 5″以上的平面控制点和等外水准以上的高程控制点为基础，采用地形控制测量的方法，在像片的规定范围内联测出像片上明显地物点（称为像片控制点）的大地坐标，并在实地把点位准确刺到像片上的整个作业过程。大家知道，内业测图定向和数字微分纠正作业都需要控制点，另外内业加密计算也需要一定数量的控制点，而这些控制点正是由航测外业的像片控制测量提供的，所以说航测外业控制测量的目的就是为内业成图和加密提供一定数量的符合规范要求、精度较高的控制点。

航测内业的"纠正"或模型"绝对定向"对像片控制点的需求，实质就是用空间后方交会的方法解求像片的方位元素（空中三角测量），以确定像片、摄影中心、地面三者之间的相对位置关系，即确定摄影机或传感器的空间位置和姿态。如果所有航摄像片的方位元素已知，航测外业地面控制测量工作就基本可以取消，由于近年来 GPS（全球卫星定位系统）在动态摄影导航及精确定位上的应用研究（机载 GPS 接收机用于空中三角测量）已基本成熟，航测外业的地面控制工作量将变得更小，实现摄影测量的几何定位自动化将为时不远。

第一节　像片控制点布设的基本要求

一、像片控制点的分类

像片控制点是指符合像片测图各项要求的测量控制点，分为下列三种：

(1) 平面控制点。野外只需测定点的平面位置（X,Y），简称平面点。

(2) 高程控制点。野外只需测定点的高程（Z），简称高程点。

(3) 平高控制点。需同时测定点的平面位置和高程（X,Y,Z），简称平高点。

在生产中，为了方便地确认控制点的性质，一般用 P 代表平面点，G 代表高程点，N 代表平高点，V 代表等外水准点。插图中以○表示平面点，◉ 表示平高点，●表示高程点，⊗表示水准点，□表示像主点。另外，引点及支导线点的编号采用在本点编号和点名后加注数字的形式来表示。例如：P15-1，其中 P15 为本点编号，1 表示引出点的序号。

同一幅图或同一区域内，像片控制点应按从左到右、从上到下的顺序统一安排，有次序地进行编号，以方便查找和记忆。同一类点在同一图幅或同一布点区内不得同号；利用邻幅或邻区的控制点时仍用原编号，但应注明邻图幅图号，如：N15［18 －（20）］，后面括号内的数字为邻图幅图号的简写。

二、航外控制测量对大地点分布密度的要求

航测成图不仅要求大地点有较高的精度，而且要求按一定密度布设；大地点如果没有

足够的密度，不仅给航外控制测量带来困难，增加工作量，而且会影响精度。一个测区如果大地点稀少，必然会感到施测方案的制定受到制约。

（一）平面控制点分布密度

1∶10 000 测图主要以国家三、四等三角点为基本控制点，我国的三等三角点平均边长为 8 km，四等三角点平均边长为 4 km，每个三角点控制的范围大约是平均边长的平方。因此，我国三、四等三角点的密度完全可以满足 1∶10 000 测图的需要。但实际测图时仍有不少地区三角点密度不能满足测图需要，这是因为有些地区没有四等三角网，三角点的破坏也十分严重，三角点的分布不均匀，当出现这些情况时，目前主要采用 GPS 定位技术和电磁波测距导线进行测区的高级地形控制测量，但采用 GPS 定位时其网点应尽可能与已知大地点重合，已知大地点一般不少于 3 个，并且在 GPS 网中分布均匀。这是为了可靠地确定 GPS 网与地面大地网之间的坐标转换参数。

（二）高程控制点分布密度

四等以上水准路线间距：在平地不超过 20 km，丘陵地、山地、高山地可根据情况适当放宽。

航外像片控制高程测量一般在平地采用测图水准，丘陵地、山地、高山地采用电磁波测距高程导线或三角高程导线。测图水准允许的导线全长为 20 km，电磁波测距高程导线全长规定平地不超过 14 km，丘陵地规定为 25 km，山地、高山地规定为 40 km。由此可见，规范规定的四等以上水准路线间距为 20 km 的分布密度，由于自然因素及人为因素的破坏，一般尚不能满足航外控制点高程联测的需要。在实际生产作业时，平地、丘陵地通常需要加密等外水准。等外水准附合路线全长规定为 40 km，山地、高山地又常常利用电磁波测距高程导线，因此规范规定的水准路线分布密度基本上保证了测图需要。个别地区如果联测高程仍有困难，则可在三等水准的基础上加密四等水准进行补救。

三、航外控制测量对高级地形控制点的精度要求

高级地形控制点是指可作为首级像片控制测量的各种等级的起闭点。在国家等级控制点的基础上进一步加密高级地形控制点的测量工作称为高级地形控制测量。大家知道，一个测区若没有足够的已知大地点，那么像片控制点的施测难度就相当大，因此必须首先加测一些高级地形点，然后去联测像片控制点。平面高级地形控制点包括精密导线点、5″级小三角点，高程高级地形控制点包括等外水准点、国家等级水准点。

高级地形控制点直接为联测像片控制点提供起算数据，对成图质量影响很大，因此必须对高级地形控制点提出以下较高的精度要求：

（1）高级地形控制点对于附近国家等级三角点的平面位置中误差不超过图上 ±0.05 mm。

（2）像片平面和平高控制点对于附近国家等级三角点或高级地形控制点的平面位置中误差不超过图上 ±0.1 mm。

（3）高级地形控制点、像片高程控制点对于附近水准点或三角点的高程中误差，平地、丘陵地、山地均不超过 1/10 基本等高距（高山地按山地要求）。

对于一些地区性的大地点，应仔细查明施测年代、作业依据、坐标及高程系统、成果精

度等情况，慎重使用。

四、像片控制点布设的基本原则

(1)像片控制点的布设必须满足布点方案的要求，一般情况下按图幅布设，也可以按航线或采用区域网布设。

(2)位于不同成图方法的图幅之间的控制点，或位于不同航线、不同航区分界处的像片控制点，应分别满足不同成图方法的图幅或不同航线和航区各自测图的要求，否则应分别布点。

(3)在野外选刺像片控制点，不论是平面点、高程点或平高点，都应该选刺在明显目标点上。

(4)当图幅内地形复杂，需采用不同成图方法布点时，一幅图内一般不超过两种布点方案，每种布点方案所包括的像对范围相对集中，可能时应尽量照顾按航线的布点，以便于航测内业作业。

(5)像片控制点的布设，应尽量使内业作业所用的平面点和高程点合二为一，即布设成平高点。

五、像片控制点布设的基本要求

航外像片控制点的布设不仅和布点方案有关，而且必须考虑航测成图的特点，即考虑在航测成图过程中像点的量测精度，绝对定向和各类误差改正对像片控制点的具体点位要求。为此，规范规定航外像片控制点应满足下列要求：

(1)选用的像片控制点点位目标影像应清晰，易于判刺和立体量测。当目标与其他像片条件发生矛盾时，应着重考虑目标条件。

(2)像片控制点距离像片上各类标志应大于 1 mm，距像片边缘不得小于 1 cm (18 cm×18 cm 像幅)或 1.5 cm (23 cm×23 cm 像幅)。

上述规定是为了保证不影响立体观测，提高立体量测的精度。因为像片控制点在接近压平线和各类标志时，测标不能准确切准目标；而像片边缘又存在着较大的各种误差，清晰度也较低，不能保证量测精度。但应注意，在航测成图中平面精度优于高程精度，且航向模型连接精度优于旁向模型连接精度。

(3)像片控制点应选在旁向重叠中线附近，离开方位线的距离应大于 3 cm (18 cm×18 cm 像幅)或 4.5 cm (23 cm×23 cm 像幅)。当旁向重叠过大时，离开方位线的距离应大于 2 cm(18 cm×18 cm 像幅)或 3 cm (23 cm×23 cm 像幅)；否则，应分别布点。因旁向重叠较小，需分别布点时，控制范围所裂开的垂直距离不得大于 2 cm，如图 5-1 所示。

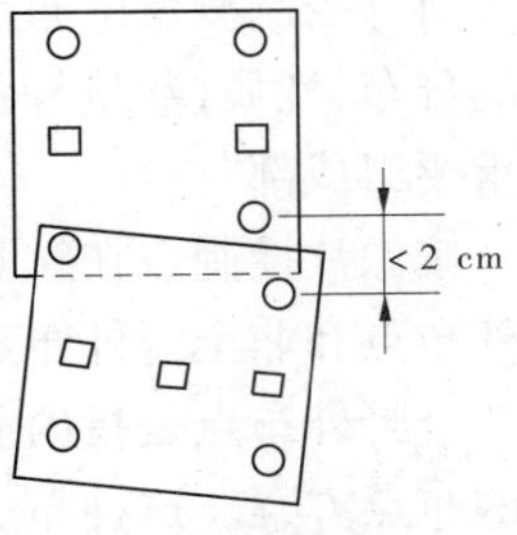

图 5-1 旁向重叠较小的布点

这项规定是为了保证航线模型量测精度，同时相邻两条航线共用同一控制点也可以减少野外工作量。因航线旁向重叠较小，需分别布点时，根据内业测图理论和实践可知，内业加密应在像片控制点所包围的范围之内进行，超出这个范围愈远成图精度将愈低。为了保证像片控制点能有效地控制测绘面积，超过控制点的作业一般不能大于 1 cm，如果上、下航线各超出 1 cm，则最大为 2 cm，这就是裂开的最大垂直距离。

(4)按区域网布点时，区域网四周控制点要能控制测绘面积，自由图边应布设在图廓线以外；按航线网布点时，航线两端的控制点应分别布设在图廓线所在的像对内，每端上、下两控制点最好选在通过像主点且垂直于方位线的直线上，左右偏离不大于一条基线(18 cm ×18 cm 像幅)或半条基线(23 cm×23 cm 像幅)，如图 5-2(a)所示；航线中央的控制点应尽量选在两端控制点的中间，左右偏离不超过一条基线，如图 5-2(b)所示。

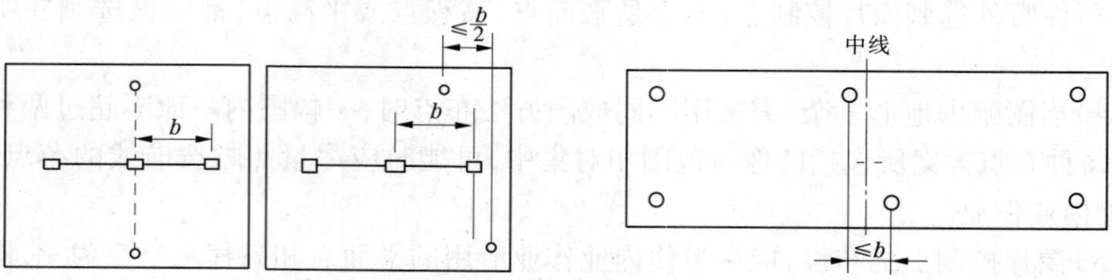

(a)航线两端控制点　　(b)航线中央控制点

图 5-2　航线网布点要求

(5)全野外布点时，用于立体测图的四个定向点点位偏离通过像主点且垂直于方位线的直线不大于 1 cm，最大不得大于 1.5 cm，构成的图形尽量成矩形；当采用一张中心像片覆盖一幅图的方法作业时，像片控制点距离图廓点、图廓线不大于 1 cm，最大不得大于 1.25 cm(图板上不大于 5 cm)。

(6)位于不同布点方案间的控制点，应确保高精度的布点方案能控制其相应面积，并尽量公用，否则应按不同要求分别布点。这是因为布点方案与成图方法和地形类别有关，精度要求也不一样，只有这样才能保证不降低高精度图幅的成图精度要求。一般，平坦地区比丘陵地区的布点精度高，丘陵地区比山地的布点精度高。

第二节　航外控制测量的布点方案

航外控制测量的布点方案是指根据成图方法和成图精度在像片上确定航外像片控制点的分布、性质、数量等各项内容所提出的布点规则。它是体现成图方法和保证成图精度的重要组成部分。

按像片控制点在航测成图过程中所起的作用，航外控制测量的布点方案可区分为全野外布点和非全野外布点两种方案，简述如下。

全野外布点是指内业测图定向和数字微分纠正作业所需要的全部控制点均由外业测定的布点方案。这种布点方案精度较高，但外业工作量很大，只在少数情况下采用。全野外布点方案按成图方法不同一般分为综合法全野外布点方案和立测法全野外布点方案。

非全野外布点是指内业测图定向和数字微分纠正作业所需要的像片控制点主要由内业采用电算加密所得，野外只测定少量的控制点作为内业加密的基础。这种布点方案可以减少大量的野外工作量，提高作业效率，充分利用航空摄影测量优势，实现自动化、数字化操作，是目前生产部门主要采用的一种布点方案。非全野外布点方案按构网方式不同，可分为区域网布点和单航线布点两种方案。规范中根据地形类别和像幅大小列出了非全野外的各种布点方案。

在选择布点方案时，主要应考虑地形类别、成图方法和成图精度，但也要考虑其他方面的实际情况，如航摄比例尺、航摄像片的质量情况、测区的地形条件、仪器设备及技术条件、内外业任务的平衡情况等，这样才能选出较好的布点方案。

一、全野外布点方案

(一)综合法全野外布点

综合法测图是指用与成图比例尺相等的像片平面图或正射影像图作为图底所进行的测图。像片平面图的制作由内业纠正工序来完成，传统的方法是用纠正仪对航摄像片进行纠正，经晒像、切割、镶嵌制成像片平面图(此法目前已很少用)，现在常采用的方法是利用数字高程模型，以数字微分纠正的方法得到正射影像图。外业以平面位置已确定的像片图为图底，在实地测绘地貌，根据影像调绘地物，最终获得地形原图。

从以上情况可以看出，综合法测图有三个特点：①以航摄像片的影像为基础；②地物要在实地调绘，地貌在实地测定；③必须经过像片纠正确定地物、地貌的平面位置。

目前，像片平面图的获取已由过去传统的机械纠正方法转变到数字正射影像的制作，使以前综合法测图只适用于平坦地区测图的情况发生了变化，其相应的像片控制方案也被立测法取代。

(二)立测法全野外布点

立体测图方法中的绝对定向步骤(参见第三章)，须利用像片控制点来确定立体几何模型在地面坐标系中的空间方位和大小，因此我们把立测法成图过程中模型的绝对定向所需的全部控制点均由外业测定的布点方案称为立测法全野外布点。其布点方案为：在每个立体像对测绘面积的四个角上各布设一个平高点，如图 5-3 所示。正射投影作业也采用该布点方案。

当只进行高程全野外布点时，把图 5-3 中的平高点改为高程点。

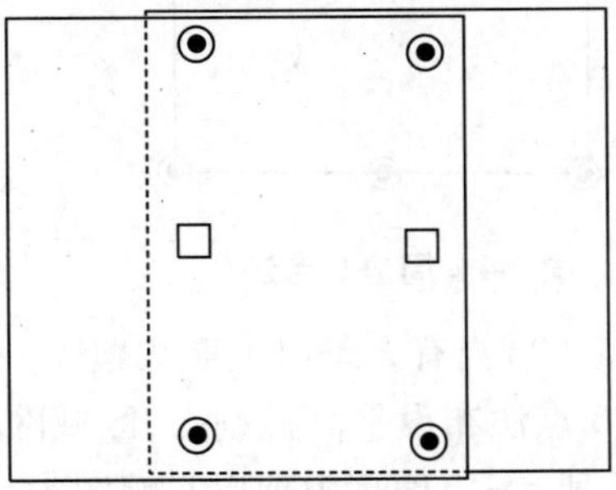

图 5-3 立测法全野外布点

二、非全野外布点方案

采用非全野外布点方案时，外业只须测定少量的控制点作为内业进行加密的基础，内业在此基础上，通过加密作业可以求得内业测图所需的全部绝对定向点或纠正点的平面位置和高程。因此，作为加密基础的外业控制点必须精度高、位置准确、成果可靠，而且应满足不同加密方法所提出的各项要求。

所谓加密，是指在控制点稀少，不能满足内业测图定向和数字纠正的情况下，内业采用某些仪器设备和计算手段，通过对立体模型的量测，精确地测定一部分像片控制点，以满足测图定向的需要。目前,加密的方法主要是解析空中三角测量,又称电算加密。

(一)区域网布点

根据解析空中三角测量原理,在包括若干条航线或若干幅图的大范围内建立相互连接的区域立体模型,通过平差计算确定各加密点的地面坐标,即区域网加密就是以若干条航线为一个区域的加密。这种加密方法具有精度高、需要野外控制点少、野外工作量小的优点,因此该布点方案广泛应用于大面积航测成图中。

区域网布点的基本原则:平高控制点按网的周边布设,有周边6点法、周边8点法和周边多点法布设三种情况;高程控制点则采用网状布点。区域网的划分一般按图廓线整齐划分,亦可根据航摄分区、地形条件等情况划分,力求网的图形呈方形或矩形。区域网的大小和像片控制点间的跨度主要依据成图精度、航摄资料条件以及对系统误差的处理等因素确定。

1. 平高控制点的布设

(1)当采用一张中心像片覆盖一幅图的方法作业时:区域网范围在16幅图以内采用周边6点法布设平高控制点,如图5-4所示;在16幅图以上(含16幅)48幅图以内则采用周边8点法布设平高控制点,如图5-5所示;在48幅图以上(含48幅)则采用周边多点法布设平高控制点,如图5-6所示。旁向控制点间的跨度要求:平地、丘陵地不大于2条航线,山地、高山地不大于3条航线,航向两相邻控制点的间隔按规范的有关规定执行。此要求是为了限制误差积累,提高加密精度。

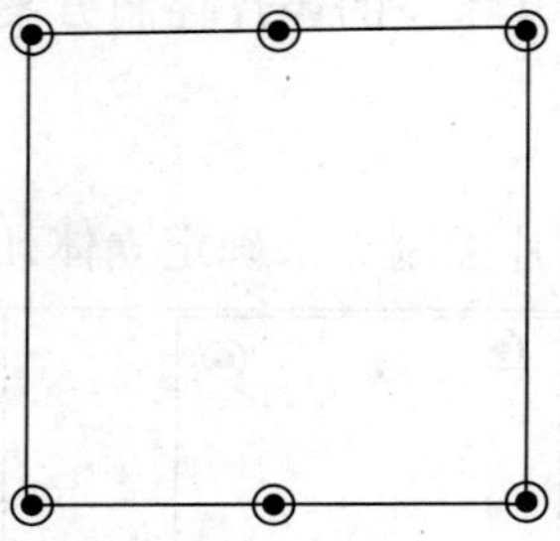

图5-4 周边6点法

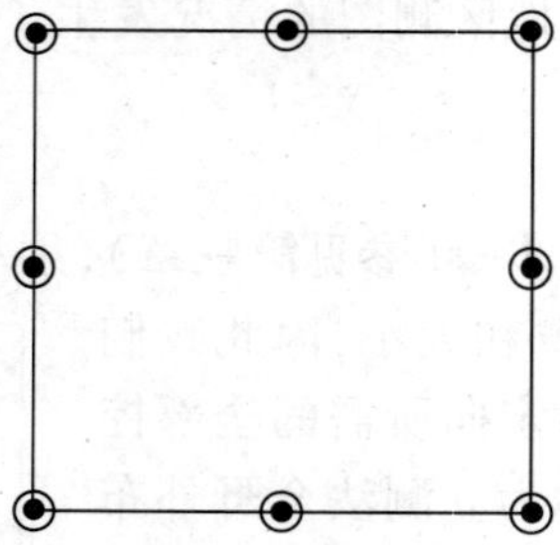

图5-5 周边8点法

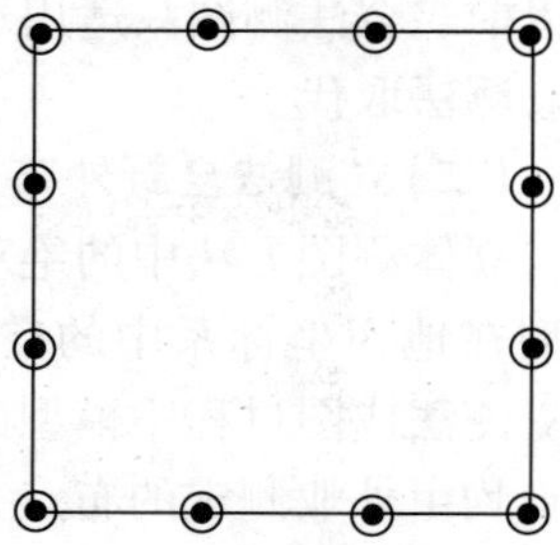

图5-6 周边多点法

(2)当有2条以上航线覆盖一幅图时,平地、丘陵地以4幅图为一个区域的,采用周边6点法布设平高控制点,区域网在4幅图以上的采用周边8点法布设平高控制点,如图5-7所示;山地高山地以6幅图为一个区域的,采用周边6点法布设平高控制点,如图5-8所示,6幅图以上的,采用周边8点法布设平高控制点,如图5-7(b)所示。旁向控制点间的跨度,要求平地、丘陵地不大于3条航线,山地、高山地不大于4条航线;航向两相邻控制点间的跨度按规范的有关规定执行。

2. 高程控制点的布设

高程控制点采用网状布点法。一般在平高控制点布设的基础上,于区域网中垂直航向布设3排、4排,最多不超过5排高程控制点,如图5-9～图5-11所示。航线两端上下应有一对高程点。这里的排数是按航线网高程加密精度估算公式进行估算的。

(1)当按高程加密精度估算公式估出的值在3排与4排之间时,应按3排布设高程控

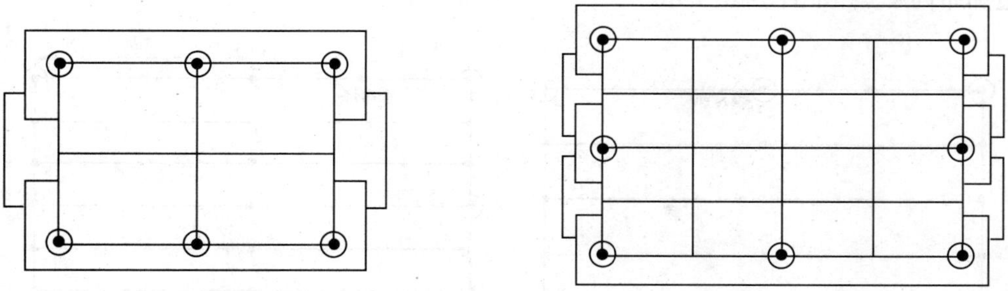

(a)以4幅图为一个区域　　(b)以16幅图为一个区域

图 5-7

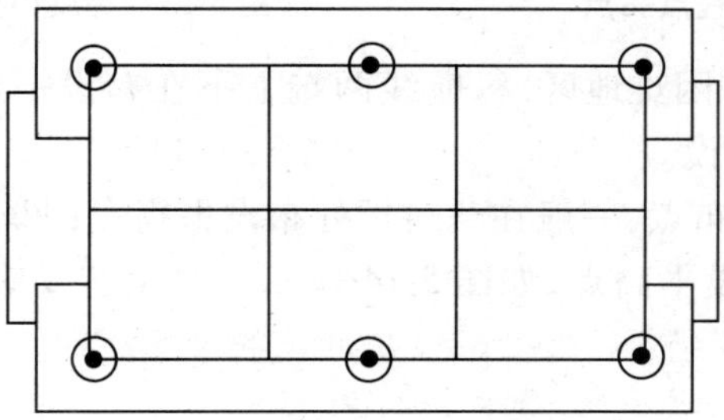

图 5-8　以 6 幅图为一个区域

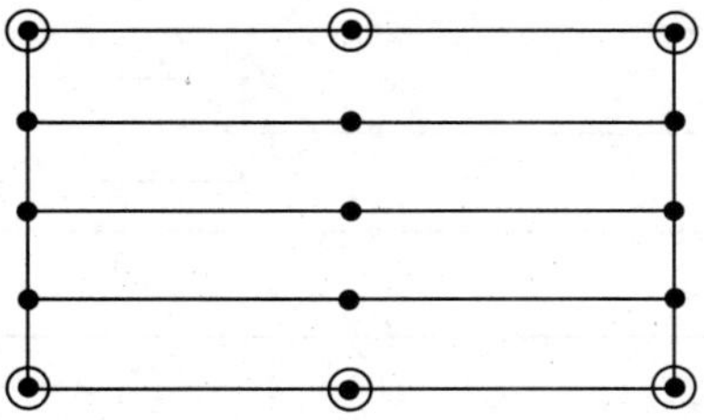

图 5-9　3 排高程点

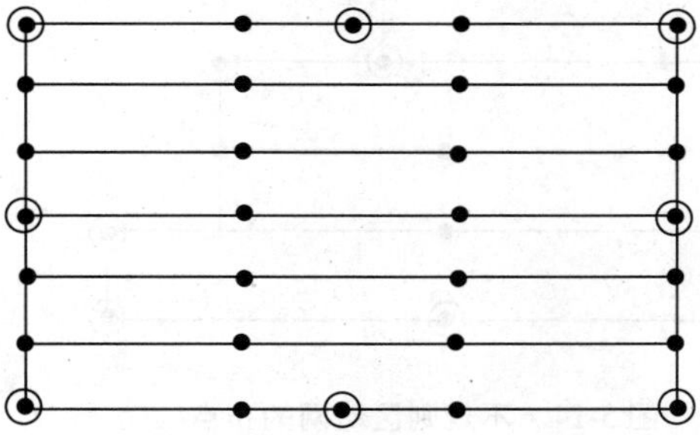

图 5-10　4 排高程点

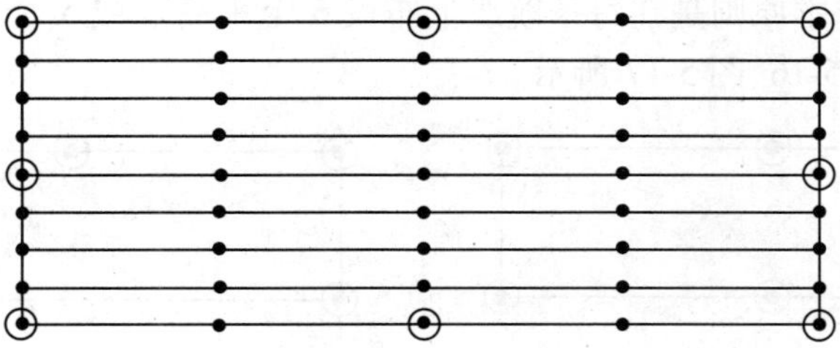

图 5-11　5 排高程点

制点，并在网的上下边相邻两排高程控制点中部附近加布高程点，如图 5-12 所示；若在 4 排与 5 排之间，则按 4 排布设高程点，并在网的上下边相邻两排高程点中部加布高程点。当相邻两排高程点间的跨度值小于 4 条基线时，按 4 条基线布设一排高程点，并在网的上下边加布高程点,如图 5-13 所示。

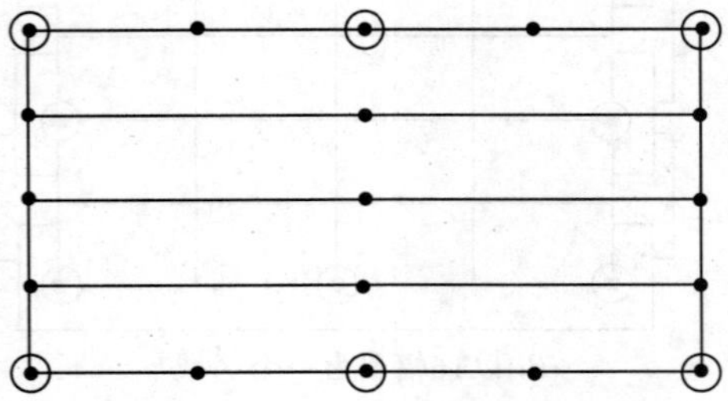

图 5-12　按 4 排高程点布点

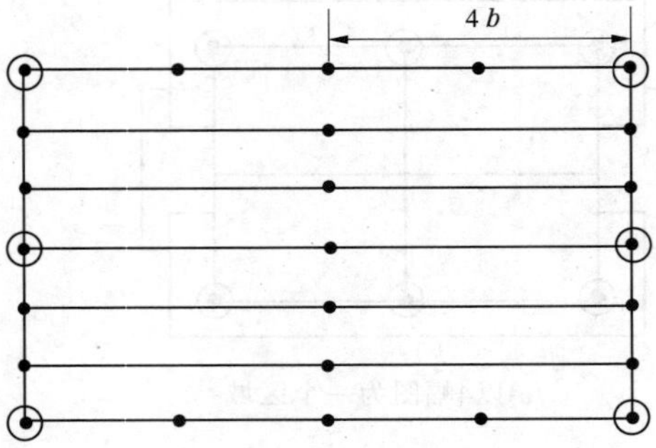

图 5-13　跨度小于 4 条基线的布点

(2)对于高山地、特殊困难地区,每航线两端上下在布设一对高程点后,网的中部可采用均匀布设高程点法布设。

(3)不规则区域网的布点,一般在凸转折处布设平高点,凹转折处一条基线时布设高程点,两条以上基线时布设平高点,如图 5-14 所示。补飞航线应在航线三度重叠处布设平高点,如图 5-15 所示。

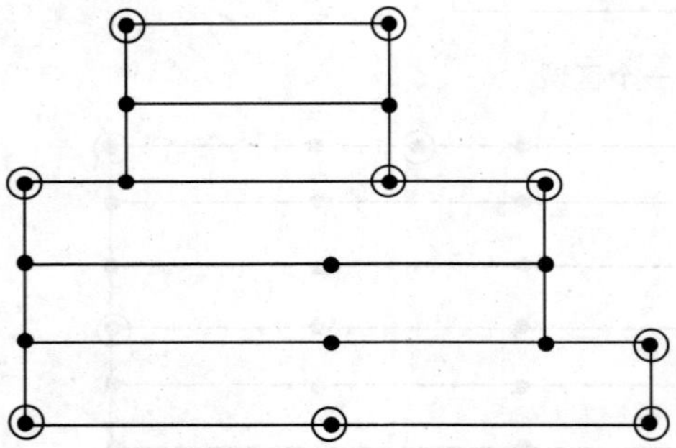

图 5-14　不规则区域网的布点

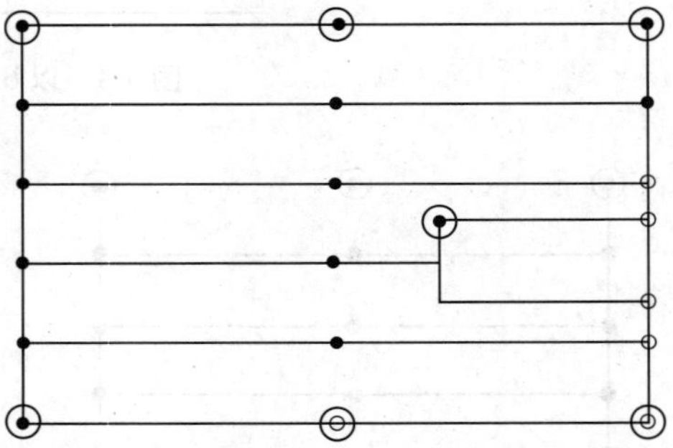

图 5-15　补飞航线的布点

(二)单航线布点

单航线布点的基本原则是在每条航线上布设 6 个平高点或 5 个平高点,即所谓的六点法和五点法,如图 5-16、图 5-17 所示。

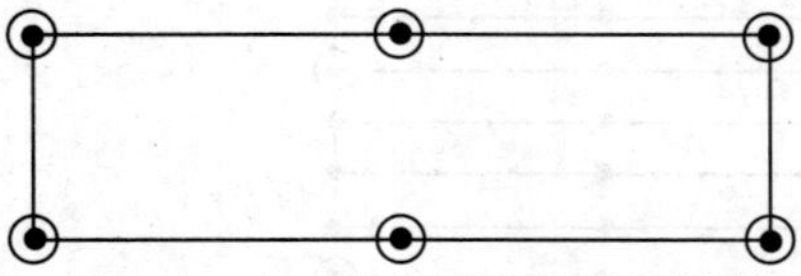

图 5-16　六点法

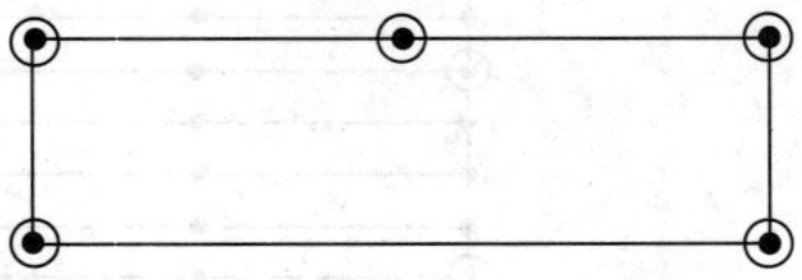

图 5-17　五点法

六点法主要适用于山地和高山地,在每条航线的首、中、末各布设一对平高点。

五点法主要适用于平地、丘陵地,在每条航线的首、末各布设一对平高点,航线中部布设一个平高点。

三、特殊情况布点

在实际作业中，由于受地形条件限制或航摄资料的影响，常常会遇到一些不能按正常规定要求布点的情况。如摄影区域内出现大面积水域，致使像主点和标准点位落水，航向或旁向重叠过大或过小，不同航区的连接等情况，这时就要用特殊的布点方法来处理。

处理特殊情况的布点，应视具体情况以满足内业控制加密和立体测图要求为原则布设控制点，点位在像片上的条件可适当放宽，同时也要考虑到实测的可能。

（一）航区分界处的布点

当以图幅为单位按航线布点时，若航向相同，航区分界处位于旁向：不论航摄仪是否为同一类型，焦距是否一致，旁向重叠多少，航高差多大，均按同一航区相邻航线对航摄资料的有关要求和布点的有关规定处理。

当以图幅为单位按航线布点时，若航向相同，航区分界处位于航向：若两航区使用同一类型的航摄仪，其焦距之差小于 0.03 mm，航向重叠正常，旁向衔接错开小于 10%，衔接后的弯曲度在 3% 以内，航高差符合规范要求时，可按同航线处理，否则应分别布点。航区分界处两侧航线各自满足本航线要求分别布点时，应注意控制范围不能产生裂缝。

（二）像片航向重叠过大或过小时的布点

像片航向重叠在 80% 以上时，称为航向重叠过大。这时，应根据实际情况抽去多余像片，以抽片后的像片数为准，布设像片控制点。但应注意，抽片后相邻像片之间的航向重叠度不应小于规范规定的正常重叠度的范围。

像片航向重叠度小于 56% 时，称为航向重叠过小。这时，应按航摄漏洞处理，即外业必须以单张像片测图或白纸测图进行补救，并根据具体情况增加野外控制点的布设，其布设原则是：

（1）漏洞所在像对的四角应各布设一个平高控制点。

（2）保证漏洞两端航线段能进行正常加密立体测图。布点方法如图 5-18 所示。

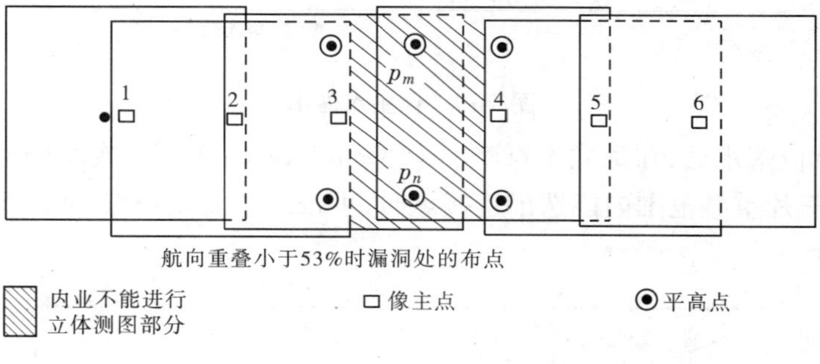

图 5-18　航向重叠过小时的布点

（三）像片旁向重叠过大或过小的布点

像片旁向重叠在 60% 以上时，称为旁向重叠过大。这时，可根据实际情况抽掉其中部分航线，布点方案则按抽去航线后的情况确定。如果像片重叠过大而又不能抽去航线，控制点应布设在旁向重叠中线附近，离开方位线的距离不得小于 3 cm（23 cm×23 cm 像幅），否则应分别布点。

立测法成图时航线中个别像片旁向重叠度小于13%时,称为旁向重叠过小。若在旁向重叠中线附近,距像片边缘不小于1 cm(18 cm×18 cm像幅)或1.5 cm(23 cm×23 cm像幅)的位置能选出相邻航线公用控制点,则仍按正常情况布点处理。若旁向重叠小于2 cm而大于1 cm(18 cm×18 cm像幅)或小于3 cm而大于1.5 cm(23 cm×23 cm像幅),且影像清楚,则在该重叠中部补测1~2个高程点。如果不能满足上述条件,像片影像不清楚或重叠度小于上述规定,则重叠不够的部分必须采用单张像片测图或平板仪测图。实践证明,按照上述方法处理能保证测图基本精度要求。

(四)像主点和标准点位落水时的布点

像主点和标准点位处有水影、云影、雪影,使影像模糊不清或无明显地物时,称为像主点和标准点位落水。像主点和标准点位落水因为无法找到具体像点位置,因而不能进行相对定向和模型连接。一般情况下,像主点和标准点位落水时,其他部分总还可以找到没有落水的同名像点;只要有同名像点存在,总可以在某一区域进行相对定向和模型连接,但随着定向点和连接点分布状况不同,相对定向和模型连接的精度和工作效率将受到影响。根据实践和理论分析证明:像主点和定向点离开标准点位后,相对定向精度显著降低,因此像主点和标准点位落水时,要限制像主点和定向点的选点范围,并根据实际情况调整布点方案,以保证成图的基本精度要求,其规定为:

(1)像主点落水后,在离像主点2 cm(18 cm×18 cm像幅)或3 cm(23 cm×23 cm像幅)的范围内,能选出连接点时,不论落水的像片有多少张,均可以按正常航线布点,如图5-19所示。

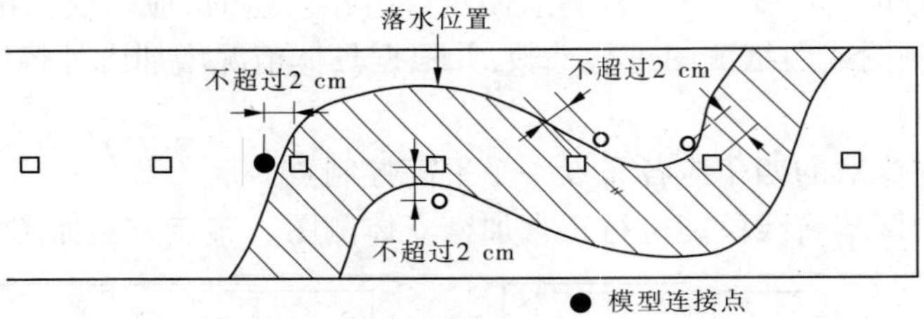

图5-19 像主点落水

(2)标准点位落水后,在离像主点4 cm(18 cm×18 cm像幅)或5 cm(23 cm×23 cm像幅)以外,在三片重叠范围内能选出连接点时,可按正常航线布点,如图5-20所示。

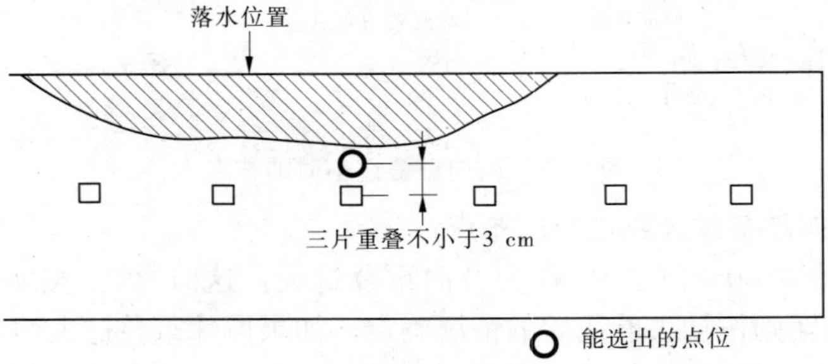

图5-20 标准点位落水

不能满足上述规定时，外业均需分段分区布点，落水地段按全野外布点。

（五）滨水地区及海湾、岛屿地区的布点

在海滨、岛屿、湖滨、江河水网地区，有时像片上出现大面积水域或零星岛屿，给内业加密和测图带来困难。这时，外业一般要采用一些特殊的布点方法或其他补救措施；内业可根据外业布点情况，在基本上能保证成图精度条件下，采用一些灵活的测图手段保证测图任务的完成。

应当指出，在某些情况下，以航测手段确实难以保证测图精度时，应采用常规地形测量方法测图。由于这些地区已失去内业加密条件，因此均采用全野外布点方案。

采用全野外布设的控制点应满足立体测图的需要。一般，所布设的平高点的数量和分布以能控制整个测绘面积为原则，超出控制点连线以外 1 cm 的突出部分应加测平高点，困难时个别平高点改为高程点。为了测图方便，有条件的地方应尽量加测部分水位点。

当一张像片内大部分是水，只有个别排列成条状或零星分布的小岛，难以按规定布点时，外业布点以能控制岛屿的大小和高程为原则酌情布设。此种布点方案灵活多样，应根据具体情况在不违背布点原则的基础上进行处理，如图 5-21 所示。

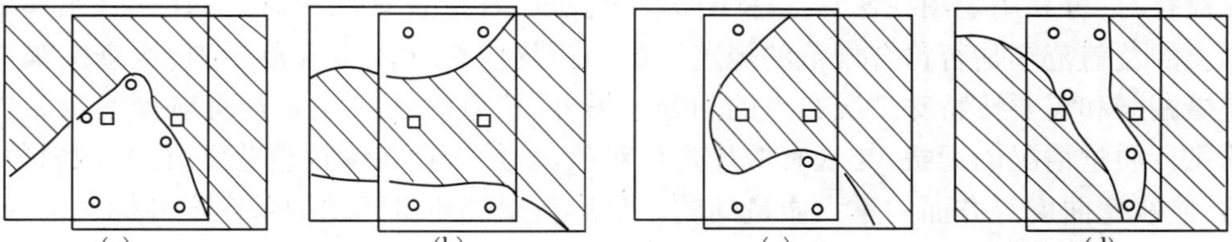

(a) (b) (c) (d)

图 5-21 滨水地区及海湾、岛屿地区的全野外布点

对于目前使用的数码航空摄影影像，由于是采用数字传感器获取的数字影像，因此其影像清晰、色彩丰富、逼真、分辨率高（12 μm），且一次摄影可以同时获取灰度、彩红外、真彩色等多种影像。但数码影像（DMC 影像）与光学影像成像的几何原理不同，是非严格的中心投影，其像幅为 16 cm × 9 cm，与光学影像差别较大，采用数码航空摄影影像进行摄影测量的关键是研究精度问题。因此，通过理论分析与实际验证，确定合理的像片控制点布设和测量方案，使数字空中三角测量精度满足成图要求。

但在目前的实际工作中，对同样大小的测区，数码摄影的像对数较多，像片控制工作量大，内业测图更换像对较频繁，效率不高，正射影像生产接边多，高层建筑拼接不完整，这些方面将很快得到改进。

第三节 航外控制测量的实施

一、资料的收集与分析

（一）大地资料的收集与分析

大地资料是计算航外像片控制点平面坐标和高程的起算数据，收集和分析大地资料对顺利实施航外控制测量、保证航测成图质量具有十分重要的作用。

大地资料包括大地点的坐标、高程，以及与使用大地成果有关的其他数据、文字材料、图件等。大地点是指国家等级的三角点、GPS 点、精密导线点、水准点等。

大地资料一般由各省测绘局统一分管，在收集大地资料时要注意资料的完整性，不能只抄取成果，还要注意抄取其他资料，如技术总结、成果说明、点之记、三角点联测图、水准点路线图等，这些资料对使用成果可以提供许多帮助。同时，还应收集年代较近、比例尺较大的老图，因为这些老图是航外控制测量和调绘工作的重要工具，是进行控制测量技术设计的基础，对今后开展工作十分有利。

收集完资料后，应首先对所有资料进行分析，查明大地资料施测的年代、施测单位、作业依据、平面及高程的起算坐标系统、成果精度等，对照规范以确定其使用价值。然后根据所收集的大地资料组织技术人员赴测区踏勘，确定大地点的位置及标石、标架的完好情况，为拟定控制测量技术计划提供可靠的依据。

(二)航摄资料的分析、检查

分析检查航摄资料的目的是查明航摄像片的飞行质量和摄影质量是否符合规范规定的各项要求，并以此提出合理的施测方案及对航摄像片出现的某些质量问题提出处理办法。

检查时，可利用老图在像片上标出图廓线位置，着重查看像片覆盖的范围，尤其是自由图边的覆盖范围是否符合规范的规定。各图边均应在立体重叠范围内，检查图幅中有无航摄漏洞和需要按特殊情况布点的问题。另外，检查时还应注意查看航摄鉴定表内对各项飞行质量情况的记载，与现有像片资料对照，看是否存在像片重叠度、像片倾斜角、旋偏角、航线弯曲度等方面的重大质量问题。最后将全部质量问题记录在案并标明位置，在技术设计时提出处理办法。

二、测区踏勘

测区踏勘就是作业单位派人直接到测区进行实地调查，收集与测绘生产有关的情况和资料。

测区踏勘是测绘生产前必不可少的一项工作，其目的在于通过深入细致的调查研究，取得测区情况正确、客观的第一手资料，从而为测绘生产的合理实施提供保障。

(一)测区踏勘的内容

(1)测区行政区划的调查。应查明测区的行政归属，行政中心的所在地，以及各级境界的划分情况，并收集有关资料，为技术设计和作业时的调绘工作提供参考，也便于与当地政府联系，以确保测绘任务的顺利实施。

(2)气象、气候资料的收集。包括气温、降雨、风、雪、雾、冻土深度等情况和数据，这些资料可以为安排野外生产计划提供依据。

(3)测区已有成果、成图情况及测量标志的完好情况。应了解本部门或其他测量部门在测区内进行过测绘工作的成果成图情况、资料种类、范围、等级、精度及利用价值，以免造成重复和浪费。同时，还必须调查标志的完好情况，以便考虑补救的措施。

(4)居民及居民地。应了解测区内居民的民族种类、人口、风俗习惯、语言文字等情况；了解居民地及其他地理名称的命名规律；调查居民地的类型、分布特点、建筑形式等以便解决如何正确表示居民地，确定综合取舍原则等问题。

(5)特殊地物、新增地物情况的调查。主要是指规范和图式中不明确或没考虑到的、当地比较突出需要表示的地物以及航摄后新增加的地物，调查这些地物的情况，以便在技术设计时考虑应采取的相应措施。

(6)交通运输情况。应调查了解测区内各种道路的等级、分布、质量、通行能力等情况，以便在技术设计时确定主要道路的具体等级，以及道路网在图上的取舍原则，同时也为安排出测、运输、迁站、小组活动等提供依据。

(7)水系、水文情况。应调查了解测区内河流、湖泊、水库、沟渠等水系的分布、特征，以及附属建筑物等情况；同时应收集和测定河宽、水深、流速、水位等水文资料，为技术设计时确定水系表示的原则和特殊问题的处理提供可靠的数据及情况。

(8)土壤、植被情况。要特别注意调查沙地、戈壁、盐碱地、沼泽地以及各种植被的分布情况，分布特点，同时要弄清植被的种类、平均高度、密度等生长情况，这些对选取作业方法、配备器材装备、计算工作量都有影响。

(9)地貌情况。了解测区内主要地貌的类型，平均概略高程，一般比高、坡度，人工地貌和自然地貌的分布和特征等情况，以便解决成图方法及如何运用等高线和各种地貌符号正确显示地貌特征的问题。

(10)典型样片的调绘及实地摄影。选取各种类型地形元素的典型航摄像片在野外进行实地调绘工作，用样图来说明各种元素的表示方法及综合取舍的原则，以便指导生产。对于有典型意义的特殊的地形元素，应进行实地摄影，用图像说明它们的具体特征。

另外，还应了解测区内劳动力、交通工具、向导、翻译的雇请情况；木材，砂石，材料，主、副食品的供应情况；治安、卫生情况等。总之，要达到全面了解测区情况，为解决生产、技术的各种问题提供全面可靠的资料。

(二)测区踏勘的方法

测区踏勘的方法一般是先收集分析现有的资料，如现有的老图、像片等，然后拟订踏勘计划(计划应包括参加的人员，踏勘的时间、路线、目的和重点等)，最后按照踏勘计划到实地进行踏勘。

(三)编写踏勘报告书

这是测区踏勘的最后一道工作，将测区踏勘中看到的、了解到的情况和收集到的资料进行分析和概括，编写成系统的、全面的、层次清楚的、符合设计需要的文字报告材料。报告书中的内容有测区范围、地理概括、交通运输、居民及居民地、气候、地区作业困难类别、其他情况及建议(包括对作业装备，劳动防护装备，材料采购，运输问题，出测、收测时间及作业日数队部及中队部的设置地点等提出建议性质的意见)等内容。

(四)编写技术设计书

技术设计书是各个作业小组进行野外作业的重要依据，因此应在测区踏勘的基础上，根据测绘任务的要求进行编写，主要有以下内容：

(1)设计的目的和范围。包括上级下达任务的文号和其他文件依据，完成此项任务的政治、经济意义，测区地理位置、面积及测图比例尺。

(2)测区的自然地理概况。按测区踏勘报告书内容简要编写。

(3)测区已有的成果、成图资料。主要包括三角测量、GPS测量、水准测量、航摄、旧图等成果资料情况。应分别说明这些资料的收集情况、质量情况，以及三角点、高等级GPS点、水准点标志在实地的完好情况，对这些资料利用的可能性和利用方案。

为了使介绍更清楚，可以绘制“测区已有成果资料图”，如三角点、GPS点、水准点分布图，航摄像片覆盖情况图等。

(4)技术设计方案。技术设计方案是技术设计书的主要部分，也是实际作业时的作业依据之一。它是根据测区实际情况、资料情况、内外业生产情况以及任务情况等综合权衡后制订出来的。

技术设计方案应包括以下内容：

①确定航测成图方法、布点方案，以及像片布点要求和规定。

②提出各类控制点的平面、高程的加密方案、限差、计算方法和各项要求。

③对确定采用的成图方法，提出表示地貌的基本等高距以及描绘等高线的各项要求。

④对像主点落水、航摄相对漏洞和绝对漏洞、航区结合处、像片重叠过大或过小、滨水地区、隐蔽地区等特殊问题提出处理方法。

⑤如果技术设计中提出的处理方法在规范中没有相应规定，应详细写出作业过程、限差规定和精度估算的结果。

⑥像片调绘。应说明各类地形元素应该执行的表示方法和有关规定，如某些地物具体应该执行的综合取舍原则，道路等级的划分原则，图式中没有规定的独立地物如何借用图式符号等。此项叙述不应该是规范图式的重复，而需重点针对本测区容易混淆和被忽视以及本测区出现的特殊地形元素或情况，加以突出的叙述，使规范、图式与本测区的具体情况相结合，恰当地处理好各种调绘问题。必要时应作出典型调绘样本，使作业时做到符号统一、综合取舍程度统一。

(5)绘制设计图。设计图是设计书的重要组成部分，一般应标绘以下内容：

①高等级控制点的位置、等级和图形。

②需加密的控制点及等外水准路线的布设及联测方案。

③像片控制点的概略位置。

④成图方法、调绘和控制的困难类别。

⑤测区范围和周围的成图、接边情况。

⑥图号、像片号，航线、航区结合情况。

⑦主要城镇、交通干线、主要水系和境界。

以上内容可根据情况分开或合并绘制，设计图的比例尺大小也要根据内容多少而定，以表示清楚、易读为原则。

(6)编制计划表格。主要有工作量综合表，外业时间利用表，生产进度计划表，主要设备、物资表等。

(7)成果成图资料的检查验收和上交。设计书中必须明确规定各作业组、中队、大队的检查验收方式，检查验收的数量和主要项目，规定上交资料的项目、名称等。

三、高级地形控制测量

当国家等级三角点、GPS点、精密导线点、水准点的数量及分布不能满足航外像片控制测量对起算点的基本要求时,应布设 E 级 GPS 点、测角中误差为 5″的电磁波测距导线点,以及施测等外水准、电磁波测距高程导线等,作为像片控制测量的基础。

(一)平面控制测量

1.5″级电磁波测距导线

电磁波测距导线是以国家等级点为基础,布设成单一附合导线或有结点的导线网。仪器应采用每千米测距中误差(标称精度)不大于 10 mm 的Ⅱ级电磁波测距仪。

一般,在平坦地区或通视困难地区采用电磁波测距导线。导线布设的各项要求参照有关规范的规定执行。

2. GPS 定位测量

GPS(全球定位系统)是美国从 20 世纪 70 年代起开始研究和应用的。目前,GPS 技术不仅可以用于导航定位,而且可以用于大地测量定位。其定位精度可达厘米级,完全可以代替传统的各级大地控制测量。作为航测外业的控制测量,利用 GPS 技术测定高级地形控制点的坐标,其在精度和速度上均优于一般测量方法。

GPS 接收机自动化程度高,观测操作十分方便。在进入测区后,首先将该区域地理坐标(从图上查取)和作业时间等输入机内,由厂方提供的软件设备就能显示提供卫星通过该地区的最佳观测时间段,然后根据接收机的数量和给出的时间段,制订安排到各测站点进行观测的计划。具体观测时,只需将接收机天线安置对中于测站点上(或像控点上),并输入点名、观测时间段等有关信息,接收机即可自动接收信号,获取所需的观测成果。

应用 GPS 技术建立控制网测定高级地形控制点坐标的理论与经典控制网的概念有很大的区别,它有下列特点:

(1)GPS 网中所有点位都是独立测定的,不存在控制点间误差传递的问题,因此无需"逐级控制"、"分级施测"。

(2)观测时间短。目前,利用经典的静态定位方法,完成一条基线的相对定位所需要的观测时间,根据不同的精度要求,一般为 1 ~3 h。

(3)点与点之间不需要通视。既要保持良好的通视条件,又要保障测量控制网的良好结构,这一直是经典测量技术在实践方面的困难问题之一。GPS 测量不要求观测点之间相互通视,因而不再需要建造觇标。这一优点使其既可大大减少测量工作的经费和时间,同时也使点位的选择变得更为灵活。

(4)可以全天候工作。GPS 的观测工作可以在任何地点、任何时间连续地进行,一般不受天气状况的影响。

(5)定位精度高。现已完成的大量试验表明,目前在小于 50 km 的基线上,其相对定位精度可达 $1\times10^{-6}\sim2\times10^{-6}$,而在 100 ~500 km 的基线上可达 $10^{-6}\sim10^{-7}$。

(二)高程控制测量

高级地形控制点的高程在平地可用等外水准测定,在丘陵地、山地、高山地一般采用三角高程路线或电磁波测距高程导线。等外水准测量时应起闭于国家四等以上的水准点或四等水准联测过的三角点或高级地形控制点,平差后的等外水准点可再发展一次等外水准。经纬仪三角高程路线和电磁波测距高程导线的起闭点应为等外水准联测过的三角点或高级地形控制点。有关高程联测的各项规定应按规范执行。

（三）选点和埋石

高级地形控制点的选点工作应在充分调查测区已有大地点的基础上，根据任务要求和已知成果资料及测区自然地理特点等情况，拟订最合理的布设方案。选点时，应注意通视良好，以便于在施测像片控制点时应用。

点位确定之后，一般应进行埋石，并根据测区情况建造简易觇标或竖立标杆。导线点除结点处必须埋石外，其他导线点可根据需要适当埋设。凡埋石的高级地形控制点，均须按规定表格填写点之记，并在当地政府办理委托保管书，以便以后进行测量工作时使用。

（四）观测、计算及成果整理

高级地形控制点是航外控制测量的基础，按技术计划布设的 GPS 点、精密导线点应首先安排施测。具体的观测计算方法、原理和要求均与常规的地形测量（或控制测量）完全相同，这里不再重复。

观测、计算工作结束后，应对计算资料进行系统的整理并装订成册。一般，可按一个测区装订成一册，若测区范围较大、点较多，则可按 1∶100 000 或 1∶50 000 图幅为单位分区装订。

四、像片控制测量技术计划的拟订

各作业组在领取各种资料并对资料进行分析后，即可根据规范的有关规定和业务主管部门制定的技术设计书，着手拟订控制测量技术计划。

航外控制测量技术计划的拟订是一项十分重要的工作，周密而又细致的技术计划不仅可避免工作的盲目性，减少失误，加快测量速度，而且可以提高成图质量。

拟订技术计划一般在出测前进行，具体方法和步骤如下所述。

（一）在老图上标绘大地点和图廓线

对于施测年代较早的大地点，老图上已有表示，只须根据它们的坐标和点之记检核其位置，并用较醒目的颜色标示。对于老图上没有表示的大地点，可根据其坐标以展点的方法确定其在老图上的位置。对于水准点，可根据点之记和路线图与老图上的地物、地貌相对照，判定出其概略位置。

在老图上标绘图廓线可采用对称折叠和量算两种方法。对称折叠是指以老图的图廓线为准，纵横对折，再对折，直到获得所需图廓线的折叠线，如 1∶25 000 的一幅老图等于 1∶10 000的 4 幅图，那对折两次的折叠线即是 1∶10 000 的图廓线。所谓量算法，是指用直尺量出老图四周图廓线的长度，按图幅分幅情况计算各边的等分点，然后将各相应等分点连线，最终获得所需图幅的图廓线位置。

（二）在像片上转标图廓线和大地点

在像片上选取像控点必须考虑图廓线、大地点的位置，因此应将老图上标出的图廓线和大地点转标到像片上。转标时，要注意利用老图上的地物、地貌线划符号与像片上相应影像进行对照判读，并用红、蓝玻璃铅笔以相应的符号把它们标示出来。同时，还应将像片上的像主点、方位线等标绘出来，以便选点时像控点的点位满足规范的有关规定。

（三）在像片上选点

像片选点是指在像片上初步确定像片控制点的合适位置，是拟订联测计划的重要内容之一。在像片上选点时应注意以下问题：

（1）所选点位必须满足布点方案的要求。布点方案一般由上级部门在技术设计书中确定，不同的布点方案对像片控制点的性质、数量、分布均有不同要求，必须按规范规定严格执行。因此，确定布点方案是进行像片选点首先要考虑的问题。

（2）所选点位必须满足控制点在像片上的基本位置要求。

（3）选点时必须考虑刺点目标的要求。刺点就是用细针在像片上对准所选定的点位刺穿一个小孔，用以标示控制点在像片影像上的准确位置，为内业量测提供点位依据。因此，刺点目标的选择必须符合有关规定。这部分内容将在以后的章节中进一步介绍。

（4）选点时必须考虑实际施测的可能性。所选的像控点虽然已满足了上述各项要求，但实际上无法施测或施测困难也无济于事。因此，选点时要考虑周围的地形条件和相应的联测方法，以保证实测的可能性。

（5）选点时应考虑已有大地点的利用。凡符合上述各项要求的大地点均可代替像片控制点，以减少野外工作量。

像控点选好之后应进行统一编号，一般是从北向南、从左向右依次进行编号。在同一图幅或同一区域内不能重号。如果利用邻幅或邻区的控制点，则应在其编号后加注该图幅的图号。

像片编号是指在每一张像片上编写图幅号、航线序号和像片序号，以便于查找像片。图幅号应注于像片的北边中央；航线序号一般采用由北向南，以阿拉伯数字（1）、（2）、（3）…书写于图幅号下面；像片序号一般可采用摄影时的编号，不再重新编号。

（四）制订像控点联测计划

像控点的联测计划一般在老图上进行，因此在像片上选出像控点后，还要将这些控制点转标到老图上。然后在老图上根据大地点和像控点的分布情况，结合地形特点、像控点的性质和精度要求以及规范的有关规定，综合思考，最终制订出比较合理的平面和高程联测计划。

1. 控制点平面位置的联测计划

联测计划包括联测方法的选择和按规定确定具体的联测图形或联测路线。目前，主要采用的联测方法是全球定位技术（GPS）和电磁波测距附合导线、支导线及引点等方法。

在地区平坦、隐蔽，通视困难的情况下，一般采用电磁波测距导线施测。由于电磁波测距精度高，通视条件容易满足，故是当前用于隐蔽地区的主要施测手段。

由于像控点受着许多条件的限制，选点相对比较困难，在不少情况下进行联测都不容易，因此在航外控制测量中使用引点、支导线点和补点的情况较多，这点应当注意。

应当注意，这里所说的补点不是像控点，它不受像片条件和布点方案约束，它的位置可以根据联测像片控制点的需要选定。在控制测量中，一般将补点选在图幅内地形最高、通视最好的地方，这样不仅补点本身容易交会出来，也便于作为已知点去发展其他像片控制点。因此，补点是控制点联测中经常用到的一种过渡点。

目前，GPS 技术已在各测量单位广泛应用，利用 GPS 技术测定像控点的坐标，其精度和速度均优于上述传统的控制测量，且不受地形、通视等条件的限制，是当前较理想的一种施测方法。但当知道需要施测的像片控制点周围有不利于 GPS 定位的客观因素存在时,如微波发射塔、电视差转台、高压走廊、大面积水域等,可考虑在其附近加测一对相互通视的补点。

2. 像片高程控制点的联测计划

控制点的高程联测是航外控制测量的重要组成部分。像片上设计的高程控制点和平高控制点均须测定其高程。像控点的高程联测一般采用测图水准、电磁波测距高程导线、三角高程导线、独立交会高程点等方法,其测定精度应符合相对于附近等外水准点或联测过等外水准的三角点、GPS 点的高程中误差,平地、丘陵地、山地均不超过 1/10 基本等高距(高山地按山地要求)的要求。实际作业中应根据不同的地形条件,选用不同的施测方法。目前,主要采用测图水准及电磁波测距高程导线两种方法。

测图水准主要用于平坦地区,起闭于等外水准以上联测过的三角点、小三角点或其他高程控制点。测图水准采用水准标尺单面一次读数,读记至厘米。观测时仪器应尽量安置在前、后标尺的中间,水准路线全长不超过 20 km,高差闭合差不超过 0.4 m。

3. 对控制点发展次数的要求

根据精度估算和实践证明,由大地点测定的像控点,在保证成图精度的情况下,可以再发展控制点,但发展次数必须限制。

(1)对平面控制点:电磁波测距附合导线的发展次数,自三角点或高级地形控制点起不超过 3 次;当连续配合三角点或高级地形控制点发展时,不超过 4 次。最后一级控制点不得发展引点及支导线点。三角锁(线形锁)和电磁波测距附合导线上的点可相互发展,并能发展交会点,但交会点不能作为三角锁(线形锁)和导线的起闭点。引点和支导线点不能再发展新点。

(2)对高程控制点:测图水准、电磁波测距高程导线、经纬仪三角高程路线和独立交会高程的发展次数,自三角点或高级地形控制点起,不超过 3 次;当连续配合三角点或高级地形控制点发展时,不超过 4 次。测图水准、电磁波测距高程导线、经纬仪三角高程路线可发展独立交会高程点,但独立交会高程点不能作为导线的起闭点。

(五)绘制像控点联测计划图

将老图上拟订的像片控制点联测计划,按一定的比例尺和规定符号,重新整饰到图纸上,以供实际作业时使用。联测计划图的比例尺应等于或大于老图比例尺,联测计划图上的大地点、像片控制点位置均是概略标定的,各符号规定如下:

(1)图廓线和各种注记用黑色。

(2)像主点绘边长为 5 mm 的蓝色正方形并注出像片编号。

(3)三角点绘边长为 7 mm 的红色三角形;GPS 点绘边长为 7 mm 的红色三角形,中间加内接圆圈;导线点绘边长为 7 mm 的红色正方块;水准点绘直径为 5 mm,中间加"×"的绿色圆圈(⊗);补点绘直径为 7 mm 的红色圆圈,并注出相应的点名或点号。

(4)平面控制点和平高控制点绘直径为 5 mm 的红色圆圈,并注出相应的点名和点号。

(5)控制点平面位置测定方向线绘红色直线;三角高程测定方向线绘绿色直线,实线与虚线分别表示双向或单向观测(虚线端表示未设站);高程导线、测图水准路线绘绿色曲线;等外水准路线绘红色曲线。

(6)图幅编号、成图方法及计划图名称均注于北图廓外中央位置。

(7)计划图的比例尺注在南图廓外中央,作业员姓名及编制日期注于南图廓外东端。

(8)如图幅内有像主点落水、航摄漏洞等情况,须在相应位置标注。

绘制联测计划图的目的在于加强工作的计划性,减少工作中的损失和不必要的返工。实际作业时还会有某些变动,因此在全部控制测量工作完成后,还要根据最后施测情况重新绘制,并附于"测量计算手簿"中,以供使用者参考。

五、像片控制点的选刺、观测、计算

像片控制点的野外测定工作包括选点、刺点、插旗、观测、计算和成果整理等内容。虽然在室内已经拟订了像控点的联测计划,且已在像片上确定了这些像控点的概略位置,但还必须到实地去落实计划,找出具体点位并最后给以确定,然后才能在这些点上打桩、插旗,按照不同的要求进行观测和计算,最终获得所需要的测量成果。

(一)野外实地选点

所谓实地选点,就是用像片影像与实地对照,然后在实地找到符合规范各项要求的控制点位置。实地选点应首先根据技术设计时提供的控制点的概略位置去寻找刺点目标,如果设计时提供的控制点位置在实地无法找到,或通视情况不好,联测有困难,以及其他原因需挪动点位,则必须特别注意,挪动后的点位仍须符合规范中的有关规定。

实地选定的像控点,不仅满足布点方案及其在像片上点位的要求,还应符合像控点刺点目标的要求。为保证刺点准确和内业量测精度,刺点目标应根据地形条件和像控点的性质进行选择。

平面控制点的刺点目标,应选在影像清晰、能准确刺出点位的目标点上,以保证平面位置的准确量测。一般,应选在线状地物的交点和拐角上,如道路交叉点、固定田角、场坎角等,此时线状地物的交角或地物拐角应为30°~150°,以保证交会点能准确刺出。弧形地物和阴影等均不可选做刺点目标。

高程控制点的刺点目标应选在高程变化不大的地方,以保证内业在立体模型上量测高程时,不会因量测位置不准确而对高程产生较大的影响。因此,高程点一般选在地势平坦的线状地物交会处,如地角、场坎角,平山顶及坡度变化较缓的圆山顶、鞍部等也可作为刺点目标。狭沟、太尖的山顶和高程变化急剧的斜坡均不能选做高程控制点的刺点目标。

平高控制点的刺点目标应同时满足平面控制点和高程控制点的要求。

森林地区由于选刺目标比较困难,一般可以选刺在没有阴影遮盖的树根上,或者选刺在高大突出、能准确判断的树冠上;在沙漠、草原等选点困难的地区,也可以灌木丛、土堆、坟堆、废墟拐角、土堤、窑等作为选刺点的目标。当点选刺在高于地面的地物顶部时,应量注顶部至地面的比高;点位刺在田坎等地物边缘时,由于内业量测高程不易区分基准面,因此应在像片反面注明刺在坎上或坎下。

当所选的控制点点位确定下来并确认准确无误后,即可在该点位置上打下木桩,以标定控制点的位置;若地面为岩石,可不打木桩,但应用油漆在地面上标出点位,然后在木桩上固定一个用木花杆(或竹杆)做成的觇标,作为观测水平角和垂直角的目标。

（二）像片刺点和像片反面整饰

像片刺点就是用细针在像片上刺孔，准确地标明像片控制点在像片上的位置，给内业提供判读和量测的依据。像片刺点准确与否直接影响内业加密和测图的精度，因此应认真仔细。

实际刺点时，应在像片背面垫上塑料板，用直径不大于 0.1 mm 的小针尖在选定的目标上刺孔，在有刺穿的感觉后，将针拔出；然后将像片对向天空，观察刺孔是否符合要求，并在像片背面用铅笔作出标记。内业可通过刺点处的亮光判定点位进行准确的量测。由此可见，点位刺偏、刺错，内业将无法应用这一刺点成果。为了避免可能出现的差错，规范规定像片刺点必须经第二人进行实地检查。

像片刺点应满足以下要求：

（1）刺点时应在相邻像片中选取影像最清晰的一张像片用于刺点，刺孔直径不得大于 0.1 mm，并要刺透。刺偏时应换片重刺，不允许有双孔。

（2）平面控制点和平高控制点的刺点误差，不得大于像片上 0.1 mm。高程控制点也应准确刺出。

（3）同一控制点只能在一张像片上有刺孔，不能在多张像片上有刺孔，以免造成错判。

（4）国家等级三角点、水准点、埋石的高级地形控制点，应在控制像片上按平面控制点的刺点精度刺出，当不能准确刺出时，水准点可按测定碎部点的方法刺出，三角点、埋石点在像片正反面的相应位置上用虚线表示，并说明点的位置和绘点位略图。

像片的反面整饰是指按一定要求在像片反面书写刺点说明，并简明绘出刺点略图，标明控制点的位置和点名、点号。整饰格式如图 5-22 所示，用黑色铅笔写绘。

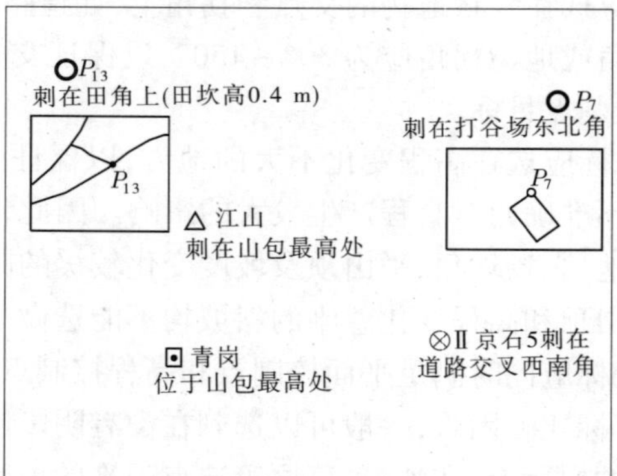

图 5-22　控制像片反面整饰格式

图中圆圈代表平面点、平高点或高程点，并分别以 P、N、G 编写其点号。三角形代表三角点，虚线边的三角形代表不能准确刺出点位的三角点。“⊗”代表水准点。刺点说明或略图写绘于控制点旁边的方便处。点位说明要简明扼要、清楚准确，同时应与所绘略图一致。略图一般应模仿正面影像图形绘制且与正面影像的方位、形状保持一致，这样内业判读时比较方便。最后应按规定签注刺点者、检查者姓名及日期，以示负责。

像片控制点的观测和计算与常规地形测量中图根控制点的观测和计算在原理、方法以及各项要求方面均相同，这里不再重复。

六、GPS 联测像控点的作业步骤

GPS 在实地测量点的三维坐标可以代替常规的三角测量和水准测量，一般采用 GPS 静态相对定位方法。将欲观测的航测外业控制点连同必要的测区已知的三角点和水准点构成 GPS 卫星定位网。该网是由一个又一个的同步环路构成的。所谓同步环路，就是指几台 GPS 信号接收机在同一时段内在几个测站上同步观测共视卫星所构成的环形几何图形。当某基线进行了两个以上的时段观测时，就产生了基线复测坐标闭合差。由不同时段所测基线构成的闭合环路，叫做异步环路。

（一）选点

GPS 测量选点与常规的地面测量不同，它不要求各测站点间的通视而主要考虑测站本身是否满足像控点的条件和是否有利于接收卫星信号。

所选点位在满足像控点条件的前提下，应尽量选在较开阔的地方，而且要避免多路径误差的影响。所谓多路径误差，是指反射波对直接波的破坏性干涉而引起的站星距离误差。下述场合不宜设立 GPS 测站：

（1）具有强反射的地面。例如，邻近水面、平坦光滑的地面、盐碱地带、金属矿区等地方将会引起强烈的反射信号。

（2）具有强反射的环境。例如，测站位于山谷、山坡或建筑物旁等，在这些环境下，也许测站附近植被良好，有较好的散射和吸收微波的能力，但是邻近测站的地物或地形能够引起较强的反射波，从而导致较强的多路径效应，甚至引起 GPS 定位数据的粗差。

（3）附近具有电磁波强辐射源。例如，在雷达、电台、微波中继站、高压线和变电站附近，不仅导致强反射波，而且它们所辐射的强电磁波，将会被极灵敏的 GPS 天线单元所接收，从而“烧坏”天线单元。

限于像控点自身在像片上规定位置的要求而使点位不能改变，但又恰恰处于具有强反射波的地方，为了减少多路径误差，可采取以下措施：

（1）适当变更天线高度，避开强反射点，或者每一时段采用一种天线高度，取用几种不同的天线高度下的 GPS 数据的“中数”，以削弱多路径误差。

（2）采用大偏心观测的方法，避开强反射波。

（3）采用人为抑制措施。例如，给 GPS 信号接收天线增设大小适当的微波吸收屏，以吸收到达天线的的反射波。

（二）GPS 网形设计和时段安排

GPS 卫星定位网的设计原则是：着眼于整个区域，直接将欲测的像控点和测区已知的三角点、水准点构成网环路和子环路，以形成封闭的 GPS 网。网形设计一方面要顾及各 GPS 测站的精度均匀，另一方面要尽可能构造一些区域性的子环路和全局性的网环路，以利于探测和剔除 GPS 数据粗差，进行质量控制。

GPS 观测通常使用 3 ~ 4 台 GPS 接收机同步观测一段时间来完成各测站的相对定

位,称为一个时段的观测。观测到的卫星越多,观测时间可以越短,一般需要 20 ~60 min。

(三)外业数据采集

野外数据采集是根据已做好的作业计划在野外进行 GPS 观测工作,有以下几个步骤:

(1)天线安置。GPS 天线应尽可能安置在三脚架上,并对中、整平。天线安置后,应在各观测时段的前后各量测一次天线高。

(2)观测作业。在开机观测工作之前,接收机一般需按规定经过预热和静置。观测作业的主要任务就是捕获 GPS 卫星信号,并对其进行跟踪、处理和量测,以获取所需要的定位信息和观测数据。接收机在开始记录数据后,作业员应注意查看有关观测的卫星数量、卫星号、相位测量残差、实施定位结果及其变化、存储介质的记录情况等。在观测过程中,接收机不得关闭并重新启动,不准改变天线高。

(3)观测记录。GPS 的观测过程是自动的,其观测接收的数据会自动记录在存储介质上。作业员应在接收机启动前和观测过程中,按照规范要求随时填写测量手簿,不得事后补记。

(四)观测成果的外业检核

观测成果的外业检核是确保外业观测质量、实现预期定位精度的重要环节,所以当观测任务结束后,必须在测区及时对外业的观测数据质量进行检核和评价,以便及时发现不合格的成果,并根据情况采取淘汰或重测、补测措施。外业观测成果的检核内容有:

(1)同步边观测数据的检核;

(2)重复观测边的检核;

(3)独立边构成的环闭合差检核;

(4)同步环闭合差的检核。

(五)观测数据的测后处理

GPS 数据采集后,一般采用相应的随机后处理软件自动进行计算,大体过程为:预处理、平差计算、坐标系统的转换或与已有地面网的联合平差。

经过以上步骤,最后可得到所需像控点的大地坐标。

七、控制测量成果的整理工作

(一)计算成果的整理

计算成果的整理工作是指将全部计算成果分类制表并按规定顺序装订成册,以便于长期保存和查找。装订后的成果称为“测量计算手簿”。同时,将全部控制点的坐标、高程(包括大地点成果)一并抄入本图幅图历表内,或者抄入本区域左上角图幅的图历簿内。然后将图历簿、观测手簿、控制像片、调绘像片、测量计算手簿及检查验收意见书等一并装入资料袋,并填写资料清单上交。

高级地形控制点成果要单独整理装订。

(二)控制像片的正面整饰

为方便内业对像片控制点的应用,凡是提供给内业使用的大地点、5″小三角点、5″导线点、像片控制点均须在像片正面按规定进行整饰。整饰的方法和要求如下:

(1)凡已准确刺出的三角点、GPS 点、5″导线点、平面点和平高点均用红色墨水分别以边长或直径为 7 mm 的相应符号进行整饰。

(2)已刺出的水准点、高程点用绿色墨水以直径 7 mm 的“⊗”符号和“○”符号表示。

(3)凡不能准确刺出点位的三角点、小三角点、导线点用虚线以相应符号表示。

(4)当相邻区域的控制点公用时,邻区的控制像片应作转标,并加注实刺片的图幅编号和像片编号。

(5)点名、点号及高程注记要求字体正规,用红墨水以分数形式注出:分子注点名、点号,分母注高程。水准点的高程注到小数点后两位,其他高程注到小数点后一位;平面点只注点号。

(6)刺点者、转刺者、检查者均应在像片反面签名。

控制像片正面整饰格式如图 5-23 所示。

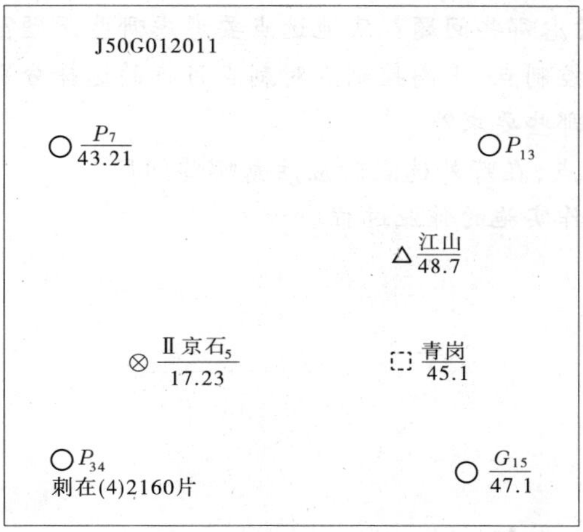

图 5-23 控制像片正面整饰格式

(三)像片控制测量的接边

像片控制测量成果整理工作完成以后,应及时与相邻图幅或区域进行像片控制测量接边。像片控制测量接边工作包括以下内容:

(1)邻幅或邻区域所测的像片控制点,如果为本幅图或本区域公用,则应检查这些点是否满足本图幅或本区域各项要求,如果满足要求,则将这些点转刺到本图幅或本区域的控制像片上,同时将成果转抄到计算手簿和图历簿中。

(2)自由图边的像片控制点,应利用多余的调绘像片进行转刺并整饰,同时将坐标、高程等数据抄在像片背面,作为自由图边的专用资料上交。

(3)接边时应着重检查接边处是否因布点不慎产生了遗漏控制点的现象,以便及时补救。所有观测手簿、测量计算手簿、控制像片、自由图边和接边情况都必须经自我检查、上级部门的检查验收并按要求修改和补测合格后方可上交。

思考题

1. 什么是高级地形控制点？根据精度要求哪些等级的控制点可以作为高级地形控制点？

2. 航外像片控制点在像片上的选点位置有哪些要求？

3. 什么是全野外布点方案？什么是非全野外布点方案？各有何特点？

4. 绘图说明立测法全野外布点方案。

5. 区域网布点的基本原则是什么？绘图说明区域网平高点和高程点布设的基本要求。

6. 单航线布点的基本原则是什么？试绘图说明。

7. 拟订航外控制测量技术计划的依据是什么？简述该计划拟订的方法和步骤。

8. 在像片上选点应考虑哪些问题？实地选点要考虑哪些问题？

9. 平面控制点、高程控制点、平高控制点对刺点目标的选择分别有哪些要求？

10. 像片刺点应满足哪些要求？

11. 利用 GPS 测像控点，在野外选点时应注意哪些问题？

12. 总结航测外业工作实施的作业过程。

第六章　像片调绘

第一节　像片调绘的基础知识

像片调绘是利用像片进行判读、调查和绘注的总称，即根据像片影像进行判读，同时在判读的基础上，按照规范规定的原则对各类地形元素进行综合取舍，并进行调查、询问、量测，然后以相应的图式符号着墨表示，为航测内业成图提供基础信息资料的工作。

像片调绘是航测成图过程中十分重要的工作，其成果是内业测图的主要依据，所以像片调绘的质量直接影响到最后成图的精度。因此，要求在进行像片调绘时，必须认真负责、一丝不苟，因为一旦调绘内容有错，内业是难以发现的。

一、地形图图式符号的应用

图式符号是识别和使用地形图的重要依据。怎样正确理解图式符号的意义，掌握图式符号的应用，是调绘中的重要问题，下面就图式符号的理解与应用作一介绍。

（一）图式符号的作用

在地形图上，用图式符号表示地物或地貌的类别、位置、形状、大小、作用和功能等特征，图面既清晰易读，又可利用图上的图式符号量测各地物、地貌之间的方向、水平距离、高差和面积等，从而丰富了地图的表达能力与量测的准确性。

（二）图式符号的分类

根据地物、地貌的特征和性质，包括文字注记在内，可将地形图图式符号分为九大类：

（1）测量控制点。指三角点、小三角点、水准点等。

（2）水系。包括河流、湖泊、海岸、水库、沟渠、渡口、码头、水井、泉、沼泽等。

（3）居民地及设施。包括独立房屋、街区、窑洞、蒙古包、城墙、围墙、栅栏、工矿设施、发电站、加油站、气象台、电视发射塔、游乐场、革命烈士纪念碑、亭、庙宇、水塔、烟囱、窑等。

（4）道路及附属设施。包括铁路、公路及其附属建筑物和机耕路、乡村路、小路、桥梁等。

（5）管线。指电力线、通信线、各种管道等。

（6）境界。指国界、省界、地区界、县界、乡界和自然保护区界等。

（7）地貌。指等高线、陡崖、冲沟、土堆、坑穴、山洞、滑坡、梯田坎等。

（8）植被及土质。包括地类界、树林、疏林、幼林、灌木林、竹林、经济林、稻田、旱地、草地、盐碱地、露岩地、沙地、石块地等。

（9）注记。指各种地理名称、各种说明的注记和数字注记。

（三）符号的定位

所谓符号定位，就是指确定地形图图式符号与实地相应物体之间位置关系的方法。也就是要明确规定出：符号的哪一点代表实地相应物体的中心点，哪一条线代表实地相应物体的中心线或外部轮廓线。这样，才能准确知道实地物体在地形图上的位置。符号的定位要求如下：

（1）依比例尺表示的符号：符号的轮廓线表示实地相应物体轮廓的真实位置。

（2）圆形、正方形、长方形等独立的几何图形符号：其定位点在几何图形中心，如三角点、埋石点、燃料库等。

（3）宽底图形符号：其定位点在底线中心，如蒙古包、纪念碑、烟囱、水塔、宝塔等。

（4）底部为直角的符号：其定位点在直角的顶点，如独立树、风车、路标、加油站等。

（5）几种几何图形组合成的符号：其定位点在下方图形的中心点或交叉点，如跳伞塔、无线电塔、敖包、教堂、气象站等。

（6）下方没有底线的符号：其定位点在下方两端点连线的中心点，如窑、彩门、山洞、亭子等。

（7）半依比例尺表示的线状符号：其定位线在符号的中轴线，如道路、河流、堤、境界等。依比例尺表示时，在两侧线的中轴线。

（8）不依比例尺表示的其他符号：其定位点在其符号的中心点，如桥梁、水闸、拦水坝、岩溶漏斗等。

（9）符号图形中有一个点的，该点为地物的实地中心位置。

（四）符号的方向

地形图上符号的方向描绘有一定的规律。在调绘中既要把符号的位置描准也要把符号的方向绘准。符号的方向一般分为按真方向和按固定方向描绘的两种符号。

（1）真方向符号。这类符号描绘的方向要求与实地地物的方向一致，如独立房屋、窑洞、山洞、打谷场、河流、道路等，但城楼、城门符号要求垂直于城墙方向，向城墙外描绘。

（2）固定方向符号。这类符号描绘的方向要求始终垂直于南北图廓线，符号上方指向北，如前面介绍的水塔、烟囱、独立树等。

清绘时一定要事先从图式中查明符号的方向有什么要求，否则会因为符号方向的错误使别人无法理解或得出错误的结论。

（五）符号的使用方法与要求

（1）图式符号除特殊标注外，一般实线表示建筑物、构筑物的外轮廓与地面的交线（除桥梁、坝、水闸、架空管线外），虚线表示地下部分或架空部分在地面上的投影，点线表示地类范围线、地物分界线。

（2）依比例尺表示的地物分以下情况：

①地物轮廓依比例尺表示，在其轮廓内加面色，如河流等，或在其轮廓内适中位置配置不依比例尺符号作为说明。

②面状地物其分布范围内的建筑物按相应符号表示，在其范围内适中位置配置名称注记，若图内注记不下名称注记时，可在适中位置或主要建筑物位置上配置不依比例尺符号，如学校等，也可在其范围内配置说明注记简注，如饲养场等。

③分布界线不明显的地物，其范围线可不表示，但在其范围内配置说明性符号，如盐碱地等。

④相同的地物毗连成群分布，其范围依比例尺表示，可在其范围内适中位置配置不依比例尺符号，如露天设备等。

(3)两地物相重叠时，按投影原则下层被上层遮盖的部分断开，上层保持完整。

(4)各种符号尺寸是地形图内容为中等密度的图幅规定的。为了使地形图清晰易读，除允许符号交叉和结合表示外，各符号之间的间隔(包括轮廓线与所配置的不依比例尺符号之间的间隔)一般不应小于0.2 mm。如果某些地区的密度过大，图上不能容纳，允许将符号的尺寸略为缩小(缩小率不大于0.8)或移动次要地物符号。双线表示的线状地物的符号间距很近时，可采用共线表示。

(5)实地上有些建筑物、构筑物，图式中未规定符号，又不便归类表示者，可表示该物体的轮廓图形或范围，并加注说明。地物轮廓图形线用0.12 mm实线表示，地物分布范围线、地类界线用地类界符号表示。

(6)在图式的植被和土质符号中，以点线框者，应以地类界符号表示实地范围线；以实线框者，指示不表示范围线，只在范围内配置符号。

(7)符号旁的宽度、深度、比高等数字注记，小于3 m的，标注至0.1 m；大于3 m的，标注至整米。

二、像片调绘的综合取舍

(一)综合取舍

所谓综合，就是按一定的原则，在保持地物原有的性质、结构、密度和分布状况等主要特征的情况下，对某些地物分不同情况进行形状和数量上的概括；所谓取舍，就是根据地形图的需要，在进行调绘过程中选取重要的地物、地貌元素进行表示，而又舍去次要的地物、地貌元素不表示。因此，综合取舍就是在调绘或测图过程中对地面物体所进行的选择和概括，综合过程中有取舍，而取舍过程中又有综合，两者相互依存，不能孤立地去看待它们。

(二)综合取舍的原则

综合取舍是调绘或测图过程中比较复杂、难以掌握的一项技术，一般可根据下列原则来决定综合取舍。

1.根据地形元素在国民经济建设中的重要作用决定综合取舍

地形图主要是服务于国民经济建设的，因此地形图所表现的内容也应服从这一主题，凡是在国民经济建设中有重要作用的地形元素，就是调绘时选择表示的主要对象。

2.根据地形元素分布的密度和地区特征决定综合取舍

地形元素分布密度过大的地区，要多舍去一些次要的地物而进行较大的综合；地形元素分布密度过小的地区则只取不舍。同时，在综合取舍中，还应注意保持地物、地貌要素的相对密度及其固有特征，否则就会失真。如某地区水源很多，有较多的小水塘，取舍时决不能把所有的小水塘都舍去而只取大水塘，这样会使图面上反映的该地区水塘不多而与实地不符，完全失去了水塘多的特征。

3. 根据成图比例尺的大小进行综合取舍

成图比例尺越大，对地物的表示就越详尽，应少舍多取；反之，成图比例尺越小，在图面同样大小的范围内表示的地物就越多，综合取舍的幅度就可以大些，就可以相对多舍，多综合一些。

4. 根据用图部门对地形图的不同要求进行综合取舍

不同专业部门对地形图所表示的内容及表示的详尽程度各有不同的要求。如水利部门要求对水系作出详细表示，因而对水系要素要尽量多取，对其他要素则可作较大的综合或舍去。

(三) 调绘像片应达到的基本要求

通过综合取舍，调绘像片应达到以下基本要求：

(1) 表示准确。包括调绘表示没有移位，着墨整饰不跑线，以及地物、地貌的性质和名称注记准确等。

(2) 合理协调。在调绘像片上，要求综合取舍合理，地物、地貌的相互关系处理要恰当，能反映实地的地理特征。同一测区内使用的图式符号要一致，图面上表示的内容要完整，调绘像片之间的接边要正确统一。

(3) 清晰易读。要求图面整饰清晰，注记字体正规，地物和地貌要素的表示主次分明、清晰易读、负载合理。

三、像片调绘的准备工作

(一) 调绘像片的准备

首先应对调绘像片编号，并选择影像清晰的像片作为调绘像片。然后对像片影像质量再进行一次检查，尤其应检查像片比例尺不小于成图比例尺的 1.5 倍，地物复杂地区还应放大。

由于像片表面一般比较光滑，不易着铅、着墨，因此调绘前应对像片进行适当处理。一般的方法是用砂橡皮擦拭像片表面，直到清楚着铅，但注意不要擦坏影像。

(二) 调绘面积的划分

调绘面积是指每一张调绘像片进行调绘的有效工作范围。为了满足内业成图的需要和保证像片图及图幅间不致发生漏洞与重复，必须在每张像片上绘出调绘面积的边缘轮廓线，简称为调绘线。划分调绘面积线有以下要求：

(1) 调绘面积以调绘面积线标定。为了充分利用像片，减少接边工作量，在正常情况下，要求采用隔号像片作为调绘像片来描绘调绘面积线，且不得产生漏洞或重叠。

(2) 调绘面积线距像片边缘应大于 1 cm。

(3) 当采用全野外布点时，调绘面积的四个角顶应在四角的像片控制点附近，且尽可能一致，偏离控制点连线不应大于 1 cm；当采用非全野外布点时，调绘面积线在调绘像片间重叠的中部。

(4) 调绘面积线应避免分割居民地和重要地物，且不得与线状地物相重合。

(5) 图幅边缘的调绘面积线，如为同期作业图幅接边，可不考虑图轮廓线的位置，仍按上述方法绘出，以不产生漏洞为原则；如为自由图边，实际调绘时应调出图廓线外1 cm，以保证图幅满幅和接边不发生问题。

(6)图幅之间的调绘面积线用红色,图幅内部用蓝色,并以相应颜色在调绘面积线外注明与邻幅或邻片接边的图号、片号,这样要求主要是为了便于区分和查找相邻调绘像片。

(7)调绘面积线在平坦地区一般绘成直线或折线;在起伏地区则要求像片的东、南边绘成直线或折线,像片的西、北边则根据相邻调绘像片东、南边的调绘面积线,在立体观察下转绘成曲线。图6-1为调绘像片的整饰格式。

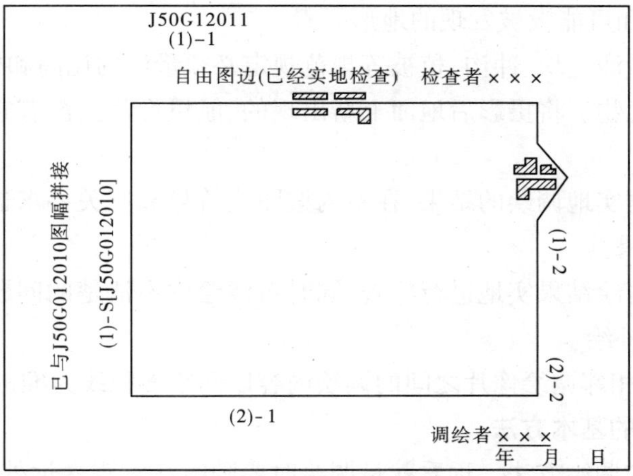

图6-1　调绘像片的整饰格式

(三)调绘计划的拟订

调绘计划是指调绘工作开始前,对像片、老图及其他有关资料的初步分析,所拟订的实际工作方案。调绘计划中主要考虑调绘范围、调绘重点、调绘路线以及调绘中应注意解决的其他问题。

如果第二天准备调绘某一张像片,首先应对像片进行立体观察,结合有关资料进行分析,掌握调绘地区的特征和地物分布的复杂难易程度,如居民地的分布及类型特征,水系、道路、植被、地貌、境界,以及地理名称的分布情况及表现情况等。然后根据这些特征及情况,就可以估计调绘的困难程度,从而安排调绘的重点和调绘的路线,为调绘中可能出现的问题找到解决的办法。有了这样的思想准备,就会取得较好的调绘效果。

(四)调绘工具的准备

外出调绘时,除准备好调绘像片外,还应带上配立体的像片、像片夹、老图、立体镜、铅笔、小刀、砂纸、橡皮、钢笔、草稿纸、皮尺、刺点针及其他必要的安全防护用品(如草帽、药品等)。另外,每张调绘像片都要贴一张透明纸,用以记录某些调绘内容。

四、像片调绘的基本程序和方法

(一)像片调绘的基本作业程序

(1)准备工作。包括调绘像片和调绘工具的各项准备工作以及调绘计划的拟订。

(2)像片判读。根据各种判读特征,对照实地确定所需调绘的各种地物、地貌元素的性质,以及它们在像片上的形状、大小、位置和分布情况。

(3)综合取舍。在像片判读的基础上,根据综合取舍的原则和相应规范、图式的有关规定,对所调绘的地物、地貌元素进行合理的概括和选择。

(4)着铅。用铅笔将已确定需要表示的地物、地貌元素,用符号或其他形式的描绘记录在像片或透明纸上。这是室内着墨清绘的重要依据。

(5)询问、调查。这里主要是指向当地群众询问地名和其他需要了解的情况,调查各级政区界线的位置和可能没被发现的地形元素。

(6)量测。指量测陡坎、冲沟、植被等规范规定必须量注的比高和树高。

(7)补测新增地物。将摄影后地面上新出现的、航摄像片上没有它们影像的地物,在实地补绘出来。

(8)清绘。根据实地调绘的结果,在室内按图式符号和有关要求进行着墨整饰,以最终获得正式调绘成果。

(9)复查。对清绘结果实地进行检查,同时对清绘中不清楚的问题或遗漏的地物,通过实地查证落实或补绘。

(10)接边。对相邻调绘像片之间的调绘内容以调绘面积线为准进行检查、接边。

(二)像片调绘的基本方法

(1)远看近判的调绘方法。远看就是调绘时要随时注意观察远处的情况。因为有些地物,如烟囱、独立树、高大的楼房,从远处观察时十分明显突出,而到近处观察时由于视场狭窄,反而看不清或者感觉不出它们的重要目标作用了。近判就是指在远处判断不清的地物,到近处准确判定其位置。

(2)以线带面的调绘方法。调绘时以调绘路线为骨干,沿路线两侧的一定范围内地物都要同时调绘,即走过一条线,调绘一大片。这样可加快调绘的速度。

(3)着铅要仔细、准确、清楚。着铅是调绘过程中重要的记忆方式,它所记录的内容也是室内清绘的依据,所以必须仔细、准确、清楚。

除像片上明显、易记的地物,如铁路、公路、河流、水库、耕地、树林等,可以不着铅或简单注记外,一般调绘的地物都要仔细着铅。

(4)要养成"三清"、"四到"的良好习惯。"三清"就是站站清、天天清、幅幅清。站站清是指调绘一处就要把这里的问题全部搞清楚;天天清是指调绘的内容应即时清绘,一般要求当天调绘的内容,第二天必须清绘完,不允许隔几天后才清绘;幅幅清是指一幅图的工作彻底搞清楚后,再进行下一幅图的工作。"四到"是指跑到、看到、问到、画到。其最终目的是看清、画准、不遗漏。

(5)注意依靠当地群众。调绘过程中有许多情况必须通过向当地群众询问、调查才能解决,如地理名称、政区界线、植被名称、道路通行情况及许多生活问题、工作条件等。因此,依靠群众、尊重群众是每个测绘工作人员应有的态度和重要的工作方法。

第二节　各类地形元素的调绘

一、居民地的调绘

居民地是人类生活、居住及从事各种社会活动和生产活动的主要场所。在国民经济建设中，居民地也是政府各级部门最关心的问题之一，在识图、用图时，居民地具有良好的方位目标作用。调绘时，根据居民地的建筑形式和分布状况，一般将其分为四类：街区式居民地、散列式居民地、窑洞式居民地及其他类型居民地。

（一）居民地的一般特征

（1）外形特征：指居民地外部轮廓图形特征。

（2）类型特征：指居民地内部的分布特点，如散列分布、街区式分布等。

（3）通行特征：指居民地内部街道、巷道的分布情况及与外部道路的连接关系。

（4）方位特征：指居民地内、外有方位意义的突出建筑物和其他地物。

（5）地貌特征：指居民地内、外的地貌形态，如陡崖、冲沟、坑穴等。

（二）居民地的影像特征

房屋在像片上的构像由其顶部、阴影和房屋的侧面影像组成。房顶影像是判读的主要部分，其色调主要与房屋的结构、材料、太阳照射方向及房屋在像片上的位置有关。房屋的侧面影像是由投影差引起的，它的大小与房屋高度和房屋在像片上的位置有关。

像片上，房屋影像的形状多为长方形、正方形或其他几何图形。在立体观察下，房屋比较容易识别。由房屋组成的街道呈线状或带状分布，与房屋边线之间有明显的色调差别，街道之间互相连通，并与外部道路相接。

（三）独立房屋的调绘

独立房屋是指在建筑结构上形成一体的各种形式的单幢房屋。只要是长期固定，并有一定方位作用的独立房屋，以及居民地内外能反映居民地分布特征的独立房屋，不管房屋的形状、大小、用途、质量如何，也不区分住人和不住人，均以独立房屋表示。

对于长小于图上 1.0 mm、宽小于图上 0.7 mm 的独立房，以不依比例尺符号表示；对于长大于图上 1.0 mm，宽小于图上 0.7 mm 的，以半依比例尺独立房屋符号表示；若长、宽尺寸分别大于上述规定，则按依比例尺独立房屋符号表示。

调绘独立房屋应注意以下问题：

（1）保持真方向描绘。因为独立房屋方向有判定方位的作用，特别是位于路边、河边、村庄进出口处的独立房屋更为重要，因此一定要保持真方向描绘。不依比例尺表示的独立房屋，符号的长边代表实地房屋屋脊的方向；当为正方形或圆形时，符号的长边应与大门所在边一致。依比例尺和半依比例尺表示的独立房屋也要注意实际形状和位置的准确。

（2）判绘要准确。调绘时判读要仔细，不要将已拆除的房屋或者菜园、草垛、瓜棚等当做独立房屋描绘。

（3）当独立房屋分布密集不能逐个表示时，只能取舍不能综合。此时，外围房屋按真实位置绘出，内部可适当舍去。

(4)有特殊用途的独立房屋应加说明注记，如抽水机房、烤烟房，应分别加注“抽”、“烤烟”等说明。新疆等地用于晾晒葡萄干的晾房应加注“晾”字。

(5)由围墙或篱笆形成庄院的独立房屋，当围墙、篱笆能依比例尺表示时，视实际情况用相应符号表示；否则只绘房屋。

(6)正在修建的房屋，已有房基的用相应房屋符号表示，否则不表示。

(7)受损坏无法正常使用的房屋或废墟，图上只表示有方位意义的破坏房屋。图上面积小于1.6 mm^2 的破坏房屋一般不表示，但在地物稀少的地区可用符号表示。

(四)街区式居民地

房屋毗连成片且按一定街道(通道)分割形式排列，构成街道景观的居民地，称为街区式居民地。街区式居民地的调绘一般应先调外围，绘出外轮廓和其他地物，然后进入居民地内部，区分主次街道，并采用综合取舍进行调绘。街区式居民地的表示如图6-2所示。

街区的外轮廓按像片影像描绘，其凸凹部分在图上小于1.0 mm时，可综合表示。当外轮廓是土堤、围墙等地物时，用相应符号绘出，不需再另绘轮廓线。位于街区附近，特别是街道进出口附近的独立房屋，不能综合为街区，以免失去其特征。对于街区内部的房屋可进行较大的综合。当房屋间距在图上大于1.5 mm时，应分开表示。街区内较大空地应表示，可根据南北方居民地特征，取舍指标一般为图上4～9 mm^2，如图6-3中的“d”所示。

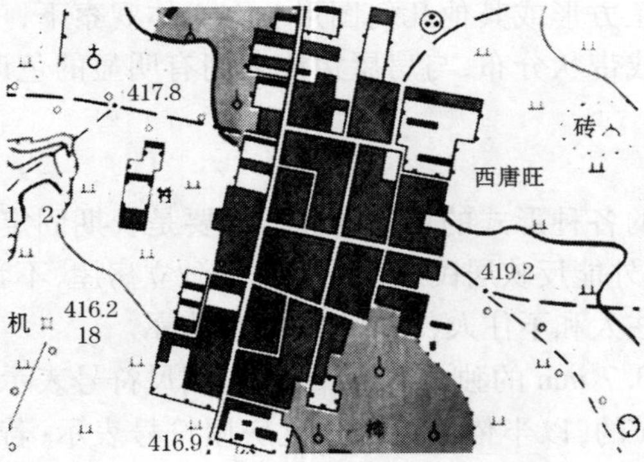

图6-2　街区式居民地的表示

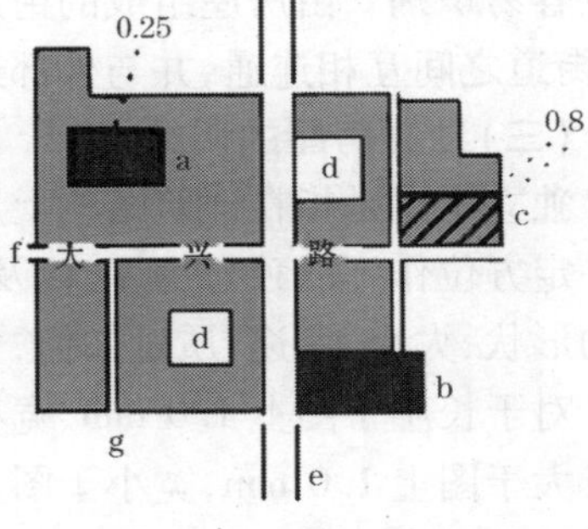

图6-3　街道及突出房屋

街区式居民地的通行特征主要是指街道(巷道)的分布以及主次街道的划分。街道按其路面宽度、通行情况等综合指标区分为主干道、次干道和支线。主干道边线用0.15 mm的线粗，按实地路宽依比例尺或用0.8 mm路宽表示；次干道边线用0.12 mm的线粗，按实地路宽依比例尺或用0.8 mm路宽表示；支线指城市中联系主、次干道或内部使用的街巷、胡同等，用0.12 mm的线粗，按0.5 mm路宽表示，如图6-3中的“g”所示。大中城市的主要街道应加注名称。

描绘街道要求做到主次分明、取舍恰当、街道进出口和街道交叉口位置准确。如果街道交叉口实际是错开的，并不是对直的十字形状，表示的时候应反映出其实际特征，不能人为地绘齐对直。

较小的居民地，当街区内的街道宽度均小于图上0.5 mm时，也要区分出主次干道或支线，并用0.8 mm宽度表示主要街道，用0.5 mm宽度表示次要街道。主次街道以其作用大小区分，而不管街道的宽度和大小。在某些地区，河、渠贯穿居民地，街道宽度按上述尺寸表示会影响街区特征时，可适当缩小街道宽度。当街区中的街道线与房屋或垣栅轮廓线间距在图上小于0.3 mm时，街道线可省略。

居民地内的街道（巷道）一般要表示。但当居民地内巷道过密时，次要街巷可进行适当取舍：取连接街道或者道路的巷道，舍去死胡同；取较宽较直的巷道，舍去拐弯较多较窄的巷道。

居民地内具有方位特征的其他地物以及具有地貌特征的各种地貌元素，均应按规范、图式有关规定进行表示。对于乡镇政府所在的居民地，需调注行政区内总人口数，一般注在乡镇名称下方。

居民地中的突出房屋是指形态或颜色与周围房屋有明显区别并具有方位意义的房屋。符号如图6-3中"a"所示，房屋的轮廓线加粗为0.25 mm。藏族地区有方位意义的经房也用符号"a"表示，并加注"经"字。

多幢10~18层的房屋构成高层建筑区，符号如图6-3中"b"表示。

超高层房屋指高度与周围房屋有明显区别、19层以上并具有方位作用的房屋，以外围轮廓加晕线绘出，符号如图6-3中"c"所示。

（五）散列式居民地

散列式居民地是指房屋分散、间距较大、无明显街道的居民地。一般分为分散式和行列式两种：分散式居民地一般未形成街区，房屋依天然地势建筑，无分布规律；行列式居民地一般沿河、渠、道路、山谷等线状地物有规律的分布，大部分未形成街区。二者的共同点是房屋分布稀疏，到处可以通行。

散列式居民地主要由独立房屋和三五成群连接在一起的小居住区构成。当实地房屋分布密集成团，图上不能逐个表示时，其外围的房屋按真实位置绘出，内部可适当取舍，取舍时，要注意表示分散的房屋和着重选择有方位作用的单独房屋。当实地房屋排列整齐（如工人新村及规划的新农村）时，应注意保持外围特征，内部的排数可适当取舍。当实地房屋呈均匀而稀疏分布时，应在保持分布特征的前提下进行取舍，取舍时要总体衡量，着重选择道路和河流两旁及有明显方位作用的房屋予以表示。

城市、集镇中，企事业单位大院内散列分布的房屋，以及整齐排列的住宅小区均应按散列式居民地的调绘原则处理。散列式居民地的表示如图6-4所示。

（六）窑洞式居民地

窑洞式居民地是我国黄土高原地区农村的主要建筑形式之一，一般分为地面上窑洞和地面下窑洞两种。地面上窑洞是指依自然坡壁削坡，然后向里开挖而成的窑洞；地面下窑洞是指在平地向下开挖一平底大坑，然后向坑壁开挖成窑洞。根据窑洞的分布情况又分为分散的、成排的、单层的、多层的窑洞及窑洞与房屋配合居住等形式，其表示方法如图6-5所示。

1. 窑洞的判读特征

（1）建在向阳面的窑洞，开挖时削坡的棱线比较清楚，航摄像片上的影像为一很小的

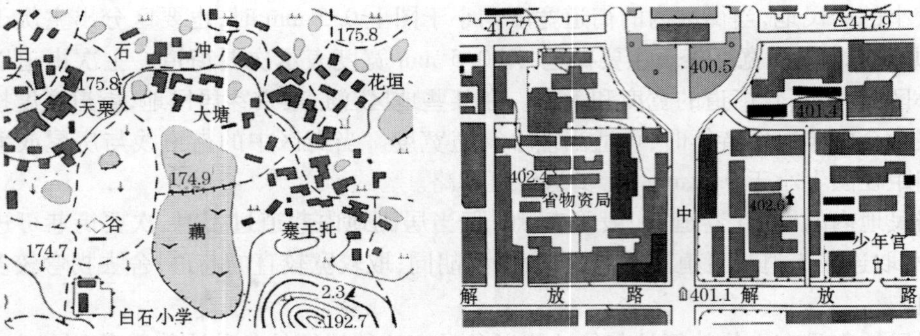

(a) 农村中散列式居民地　　　　(b) 城镇中散列分布的房屋

图 6-4　散列式居民地

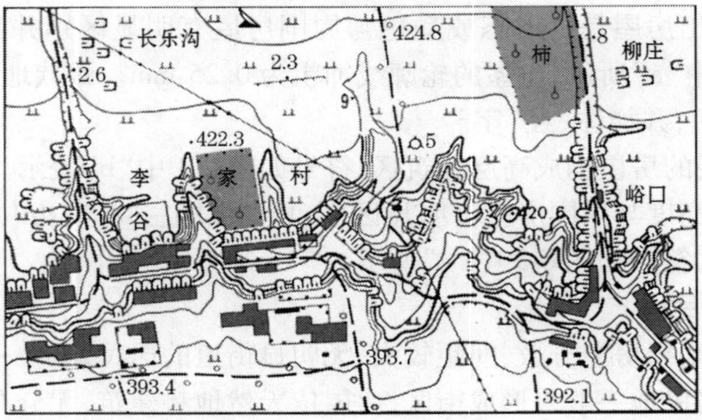

图 6-5　窑洞式居民地

黑色缺口，这是判读窑洞的较好特征；但当窑洞被沟壁阴影遮盖时，不易判读，此时应借助立体观察配合其他特征进行判读。

(2)窑洞前一般都有小院或小空地，其色调呈白色，这也是判读窑洞很好的特征。

(3)大部分窑洞前都有些零星的树木或灌木，在像片上呈黑色，可以作为判读窑洞的参考特征。

2. 调绘窑洞式居民地的注意事项

(1)窑洞符号应按真方向描绘。散列分布的窑洞在其分布范围内择要表示，无方位作用的零散窑洞一般不表示。当居民地内的窑洞不能逐个表示时，可适当取舍。

(2)窑洞毗连成排，在图上长度小于 2.6 mm 的，用一个符号表示；图上长度大于 2.6 mm 的，两端的符号按真实位置表示，中间按长度并联配置符号；在坡壁上呈多层分布的窑洞式居民区，不能逐层表示时，上、下两层按真实位置表示，中间各层按层状分布的特点择要表示。

(3)窑洞居住区内混杂有房屋时，应以相应房屋符号表示。

(4)应形象反映窑洞与冲沟、道路、陡崖、房屋等的相关位置。

(5)石窟是在岩石陡壁上人工凿成的石洞，应择要以窑洞符号表示，并加注“石”字，著名石窟应加注名称。

（七）其他类型的居民地

1. 蒙古包、放牧点

蒙古包是我国内蒙古及其他地区牧民游牧时居住的常年或季节性的活动毡房或帐篷。在航摄像片上呈灰白色圆点，中央有一黑色小点，立体感比较明显。蒙古包在地物稀少地区具有非常重要的作用，无论是季节性的或固定的蒙古包均要表示，符号绘在驻扎地中心位置上，有名称的应加注名称，季节性的加注居住月份。

2. 棚房

棚房是指有顶棚而四周无墙或仅有简陋墙壁的建筑物。与其他房屋连接在一起或街区内的棚房不单独表示，独立的或远离居民地的棚房有良好的方位作用，一般应表示。季节性使用的棚房和渔村也用棚房符号表示，并加注使用月份，有名称的应加注名称。临时性的棚房不表示。

（八）垣栅的调绘

垣泛指墙，栅即是栅栏。垣栅包括城墙、土围墙、砖石围墙、铁丝网、篱笆及其他栅栏等。

1. 城墙

城墙是指古代遗留下来的具有防卫性质的高大墙体。调绘时应注意准确判定基底内外轮廓线的位置。当城墙基底宽度小于图上 1.5 mm 时，按不依比例尺符号表示。城墙上的地物如房屋、城楼、碉楼、亭等以相应符号表示，符号顶部朝向城外方向。城墙的表示如图 6-6 所示，图中：a1 、b1 为城门；a2、b4 为豁口；a3 、b3 为破坏部分； b2 为城楼。

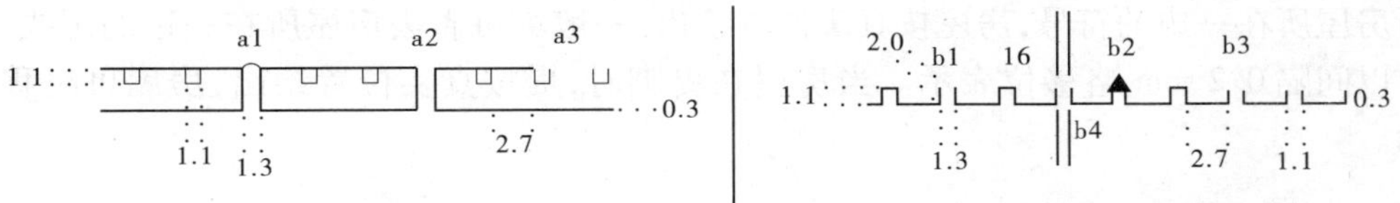

(a)依比例尺　　(b)不依比例尺

图 6-6　城墙的表示

2. 围墙

围墙是一种常见的地物，在地籍图上，许多围墙往往成为权属界线。调绘围墙时要求中心线位置准确。高 1.5 m 以上且图上长度大于 5 mm 的土墙、石墙、砖墙、土围墙、垒石围墙均用围墙符号表示。对于图上长度大于 5 mm 但高度不足 1.5 m 的矮小围墙，可用细实线表示其范围，不绘小方块。当围墙与街道线重合或间距小于 0.3 mm 时，以围墙符号代替街道线表示，但围墙的小方块应向内描绘，以保持街道整齐。

3. 栅栏、铁丝网、篱笆

栅栏、铁丝网、篱笆均为不同材料建成的不同形式的拦截物。只表示高 1 m 以上且图上长度大于5 mm的拦截物，通电的铁丝网加注“电”字。

（九）居民地与其他地物关系的表示方法

1. 居民地与道路的关系

（1）各类道路（除铁路外）通过城市、集镇或其他街区式居民地的路段，均以街道符号表示。当单线路或双线路进入街区式居民地时，如果两边街区不等长，此时应在短街区一边补齐街道线；当双线路进入街区式居民地时，如果一边有街区而另一边无街区，则应在无街区一边加绘街道线，以显示街区式居民地的特征。

(2)当独立房屋紧靠双线路时，以道路边线代替房屋轮廓线表示。独立房屋紧靠单线路时，房屋符号按真实位置绘出，道路符号间隔以0.2 mm移位表示。

(3)散列式居民地内有明显通道时，道路应直接从居民地中间通过；如果内部房屋零乱，当道路不明显时，道路只绘到能明显绘出的地方。

2. *居民地与水系的关系*

(1)位于河、湖内高架在水面上的房屋，按真实位置描绘；当房屋部分伸入水面时，水涯线应绘至房屋符号边缘间断。

(2)房屋紧靠河、湖岸边，其间隔小于图上0.2 mm且无主要通道，则房屋边线可代替水涯线，否则房屋应与水涯线保持0.2 mm间隔移位表示。房屋与干沟、水渠等的关系也按上述原则来处理。

3. *居民地与垣栅的关系*

当垣栅与房屋边线间隔小于0.2 mm时，以房屋边线代替垣栅符号表示；当垣栅与房屋边线间隔大于0.2 mm或中间形成通道时，房屋与垣栅符号应各自单独表示。当垣栅内外都有房屋时，不绘垣栅符号。当围墙与街道线紧靠不能同时绘出时，应以围墙符号代替街道线绘出，但街道线不能代替围墙。

4. *居民地与堤的关系*

当房屋在堤上时，应间断堤的符号，房屋按真实位置绘出；当房屋在堤坡时，主要堤可间断房屋所在一边的符号，房屋按真实位置绘出，一般堤可省去房屋所在一边的短线，房屋可以间隔0.2 mm略移位表示。当房屋在堤脚时，堤按真实位置绘出，房屋可略移位表示。

二、独立地物的调绘

独立地物是指在形体结构上自成一体且具有特殊用途的物体，一般是指分布于居民地内外，与人们的日常生活和工作密切相关的重要设施，它是判定方位、确定位置、指示目标的重要标志。

独立地物依其重要性和本身形态可分为两种。一种独立地物是突出于地面的立体形态，这种独立地物有明显的立体形态，从远处就能清楚地看到目标，有突出的方位作用，其在像片上的影像常为点状或线状图形，难以察觉；但在对照实地调绘时，可根据其四周地物的关系，仔细辨认地物的顶部图形、投影图形和阴影，判定其位置、形状和性质，如烟囱、水塔、纪念碑电视发射塔等。另一种独立地物是只具有平面图形而没有突出于地面的立体形态，这类独立地物位置固定、目标明显，易于在平面上识别，如打谷场、水泥预制场等。

(一)调绘独立地物的基本要求

1. *位置准确*

由于独立地物是判定方位、确定位置、指示目标的重要标志，所以要求独立地物的位置必须准确。不依比例尺表示的独立地物，一般要求用刺点针刺出其中心点的位置，且描绘时刺点中心与符号中心严格一致；依比例尺表示的独立地物则要求准确绘出轮廓线位置；对于像片上无法准确判定位置的独立地物，则应实测来确定。

2. 取舍恰当

独立地物的取舍应恰当，要优先表示最突出的独立地物。如工业地区烟囱很多，并不全都属于独立地物，应选取其中突出高大的表示；但在地物稀少的地区，有些地物也许并不高大，却因为周围地物极为稀少而显得突出，必须表示。

对于能反映地区经济文化特征的科学观测站、电视发射塔、卫星地面接收站、游乐场、体育馆、汽车站（乡镇以上的客运站）、加油站、大型停车场、飞机场、纪念像、艺术塑像、古遗址及文物碑石等，有的虽然并不突出高大，但也应准确表示。

居民地外独立的且不依比例尺表示的医院、学校应适当选取用符号表示，凡依比例尺表示的应适当配注名称或在其范围内加绘医院和学校的符号。

（二）注意独立地物符号的配置位置

图式上对个别独立地物符号代表的位置作了特殊规定，如气象台（站）符号应绘在风向标的位置上，不依比例尺的发电站符号绘在主厂房位置上，面积较大的庙宇符号绘在大殿位置上，加油站符号应绘在油箱位置或储油的房屋上。

（三）注意独立地物与其他地物的避让关系

当独立地物符号与其他地物符号不能同时准确、完整表示时，应保证独立地物符号完整、准确地绘出，其他地物移位或断开；当两个独立地物紧靠在一起，符号不能按真实位置同时绘出时，应选主要的按真实位置绘出，另一次要的地物作相对移位，符号间隔 0.2 mm。

（四）注意独立地物符号的运用

地形图图式虽然给出了许多符号来表示地物，但毕竟有限，与地面上实际存在的地物种类相比仍然相差很远，尤其是随着社会的进步，新的地物将不断出现，在实际调绘中常会遇到某些地物找不到恰当的符号进行表示，尤其是调绘现代化的工厂、矿山，情况就会更为复杂。因此，在调绘过程中，要求调绘人员充分理解图式精神，尽量利用图式给出的符号去表示各种各样的地物。一般情况下，我们可以根据独立地物的外形特征、独立地物的作用和意义以及其他的具体情况去选用符号，如塔形建筑物这个符号含义很广，图式上规定散热塔、跳伞塔、蒸馏塔、瞭望塔等均用塔形建筑物符号表示。

（五）部分独立地物的实地摄影像片

图 6-7 ~ 图 6-30 为部分独立地物的实地摄影像片。

三、交通线路及其设施的调绘

交通线路在国民经济建设中占有十分重要的地位，是人们从事生产劳动，进行社会交往，出外旅游等方面必不可少的，因此调绘时要认真、仔细地表示。

道路的共同特点是呈网状分布，在像片上的构像为白色或灰色带状影像。

（一）调绘道路的基本要求

（1）要正确区分道路的类别和等级，以显示不同道路的不同作用和不同的通行能力。

（2）道路的位置要准确。道路符号的中心线应与实地道路中心线一致，不能移位；各种附属建筑物和附属设施均应准确表示。

图 6-7　人民英雄纪念碑

图 6-8　北回归线标志塔

图 6-9　塑像

图 6-10　文物碑石（无字碑）

（3）道路的取舍要合理、恰当。

（4）道路两侧的地物、地貌应注意表示，并交代清楚它们之间的关系。如道路通过河流、沟谷，道路进入居民地、道路之间相交等，均应按规定进行表示。

（5）各种数字和文字注记要正确。

（二）铁路的调绘

铁路在各类道路中是最重要的一类道路，铁路运输也是我国最重要的运输方式，因此必须准确细致地进行调绘。铁路在像片上的构像是中间为灰黑色，两侧为白色的带状影

图 6-11　亭子

图 6-12　药浴池

图 6-13　牌坊

图 6-14　鼓楼

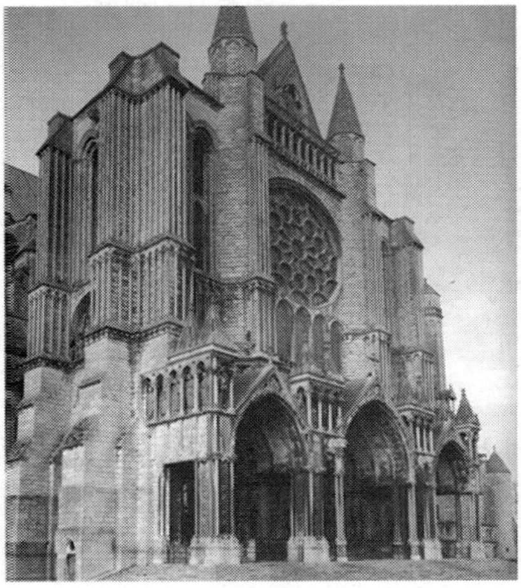

图 6-15　教堂

图 6-16　清真寺

像,无明显的转折点,转弯处曲率半径大,形成圆滑的曲线;立体观察时不易察觉其坡度变化,有造型正规的附属建筑物和立交桥。

1. 铁路的分类

(1)单线铁路:是在路基上铺设一条标准轨(轨距为 1.435 m)线路的铁路。

图 6-17　开封铁塔

图 6-18　跳伞塔

图 6-19　水塔

图 6-20　水塔烟囱

图 6-21　烟囱

图 6-22　古遗迹

（2）复线铁路：是在一条路基上铺设两条标准轨线路的铁路。如果复线铁路在一条路基上能以真实位置表示，则应以单线铁路符号分别表示，但两条线路间距不应小于 0.3 mm；如果不能按真实位置分别表示两条线路，则以两条标准轨的几何中心为准用相应符号表示。

（3）电气化铁路：是指以电力作为机车动力的单线铁路或复线铁路。电气化铁路可从铁路上方是否有供火车机车使用的电力线进行判定，然后在相应的铁路符号上加注"电"字。

（4）窄轨铁路：是指轨距小于标准轨距的铁路。临时性的不表示。

（5）简易轨道：是指在工矿区内使用的小型铁路。临时性的不表示。

图 6-23　电视发射塔

图 6-24　石油井

图 6-25　水车

图 6-26　微波传送塔

图 6-27　卫星地面接收站

图 6-28　游乐场

图 6-29　风车

图 6-30　风力发电站

(6)架空索道:是指山区利用装置在高架上的钢缆运输矿产和木材等物质的线路,两端的支架按实地位置用圆点表示,中间配置表示。临时性的不表示。

在调绘复线铁路时要注意,当复线铁路在某处因地形或其他原因分开不在一条路基上时,若能以真实位置绘出单线铁路,则应用单线铁路符号分别表示;若不能分别用单线铁路符号绘出,则应以两条标准轨的几何中心为准,用复线铁路符号表示。

如果不是双线铁路,当两条单线铁路相遇,彼此平行而不能各自绘出符号时,应各自稍向外移位,仍以单线铁路表示,绝不能绘成双线铁路符号。因为双线铁路是指火车在两地之间可以同时对开的铁路,上述情况绘成双线铁路显然是错误的。

2. 火车站的表示方法

火车站是铁路线上的重要调绘目标,是装卸货物、上下旅客、列车交会的场所,地物较复杂,必须细心判绘,并标注车站名称。火车站内各种元素的调绘如图 6-31 所示。

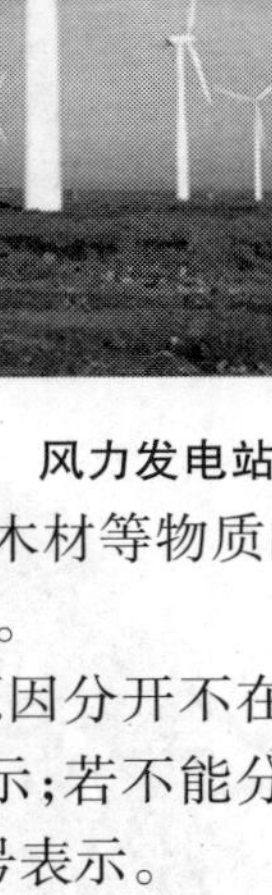

图 6-31　火车站及其附属设施

车站内的房屋,如售票房、候车室、检车室、巡道房、机车房、仓库等,不区分用途和建筑材料一律用相应房屋符号表示。车站内的站台、货台以及车站广场不单独表示,但站台和货台上的房屋(包括棚房),广场上的塑像、喷水池等独立地物应按相应符号表示。

图 6-31 中各符号含义如下:

(1)a 为机车转盘:是提供给机车转换方向的设备。它的主体部分是一个铺设有多条轨道且可以转动的大圆盘,当需要转换方向的机车驶入圆盘时,圆盘转动到所需要的方向,机车即可驶入新的轨道。机车转盘是火车站的重要附属设施,必须注意表示。

(2)b 为信号灯、柱:是铁路上设置的指示火车能否通行的信号设备,是良好的夜间方位目标。图上只表示站线外有方位作用的信号灯、柱。

(3)c 为水鹤:是指供机车注水的设备,在 1∶10 000 图上不表示。

(4)d 为天桥:是指车站内高架于站线之上,用于输送旅客进入站台的桥型建筑物。在站内目标明显并且具有十分重要的作用,必须按规定符号表示。

(5)e 为车挡:是指铁路支线终点设置的挡车设备。它不仅有挡车作用,也可以在设计新线路时考虑接头用。调绘时不区分拦截物形状、大小以及材料性质,均用同一符号表示。

(6)f 为站线:是指在车站内提供列车过站、会让、停留使用的全部轨道线。车站越大,来往列车越多,站线也就越多。较大的编组站,站线多达几十条,其分布范围很大,在航摄像片上的影像特征非常明显,易于判绘。调绘时如果能按图式符号全部表示,则逐条表示;若不能全部表示,则外侧站线应准确表示,中间站线均匀配置,但站线间距不应小于 0.5 mm,符号中的"9"代表轨道数。

3. 地铁

城市中铺设在地下隧道中高速、大运量的用电力机车牵引的铁道,个别地段由地下连接到地面的线路也视为地铁。

4. 磁浮铁轨、轻轨线路

磁浮铁轨、轻轨线路均为封闭运行的快速轨道交通线路,用同一符号表示。磁浮铁轨是指专供采用磁浮原理的高速列车运行的铁路;轻轨是指城市中修建的高速、中运量的轨道交通客运系统。磁浮铁轨加"磁浮"简注。轻轨(或磁浮)列车停靠及乘客上下车的场所(轻轨站)用相应地物符号表示,并加注专有名称注记。

(三)公路的调绘

公路是指路基坚固,用水泥、沥青、砾石和碎石等材料铺装路面,常年可以通行汽车的道路。公路在像片上的影像特征比较明显,其影像色调与铺面材料有关。如果是沥青路面,则为灰色至深灰色;如果是水泥、砾石路面,则为白色。调绘公路时应注意表示路堤、路堑、桥梁、涵洞、行树、隧道等附属设施。公路两侧的其他地物也应着重表示。公路进出居民地以及和其他地物之间的关系应交代清楚。

1. 高速公路

高速公路是指具有中央分割带、多车道、立体交叉、出入口受控制的专供汽车高速行使的公路。其路基质量高,路面宽,坡度小,转弯少且转弯半径大,附属建筑物和附属设施完整(如桥梁、涵洞、隧道、立交桥、分道隔离墩、服务区、路标等),管理质量高,全封闭或半封闭,可供汽车分道昼夜高速行驶的公路,能适应汽车 120 km/h 或更高的速度行驶。高速公路的表示方法如图 6-32(a)所示。

2. 等级公路

等级公路是指路基坚固,路面质量较好,附属建筑物和附属设施较完善,晴雨天均能通行汽车的道路,其铺面材料一般有水泥、沥青、碎石、砾石等。公路的宽度是指公路路基的宽度。

公路按其行政等级,区分为国道、省道、专用公路、县道、乡道及其他公路,其表示方法如图 6-32(b)、(c)、(d)、(e)所示;公路行政等级代码及技术等级代码如表 6-1、表 6-2 所示。

表 6-1 公路行政等级代码

公路行政等级	代码
国道	G
省道	S
县道	X
乡道	Y
专用公路	Z
其他公路	Q

表 6-2 公路技术等级代码

公路技术等级	代码
一级公路	1
二级公路	2
三级公路	3
四级公路	4
等外公路	9

国道是指具有全国性的政治、经济、国防意义，并确定为国家级干线的公路；省道是指具有全省政治、经济意义，连接省内中心城市和主要经济区的公路以及不属于国道的省际间的重要公路；专用公路是指专供特定用途服务的公路；县道、乡道及其他公路是指连接县城和县内乡镇的，或国道、省道以外的县际、乡镇际的公路。

等外公路是指路基不很坚固，路面只经过简单的修筑，质量较差，大都是沟通县、乡、村，直接为农业、林业或工厂、矿山运输的支线公路，汽车流动量不大，会让车困难。农村修筑的规划路，若路基质量较好，能通汽车的可用等外公路符号表示，并加注“土”字。

建筑中的公路是指已经定型且正在施工的公路，分别以相应级别的符号用虚线表示。

调绘各级公路时，各级公路宽度在图上大于符号尺寸的，依比例尺表示；小于符号尺寸的，放宽到符号尺寸表示。各级公路的宽度是指公路路基上缘的宽度。图上每隔 15 ~ 20 cm 注出公路技术等级代码、其行政等级代码及编号。

（四）城市快速路和高架路

快速路是指城市道路中有中央分隔带、具有四条以上车道、全部或部分采用立体交叉与控制出入、供车辆以较高速度行使的道路。其表示方法如图 6-33 所示。

高架路是指城市中架空的供汽车行驶的道路。图上宽度小于 1.2 mm 的按 1.2 mm 表示，大于 1.2 mm 的依比例尺表示。其符号为相应道路加点表示。连接高架路与地面道路引道两侧有斜坡的按路堤表示，支柱不表示，如图 6-33 所示。

（五）机耕路的调绘

机耕路在我国北方也叫大车路，是指路面经过简易铺修，但没有路基，一般能通行拖

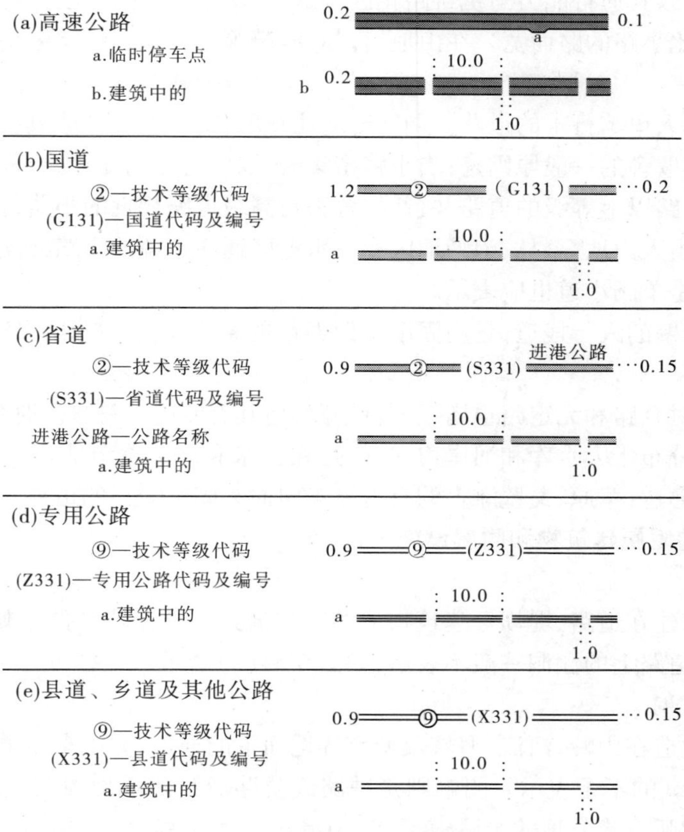

图 6-32　各级公路的表方法

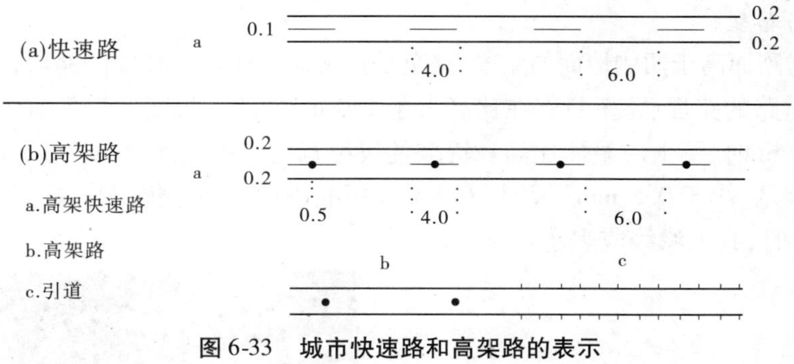

图 6-33　城市快速路和高架路的表示

拉机、大车等的道路,某些地区也可通行汽车。机耕路在像片上的影像为白色线状地物,一般通向公路、大的居民地或林场、养殖场等,容易判读。这种路基本上没有附属建筑物和附属设施,有些地区的机耕路甚至看不见人工修建的痕迹,仅是由大车碾压而成的。

我国北方地区用于下地生产的机耕路很多,可适当取舍;但通往河边、山区、矿井、采石场、林场、窑场、渡口、车站等处及连接公路和铁路的机耕路必须表示。

(六)乡村路和小路的调绘

乡村路是指通往城镇,连接集市、乡政府、大居民地的不能通行大车、拖拉机的道路。

调绘乡村路时应以其通行能力与机耕路相区分，以其作用与小路相区分，乡村路一般比机耕路的路面窄，比小路的路面宽。在山地、森林、沙漠等荒辟地区的驮运路，也用乡村路符号表示。

小路是供单人单骑行走的道路。调绘时应注意取舍，否则容易造成主次不分、图面不清晰的情况。其取舍的一般原则是：当小路密集时，取两村庄间捷径路，舍去绕行小路；当多条小路与乡村路以上等级的道路并行时，舍去与高级道路相近的小路；仅通田间的小路一般不表示，但出入山地、森林、沼泽地区和缺水地区通向水源的小路必须表示；对于人烟稀少地区，即使是羊肠小道也应表示。

通过悬崖绝壁的人行栈道，是用固定支架架设的悬空小道，也用小路符号表示，并加注“栈道”二字。

此外，还有时令路和无定路也属于人行小路，但其有专门的符号。时令路通常分布于沼泽地区，有的分布于大水库和河岸边，一般是在枯水和冰冻季节能通行，应调注通行月份；无定路则是海边、草原、戈壁滩上的有道路走向而无固定线路的道路。

（七）道路的附属建筑物和附属设施

1. 涵洞

涵洞是指修建在道路、堤坝等建筑物下的过水通道。铁路或公路上修建较正规的涵洞应表示，其他道路上的涵洞一般不表示，如图6-34（a）所示。

2. 隧道和明峒

隧道是指建造在山岭、河流、海峡及城市等地面下的通道，分火车隧道和汽车隧道，图上长度小于2 mm的不予表示。明峒则是铁路或公路通过陡峻地段，为了防止塌方用钢筋混凝土砌成的弧形或方顶的半隧道形式，与隧道符号一样，但应加注“明峒”。调绘时要把隧道两端的洞口位置表示准确，符号按真方向绘出。图6-34（b）为明峒的地面影像。

3. 路堤与路堑

路堤是指路面高于两侧地面的路段，路堑是指路面低于两侧地面的路段，如图6-34（a）所示。各类道路的路堤、路堑只有在比高大于1.0 m，且图上长度大于5 mm时才表示；当比高大于2.0 m时，图上应量注比高。堤坡的投影宽度在图上大于0.5 mm时，用依比例尺的长短线表示，小于0.5 mm的均用0.5 mm短线表示。当路堤上缘线与道路符号间隔大于0.2 mm时，其上缘线应表示。

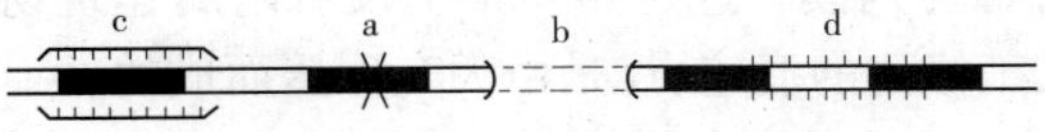

（a）

（b）

a—涵洞；b—隧道；c—路堑；d—路堤

图6-34　道路的附属建筑物

4. 路标和里程碑

路标是指设置在道路边上指示道路通达情况的标志，有方位作用的才表示。里程碑是指刻有道路通达里程的石碑，一般不表示，地物稀少地区可选择表示并注千米数。

5. 加油站、加气站

加油站、加气站是机动车辆添加动力能源的场所，图上只表示街区外的加油(气)站。能依比例尺表示的加油(气)站用房屋(或棚房)符号表示，并配置加油(气)站符号；符号配置在加油(气)柜的位置上或数个加油(气)柜分布范围的中心上。当房屋很小时，只表示加油(气)站符号。

加气站应加注“气”字，既是加油站又是加气站的应加注“油气”。

6. 桥梁

桥梁是供车辆或行人跨越河流、沟谷、海峡、渠道等障碍物而设计的交通建筑物。大型桥梁具有显著的方位目标作用和极其重要的政治、经济、军事意义，因此调绘中要准确表示。

桥梁一般均以砖、石、水泥为建筑材料，在航摄像片上为浅色色调，而与其相关的河流、植被为深色色调，因此具有明显的影像特征。桥梁不仅有道路连接，而且桥下河谷下陷，立体观察时有较强的悬空感，比较容易判读。

根据桥梁的通行能力一般将桥梁区分为车行桥和人行桥两大类。无论是车行桥还是人行桥，其图上长度大于 1 mm 时，依比例尺表示；否则按不依比例尺符号描绘。

(1)车行桥是指能通行火车、汽车等大型交通工具的桥梁。不区分造型、种类和建筑材料，一律用同一符号表示。对于四级以上公路的桥梁应加注载重吨数，著名桥梁的应加注名称。其表示方法如图 6-35 所示。

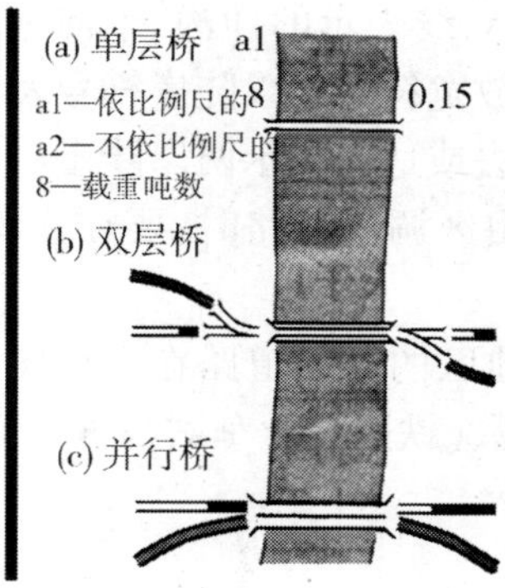

图 6-35　车行桥的表示方法

漫水桥是指桥面建在洪水位之下，洪水位时洪水漫过桥面的桥。浮桥是指由船、筏、浮箱等作为桥墩或桥身的桥，必要时桥的一部分可以断开，以便上下游船只通过。能通行车辆的漫水桥、浮桥也用车型桥符号表示，并分别加注“漫”、“浮”。

(2)人行桥是指供行人通过而不能通过汽车和其他大型车辆的桥梁。人行桥不区分建筑材料和造型均用同一符号表示。桥长在图上小于 1 mm 的用不依比例尺符号表示，大于 1mm 的依比例尺表示。亭桥、廊桥、时令桥也按人行桥表示，但应加注“亭”或通行月份。另外，还有铁索桥、级面桥、栈桥等，调绘时按图式规定符号表示。

此外，对于铁路、公路两用的双层桥，如武汉长江大桥、南京长江大桥等，按双层桥符号表示，如图6-35(b)所示。对于大城市中的立交桥，由于其结构越来越复杂，调绘时要注意认真表示。

(八)调绘道路应注意的问题

(1)双线道路彼此平行不能同时绘出各自符号时，应以高一级道路为主按真实位置绘出，次一级的可省去一条边线。同级道路彼此平行时，双方应各自稍加移位，两符号的相邻边线可公用。盘山公路不能各自绘出边线时同上述情况。

(2)双线道路彼此平行、靠近，不在同一平面上。当上面是铁路时，铁路按真实位置绘出，并绘堤的符号，公路可省去一条边线。当公路在上面时，公路移位加路堤符号绘出。

(3)道路等级要分明。公路、机耕路在中途变换等级，可按实际情况处理。其他单线表示的道路不得中途变换等级。

(4)与铁路并行的道路除小路外，一般均应表示。

(5)铁路在任何情况下不得移位表示，通过居民地时也不得缩小符号尺寸。当遇到突出的独立地物(如信号灯)紧靠铁路时，独立地物按真实位置表示，铁路符号可断开。

(6)铁路、公路与单线或双线河渠并行，两种符号不能同时绘出时，应以铁路、公路为主按真实位置绘出，河渠为次可适当移位绘出；单线路与单线或双线河渠之间的避让关系应以河渠为主按真实位置绘出，用单线路移位表示。

(7)道路与堤的关系：堤上为双线路时，以表示双线路为主，堤作为路堤表示；堤上通过单线路时，以表示堤为主，单线路绘至堤的两端；如果单线路在堤的中部相接，道路符号与堤应实线相交。

(8)道路与地貌的关系：道路与双线表示的冲沟、干河床重合时，如不能同时按真实位置绘出符号，冲沟、干河床可适当放宽符号或以陡崖符号表示。当道路与单线表示的冲沟、干河床重合时，后者可视情况舍去或适当表示两岸陡崖。

(9)道路符号应实线相交。在山区调绘道路时，要在立体下观察，以免造成爬悬崖、掉深涧的错误。

(10)铁路、公路以及人烟稀少地区的主要道路在自由图边出图廓时，要在图边处注明通往附近主要村镇的名称和千米数(铁路注至车站)，如“至××村 10 km”。

四、管线的调绘

管线是各种运输管道、电力线路和通信线路在测绘中的通称。管线在国民经济建设和人民生活中均有重要作用，同时也是判定方位的目标，管线是线状地物，因此在图上表示都是长度依比例而宽度不依比例的半依比例尺符号。

(一)管道的调绘

管道是指架设在地面上或地面下用以输送石油、煤气、水蒸气以及工农业用水等的各种输送管。调绘时要准确判定管道的起点、终点、转折点的位置，然后用相应符号表示，并加注输送物名称。对于居民地内的管道和图上长度小于1 cm的管道不表示，当管道架空跨越河流、冲沟、道路时，符号不中断。对于能判别走向的地下管道图上应表示，并绘出其入口。

（二）电力线、通信线的调绘

调绘电力线和通信线，要重点判刺转折点和岔点处的电杆位置，并在像片背面作出识别标记，以备清绘时查用。对于难以判定的电杆，则应以距离交会的方法实地测定，另外调绘时还应注意以下问题：

（1）电力线一般只表示6.6 kV以上且固定的高压电线；当电压在35 kV以上时，应加注电压数（以kV为单位）。通信线在一般地区不表示，但在地物稀少地区且较固定的或有方位作用的通信线应表示。

（2）电力线、通信线除遇街区式居民地必须间断外，通过其他地物如河流、道路等均不中断符号。

（3）在电力线密集的地区，调绘时可适当取舍，沿铁路、公路和主要堤两侧的电力线，在图上距道路或堤的中心线5 mm以内时可不表示，但在分岔处或出图廓线时，应绘出一段符号以示走向。

（4）凡是进入地下的电力线、通信线应准确判绘进出口位置并以虚线符号表示走向。

五、境界的调绘

境界是在地图上表示行政区划的界线，最高一级境界——国界是关系到维护国家主权和领土完整、影响国际关系的大事。国内各级境界也是国家实施行政管理，划分土地归属，影响当地人民生产、生活及安定团结的重要界线。因此，对境界的调绘必须慎重、仔细、准确，以防止发生错误，带来不良后果。

境界是一种在实地并不存在的线状地物。它是根据实际情况约定或规定的人为界线。这种界线有的以界桩、界碑等形式标定；而一般则是以地物、地貌的特殊部位为准，以图件或文件的形式划定，这些图件则成为划定境界的法律依据。因此，实地调绘境界主要是根据有关文件和图件，通过调查访问或在有关人员的指定下，把确认的境界位置准确地表示在调绘像片上。

（一）国界

国界是表示国家领土归属的界线。调绘国界应根据国家正式签定的边界条约或边界议定书及附图，会同边防人员一起经实地踏勘后，按实地位置精确绘出。在调绘国界时，应注意以下问题：

（1）国界应以实地位置不间断地精确绘出。界桩、界碑应按坐标值定位并注出编号。

（2）如果一个编号只有一个界桩，则称为一号单立界桩；一个编号有两个或三个界桩，则分别称为一号双立或一号三立界桩。如：当以河流中心线为分界线时，一般为一号在两岸双立；在河流中心分界与陆地分界转换处，一般为一号三立。当一号双立或三立的界桩、界碑在图上不能同时准确表示时，可以用空心小圆圈按实地的关系位置分别绘出，并注出各自的编号。国界的表示如图6-36所示。

（3）国界线上的各种注记不得压盖国界符号，并均应注在本国界内。

（4）国界经过地带的所有地物、地貌应详细表示。

（5）国界在以河流中心线为界、主航道为界的情况下，当河流内能绘出国界符号时，

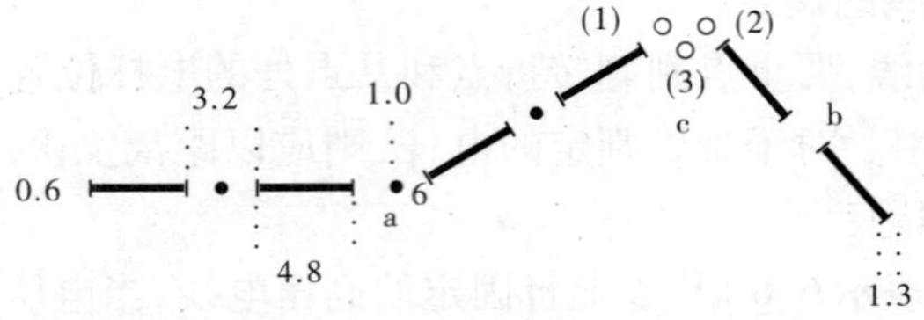

a—界桩、界碑及其编号；b—未定界；c——号三立的界桩、界碑及其序号

图 6-36　国界的表示

国界符号应不间断绘出，并分清岛屿、沙州、水中滩等的归属；当河流内容纳不下国界符号时，国界符号在河流两侧不间断交错绘出，岛屿等用附注标明其归属；以共有河流或线状地物为界的，国界符号应在其两侧每隔 3 ~5 cm 交错表示 3 ~4 节符号，岛屿用附注标明其归属；以河流或线状地物一侧为界的，国界符号在相应的一侧不间断表示，如图 6-37 所示。

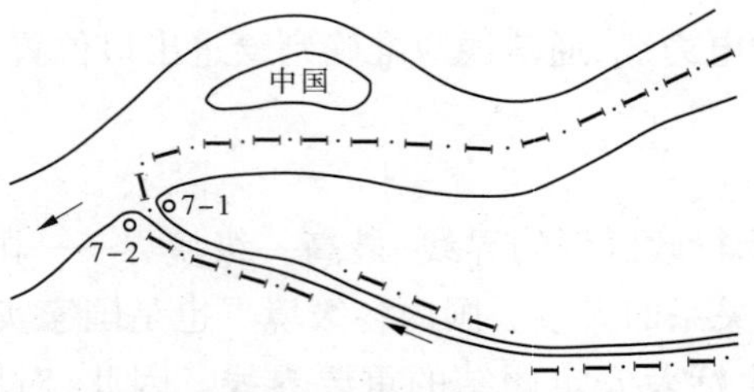

图 6-37　国界以河流为界的表示方法

(二)国内境界

国内各级境界包括：省界、自治区界、直辖市界；自治州、地区、盟、地级市界；县、自治县、旗、县级市界；乡、镇、国营农场、林场、牧场界以及自然保护区界和特殊地区界。国内各级境界符号表示如图 6-38 所示。

国内各级境界调绘应注意以下问题：

(1)各级境界与线状地物重合时(电力线、通信线、地类界等除外)，可沿地物两侧每隔 3 ~5 cm 交错绘出 3 ~4 节符号。以线状地物一侧为界时，可沿一侧每隔 3 ~5 cm 绘出 3 ~4 节符号。

(2)境界的转折点、交接点必须绘出符号，且应实线通过、实线相交。位于调绘面积线边缘和图廓线处的境界符号不能省略，必须绘出以示走向。在调绘面积线外，境界符号的两侧应分别注明不同行政区域的隶属关系。

(3)不与明显地物重合的境界，其界桩、界标、界线应以相应符号准确绘出。

(4)各级境界通过河流、湖泊、海洋时，所绘符号应明确表示出其中的岛屿、沙洲、沙滩等的隶属关系。境界通向湖泊、海峡时应在岸边水部绘出一段符号。当湖泊、海峡为三个省、市、县所共有时，应在交会处各绘一段符号。

(5)地类界、电力线、通信线等不能代替境界符号，当两种符号不能同时准确绘出时，地类界可稍移位，电力线和通信线可中断而境界照绘。

(6)两级以上境界重合时，只绘高一级境界符号，但在图上须同时注出两级名称，如 × ×省、× ×县。

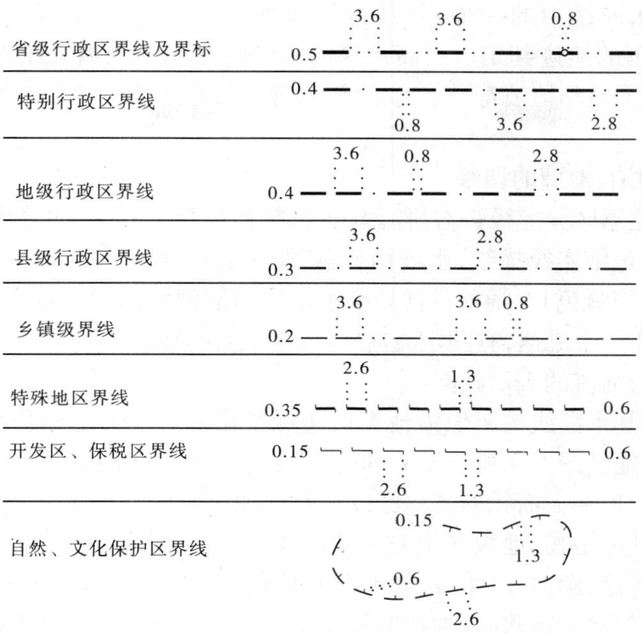

图 6-38　国内各级境界

(7)当一个管辖区内部有另一个管辖区的一部分地区时,则称此为“飞地”。“飞地”的界线用其所属行政区相同等级的境界符号表示,并在其范围内加注隶属注记。

(8)自然、文化保护区界是指政府部门已认定的保护自然生态平衡,珍稀动物、珍稀植物和自然历史遗迹的界线。特别行政区界是指我国的经济特区界、一国两制地区界等,以上两种界线应在其范围内注记相应的名称。国内各地区的高新技术开发区、经济开发区、农业开发区、保税区等,用开发区、保税区界线符号表示,并在其范围内注记名称。

(9)对于因界线不明确而发生边界争议的地段,应在相应部分加注“待定界”,或按政府部门公布的权宜画法表示。

六、水系的调绘

水系是江、河、湖、海、水库、沟渠、井、泉等各种自然和人工水体的总称。

水系与人类有着重要的关系,人们的日常生活、水力发电、航运交通、渔业生产都离不开水。水系的分布与地貌关系密切,如河流必定位于谷地(合水线),湖泊则位于该地的低洼处,水库一定修建于有一定汇水面积的地方等。虽然人类离不开水,但水流的泛滥又会给人类带来灾难,因此水流的利用和防护对国民经济建设有很大的影响,必须认真、全面、细致地调绘,并如实反映水系的各类特征。

(一)水涯线的调绘

水涯线是指水面与陆地的交界线,又称岸线。调绘水系最主要的问题之一就是确定水涯线。对河流、湖泊、水库的水涯线,一般按摄影时期的水位描绘,当摄影时期为洪水期或枯水期,水位变动较大时,需按常年达到的水位调绘。其方法是通过访问及实地对照水涯线残留的痕迹,结合像对的立体观察而确定。

高水界也是水涯线中的一种,它是常年雨季的高水位形成的岸线,可根据雨季河(湖)水侵蚀后留下的痕迹判定。当高水界与水涯线之间的距离大于图上 3 mm 时才表示,并加绘相应的土质和植被符号。对池塘、水库、单线表示的河流及实地界线不明显的高水界不表示。

(二)河流、湖泊、池塘的调绘

调绘河流要注意区分等级。对河流宽度在图上大于 0.5 mm 的依比例尺用双线表示(外业调绘时以黑色细实线描绘,水域用普蓝,图上宽度小于 0.5 mm 的用 0.1 ~ 0.5 mm 的单线表示(外业用绿色)。通航的河段须表示出通航河段的起止点及流速,并在图上每隔 15 ~ 20 cm 测注一个流速,有固定流向的江、河、运河须表示流向。

湖泊的调绘与河流的表示相同。

池塘调绘时,其水涯线按影像沿池塘的边缘绘出。对于图上面积小于 2 ~ 4 mm^2 的一般不表示;缺水地区图上面积小于 2 mm^2 的池塘可将符号扩大到 2 mm^2 绘出。池塘一般只取舍,不综合,但在大面积的基塘区或只有土埂相隔的池塘可适当综合,但应保持其原有的特征及对其他地物、地貌的相关位置。水涯线外业用黑色描绘。

沼泽地区的河流、湖泊、水潭等,如没有明显和固定的水涯线,用不固定水涯线表示。湖泊、池塘的水是咸水或苦水时,加注“咸”字或“苦”字。用以人工养鱼或繁殖鱼苗的,加注“鱼”字。

(三)时令河、时令湖的调绘

时令河、时令湖是指季节性有水的河、湖。调绘时以其新沉积物(淤泥)的上方边界为水涯线位置,并加注有水月份。双线时令河、湖的水涯线以黑色虚线描绘,中间涂淡蓝色,单线时令河则以绿色虚线表示。

(四)水库的调绘

水库是指建有堤坝的较大的蓄水场所,有溢洪道、出水孔,一般与渠道、河流连接。

溢洪道是水库的泄洪设施,用以排泄水库容纳不下的洪水,调绘时以干沟符号按实际宽度依比例尺表示,宽度小于 3 m 的可适当放大表示,有闸门的用水闸符号表示,并在溢洪道底部最高处测注高程,如图 6-39 中“b”所示。

泄洪洞、引水孔、灌溉孔、排沙洞等指的是同一个洞口,它也是水库的泄洪设施,符号绘在洞口上,如图 6-39 中“c”所示。水库的容量在 10 000 000 m^3 以上的或某些重要的小型水库,应加注正常水位的水库容量(以万 m^3 为单位),如图 6-39 中“a”所示。

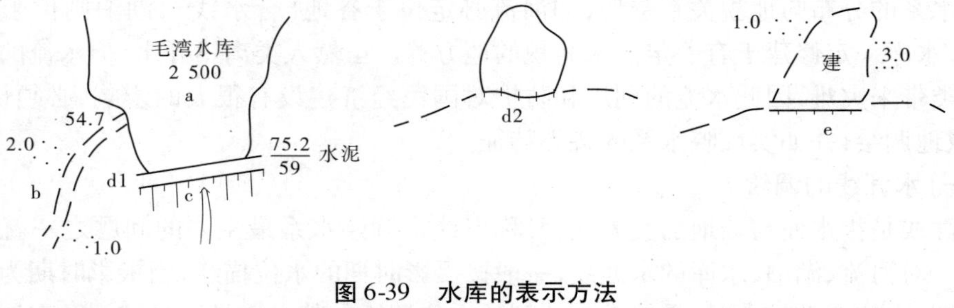

图 6-39　水库的表示方法

水库堤坝内侧投影宽度与水涯线间的距离图上大于 0.5 mm 的,应绘水涯线;小于

0.5 mm 的,可不绘水涯线。堤坝顶部宽度图上大于 0.5 mm 的,用双线依比例尺表示;小于 0.5 mm 的用单线符号表示。堤坝两侧的斜坡投影宽度图上大于 0.5 mm 的,用依比例尺长短线绘出;小于 0.5 mm 的按 0.5 mm 短线绘出,水库与堤坝之间的具体关系如图 6-40所示。

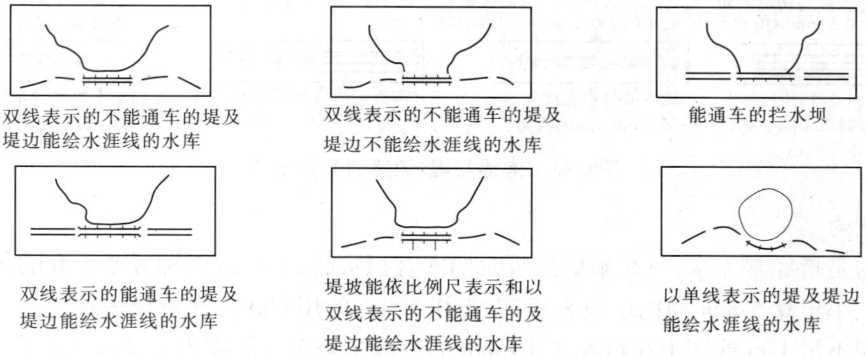

双线表示的不能通车的堤及堤边能绘水涯线的水库；双线表示的不能通车的堤及堤边不能绘水涯线的水库；能通车的拦水坝；双线表示的能通车的堤及堤边能绘水涯线的水库；堤坡能依比例尺表示和以双线表示的不能通车的及堤边能绘水涯线的水库；以单线表示的堤及堤边能绘水涯线的水库

图 6-40　水库与堤坝之间的具体关系

堤坝长度大于 50 m 或坝高大于 15 m 的,须加注坝长、坝顶高程和建筑材料。对于航摄后新增的大型水库,为了保持岸线与实地一致,应在水库周围选刺 3 个以上的常水位点,然后在立体镜下根据这些点描绘岸线。若不能刺准常水位点,则在附近刺出明显地物点并量取其至常水位线的比高。刺孔在像片反面用直径 5 mm 的红色圆圈进行整饰,并在像片边缘加以说明。

(五)沟渠的调绘

沟渠是指人工修建的供引水、排水的水道。沟渠的宽度是指沟沿间的距离,调绘时,沟渠的水涯线以渠道边缘为准。排碱、排水的沟渠应加注“排”字。沟渠的分级标准为:实地宽度在 3 m 以内绘 0.2 mm 粗的绿色单线(支渠),3 ~ 5 m 的绘 0.5 mm 粗的绿色单线(干渠),大于 5 m 的依比例尺双线表示(水涯线绘黑色细实线,中间普蓝)。渠道按其外形特征分为一般沟渠、有堤岸的沟渠和有沟堑的沟渠。

1. 一般沟渠

堤高、沟堑小于 1 m 的沟渠,均用一般沟渠符号表示。

2. 有堤岸的沟渠

当堤高出地面 1 m 以上,长度在图上大于 5 mm 时,按有堤岸的沟渠符号表示。堤的内侧直接伸入水面或虽分两层,但堤顶内边缘线与沟沿线间的距离在图上小于 0.5 mm 的,按有堤岸的沟渠符号表示;当堤的内侧成两层且堤顶内边缘至沟沿的间距在图上大于 0.5 mm 或堤内侧可通行时,按有堤岸的沟渠符号表示。堤顶与堤坡的表示方法与堤的表示方法相同。

3. 有沟堑的沟渠

沟渠两边形成高于沟沿的斜坡称为沟堑。当沟渠通过山隘等处挖下很深的沟堑,沟堑的上边缘线不能按真实位置绘出时:对于双线沟渠,沟堑符号的短线绘在沟渠符号内,短线可交错配置;对于单线沟渠,沟堑上边缘线可适当外移绘出,等高线也应作相应移动,以保持相关位置正确合理。对于沟堑比高在 1 m 以上且长度在图上大于 5 mm 时才表示，比高大于 2 m 的应标注比高。

沟渠与堤、沟堑的配合表示如图 6-41 所示。

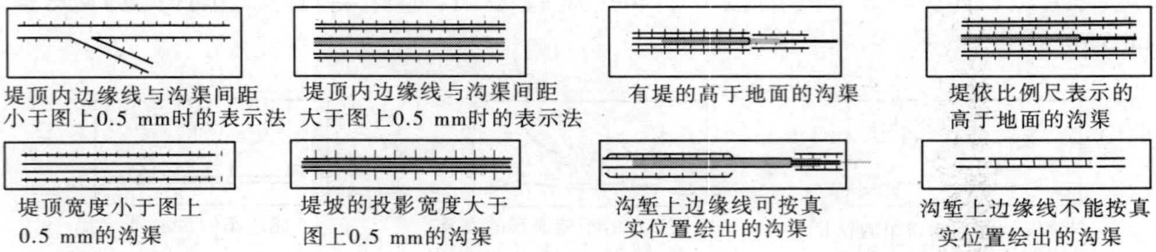

图 6-41　沟渠与堤、沟堑的配合表示

4. 干沟

干沟是指经常无水，只在雨后短暂时期内有积水的，未挖成而搁置或废弃的沟渠。宽度在图上小于 0.5 mm 的用单线表示，大于 0.5 mm 的用双线依比例尺表示。

沟深不足 1 m 或图上长度小于 10 mm 的一般不表示。深度大于 2 m 的应测注沟深。旧战壕也用干沟符号表示，并加注“战壕”。外业调绘时，干沟用棕色描绘。

5. 新增沟渠的补调

航摄后新增的较大人工沟渠应在实地进行补调。补调时在平地可利用四周明显地物精确判读沟渠的转折点，然后连接各转折点，并检查补绘的沟渠与周围地物、地貌的位置关系是否符合实地情况。在丘陵地、山地调绘新增沟渠比较困难，常易描绘不准，造成内业测图时与等高线发生矛盾，因此在描绘沟渠时要立体观察，使沟渠走向与实地保持一致。野外调绘时要求沿新增沟渠在像片上每隔 3 ~ 5 cm 刺准一个点，并在像片背面用直径 5 mm 的红色圆圈进行整饰说明，供内业测图时检查校正。

（六）干河床、干涸湖

干河床、干涸湖是指下雨或融雪后短暂时间内有水的河床或湖盆，一般有较固定的位置和明显的轮廓，调绘时要注意与时令河、湖的区别。

干河床图上宽度小于 0.5 mm 的以 0.1 ~ 0.5 mm 的渐变单线表示，大于 0.5 mm 的依比例尺按双线表示，大于 3 mm 的河床内应加绘相应的土质符号。干涸湖内也应填绘相应的土质符号，有名称的加注名称。

（七）水源的调绘

1. 水井

水井一般由井筒和井台两部分组成，有的水井还建有取水的提升设备。调绘时，居民地内的水井一般不表示，居民地外的水井一般应表示，但在缺水地区居民地内的水井也应表示。野外调绘时，井的符号用绿色描绘。用机械或电力为动力的水井，加注“机”字。机井或普通井在房屋内的绘房屋符号，旁边加注蓝色“机”或“井”字。

另外，调绘时每幅图还应均匀测注 3 ~ 5 个水井的地面高程。

对于自流井、温泉井、咸水井、苦水井、毒水井，均应按井的符号并加注“流”、“温”、“咸”、“苦”、“毒”等，有专用名称的加注名称。干旱地区的干井、枯井也用水井符号表示，加注“干”、“枯”等字。

2. 泉

泉是指地下水自然流出地面，形成涓涓细流或具有一定积水面积的水源。野外调绘时，泉水符号用绿色表示，符号的圆点绘在水口位置上，弯曲线表示泉水流出的方向。泉如果在建筑物内，一般应以表示建筑物为主，在建筑物符号旁边用绿色加注“泉”字。对于矿泉、温泉、毒泉、喷泉等，均以泉的符号表示，并分别加注“矿”、“温”、“毒”、“喷”等。

有大量天然水蒸气或水温 60 ℃以上水涌出的地热泉，应加注“地热”。

3. 贮水池、水窖

贮水池、水窖是指人工修建的蓄水、供水建筑物。贮水池一般为方形或圆形的地面建筑，像片上易于识别。水窖也称“旱井”，是黄土高原缺水地区存贮雨水的一种设施。水窖面积较小，一般建于地下，位置比较隐蔽，在像片上不易识别。

贮水池、水窖用同一符号表示。贮水池在房屋内的绘房屋符号，旁边加注“水”字。净化池、污水池及开采利用地热资源的地热池也用此符号表示，并加注“净”、“污”、“地热”。

4. 沼泽地、湿地

沼泽地、湿地是指经常湿润有积水，其上长有沼生植物、其下有泥炭堆积的地段，其对通行有很大障碍。沼泽地按其通行情况一般分为能通行和不能通行两种情况，调绘时主要依靠实地调查和向当地群众询问，以确定沼泽地是否能通行。沼泽地内的其他地物，如植被、棚房等用相应符号表示。盐碱沼泽应加注“碱”字。

（八）海岸的调绘

海洋占地球表面积的 71%，是水系的重要组成部分。我国大陆海岸线长达 18 000 km，海岸及其附近的海域是我国领土的重要组成部分。海洋地形很复杂，内容也很多，像片调绘海岸的内容主要是海岸线、干出滩范围及其性质。

1. 海岸线

海岸线是指平均大潮（朔、望潮）高潮时水陆分界的痕迹线，它既不是平均海水面与陆地的交线，也不是一般的高潮时所形成的岸线，而是大潮高潮面与陆地的交线。所谓大潮，就是在月球公转一个周期（29.5 d）中海水涨得最高、落得最低、潮差最大的潮，一般在农历每月初一和十五前后出现大潮。地形图上是以海岸线作为海洋的范围线和灯塔、灯桩、立标的高度起算面。调绘所用的航摄像片，一般不是在大潮高潮时摄影的，摄影时的水涯线一般不是海岸线的位置，因此调绘时应根据大潮高潮时所形成的海蚀阶地、海滩堆积物和海滨植物确定海岸线。对于难以确定的地段，可询问当地群众解决。海岸线外业调绘仍以水涯线（黑实线）表示，水域部分普染淡蓝色。

2. 干出滩

干出滩是指海岸线与最底底潮界之间的潮浸地带，也称海滩。在像片上直接判绘大潮的最底底潮界（干出线）几乎是不可能的，因为摄影时干出线一般被水淹没，在像片上没有影像。因此，调绘时，可不绘干出线，仅在大概范围内配置相应干出滩符号即可。当干出滩的宽度在图上小于 3 mm 时可不表示。海水中的水产养殖场以地类界符号绘出范围，并注产品名称。干出滩上的各种管线和工业设施（如海中管道、海底电缆等）用相应图式符号表示，干出滩上的潮水沟，图上只表示固定的和较大的。

3. *礁石*

礁石是指海洋中隐现于水面由岩石或珊瑚构成的海底突出物,一般分为明礁、暗礁、干出礁。明礁是指露出平均大潮高潮面的,图上面积小于10 mm^2 的礁石。若面积大于10 mm^2 则须绘海岸线按岛屿表示。暗礁是指在最低低潮面下的礁石。干出礁是在平均大潮高潮面下、露出于最低低潮面上的礁石。

调绘时一般表示有方位及障碍作用的明礁和对航行安全有危害的干出礁及暗礁,并可参考海图等有关资料的转绘。

(九)陡岸的调绘

陡岸是指岸坡比较陡峻、坡度大于50°的地段。对于图上长度大于5 mm、比高大于1 m的才表示,比高大于2 m 的须测注比高。

1. *有滩陡岸*

有滩陡岸是指陡岸下缘与水涯线之间有滩的陡岸。其岸顶线与水涯线均应按实地位置调绘。河滩宽度在图上大于2 mm 时,应绘相应的土质、植被符号。有滩陡岸符号用棕色描绘。

2. *无滩陡岸*

陡岸的岸坡直接伸入水面的为无滩陡岸,外业调绘用绿色描绘。对于双线河上的无滩陡岸,其岸顶线与水涯线均按实地位置测绘,水涯线可终断至陡岸符号处。单线河上的无滩陡岸及双线河内绘不下无滩陡岸符号时,陡岸符号可在水涯线外侧紧靠水涯线绘出。海岸线上的陡岸均以无滩陡岸表示。

(十)水系的附属建筑物和附属设施

1. 堤

堤是指由人工建筑的高出地面有重要防洪、防潮的建筑物。其有较规则的形态,横截面为梯形且成带状分布,分干堤和一般堤两种,如图6-42 所示。

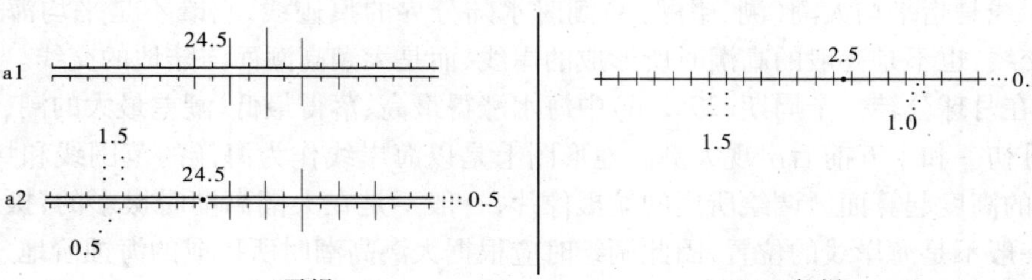

(a)干堤　　(b)一般堤

图6-42　堤的表示

不论土堤或石堤,凡有重要防洪、防潮作用或堤顶宽度在图上大于0.5 mm 或实地基底宽大于10 m 或堤高在3 m 以上的均以干堤符号表示,其他则用一般堤符号表示,如图6-42所示。图上一般只表示高1 m 以上的堤,但有方位作用1 m 以下的也应表示。伸入水面的防波堤,两侧的水涯线不表示。主要堤应由内业测标堤顶高程,一般堤的比高在2 m 以上时,野外应量注比高。

堤坡的投影宽度在图上大于0.5 mm 的用依比例尺长短线表示,小于0.5 mm 的均用

0.5 mm 的短线表示。当水域边的堤其内侧斜坡边缘线与水涯线间距在图上小于 0.2 mm 时,水涯线可不表示。但当堤顶内侧线与水涯线的距离在图上小于 0.5 mm 时,堤可不表示内侧边缘线及斜坡,外侧边缘线及斜坡按实地位置表示。

堤上地物按相应符号表示。连接双线表示的道路时,堤作为路堤表示;连接单线表示的道路时,不表示道路符号,路表示至堤端。

2. 渡口、徒涉场

渡口是指载运人、畜、车辆过河的场所,分人渡、汽车渡和火车渡等,能载渡汽车和火车的渡口应加注载重吨数,火车渡还应加注“火车”。

徒涉场是指人、畜、车辆能涉水过河的场所。单线河、渠上的徒涉场以道路本身符号直接通过河渠表示。

3. 闸、坝

水闸是指设在河流、渠道中有闸门开启,用以调节水位和控制流量的人工建筑物。无论何种水闸,图上只区分不能通车和能通车两种情况进行表示,符号的尖端指向上游。

船闸是控制水位、引导船只通过拦水坝的闸门。其两端有闸门封闭,两闸门之间建有人工水道,将水位升高或降低,使船能在不同高低水位的水道间通行的设施。船闸的闸门上部根据其通行情况区分能通车的和不能通车的闸门;图上长度大于 1.9 mm 的闸门,用闸门符号加依比例尺双线表示。两闸间距小于 3 mm 的只表示主闸。

拦水坝、滚水坝是指河流中拦截水流并借以抬高水位加以利用的堤坝式人工建筑物。凡水流经常或季节性从坝顶溢过的,称为滚水坝;其他为拦水坝。图 6-43 为拦水坝的地面摄影像片,图 6-44 为滚水坝的地面摄影像片。拦水坝不区分建筑形式和建筑材料,只区分不能通车和能通车的两种符号表示。对于坝长大于 50 m 或高大于 15 m 的拦水坝,应注坝顶高程、坝长和建筑材料。单线河上的滚水坝不表示。

图 6-43　拦水坝

图 6-44　滚水坝

4. 输水渡槽

输水渡槽是指人工架设的引水建筑物或高架水道。当沟渠必须从空中通过洼地、河流、道路时,常修建输水渡槽。图 6-45 为输水渡槽的地面摄影像片,其表示方法如图 6-46 所示,有名称的输水渡槽应加注名称,废弃的加注“废”字。

5. 码头

码头是指供船舶停靠、上下旅客及装卸货物的场所,按其建筑形式区分为固定顺岸式

图 6-45　输水渡槽

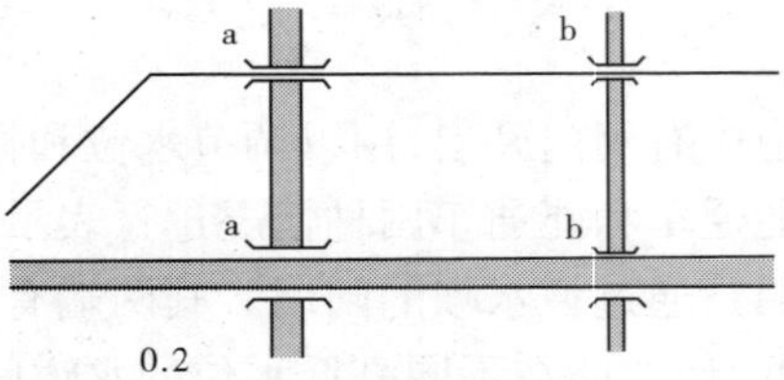

图 6-46　输水渡槽的表示

码头、固定堤坝式码头和浮码头三种。码头在航摄像片上有较清晰的影像，其影像形状可反映码头的不同建筑形式。大型码头还有仓库、货物堆放场、集装箱货场、货物装卸设备等，并有铁路、公路与其相连，在像片上易于识别。

固定顺岸式码头又称横码头，它是沿河岸修建直接停靠船只的码头；固定堤坝式码头又称直码头，它是沿垂直于岸线并与岸线斜交的方向修筑堤坝，堤的两侧均可停靠船只；浮码头也称趸船式码头。在水位涨落较大的江河港湾，将趸船锚碇于岸边，以栈桥或浮桥与岸连接，船只停靠在趸船边，图 6-47 为浮码头的地面摄影像片。

图 6-47　浮码头

码头按其建筑形式用相应符号表示，如图 6-48 所示。码头在图上的宽度小于 0.5 mm、长度小于 2.0 mm 的不依比例尺表示；图上宽度小于 0.5 mm、长度大于 2.0 mm 的半依比例尺表示；图上宽度大于 0.5 mm、长度大于 2.0 mm 的依比例尺表示。有名称的码头应注出名称。兼作码头用的防洪堤用堤坝式码头符号表示。

6. 助航标志

助航标志是一种供船舶在航行中进行识别、定位、引导、避让障碍物或测定各种航行

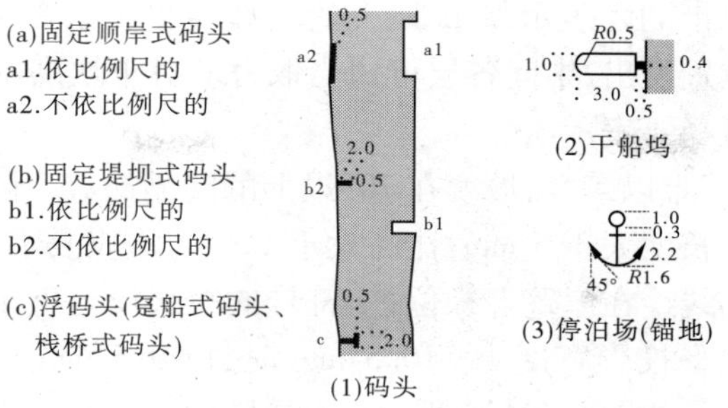

图6-48　码头的表示方法

要素的专门设施。它包括灯塔、灯船、浮标、岸标、信号杆、系船浮筒等，调绘时均按图式要求表示。

七、地貌和土质的调绘

地貌是地球表面起伏变化的自然形态。按比高和坡度大小可分为山地、丘陵地和平原，按地貌的成因可分为构造地貌、流水地貌、海岸地貌、岩溶地貌、黄土地貌、冰川地貌、干燥地貌等。土质是指覆盖在地壳表层的土壤性质，如沙地、砂砾地、盐碱地、石块地等。

地貌和土质是地形图的基本要素，它们与国家经济建设、国防建设有着密切的关系。因此，调绘时要求正确反映其性质、位置、形态和分布范围等特征。地形图上的地貌都是用等高线和特定地貌、土质符号配合表示的。等高线测绘主要由航测内业用立体测量方法完成，而地貌和土质的调绘主要是判读和表示应该用特定地貌符号和土质符号所表示的内容，以正确反映地貌形态特征和土质类别。

（一）地貌元素的调绘

1. 冲沟

冲沟是指在土质松散、植物稀少的地面受雨水急流冲蚀而逐渐形成的长条状沟壑。冲沟两侧有明显的陡壁和坡折线，难以攀登。黄土高原地区，由于土质松软，易受地表水侵蚀，因此冲沟甚多且分布范围广，是黄土地区最普遍的地貌形态。这些冲沟长度可由几米到几十千米，深度可由几米到几十千米，它们阻碍交通，对工农业生产也十分不利，因此地形图上必须注意表示。调绘冲沟应注意以下几个问题：

（1）冲沟宽度在图上小于0.5 mm时，用0.1～0.5 mm单线表示；宽度在0.5～1.5 mm时，用双线表示；宽度在1.5 mm以上时，沟壁用陡崖符号表示；宽度大于3 mm时，应由内业加测沟底等高线。

（2）调绘冲沟时应在立体观察下，按影像准确描绘沟壁上边缘线，以保证冲沟边缘线、沟头、沟口及拐弯处位置准确。

（3）冲沟密集时可适当取舍，但不能综合。取舍程度应以保持该地区的冲沟地貌特征为原则。

（4）冲沟深度大于2 m时须测注沟深。描绘冲沟的符号一律用棕色。

（5）冲沟底部的其他地物，如小溪、植被、堤坝等应按规定调绘。

2. 梯田坎、陡崖

梯田坎是指依山坡或谷地由人工修建成的阶梯式农田的陡坎。它是山区农田的重要特征。对于坎高 1 m 以上的才表示,2 m 以上的应择要测注比高。梯田坎密集时,最高、最低一层陡坎按实地位置绘出,中间各层可适当取舍。对于坎高不足 1 m 的大面积梯田坎,为了显示其特征,可择要表示。

陡崖是指形态壁立,难以攀登,坡度在 70°以上的陡峭崖壁。陡崖分为土质陡崖和石质陡崖两种。对于图上长度大于 5 mm,比高大于 1 m 的均应表示,比高大于 2 m 的应测注比高。陡崖符号的实线绘在崖壁上缘位置,符号的短线应与整个陡崖水平投影宽度相适应。土质陡崖图上水平投影宽度小于 0.5 mm 时,以 0.5 mm 短线表示;大于 0.5 mm 时,依比例尺用长线表示,如图 6-49(a)所示。石质陡崖图上水平投影宽度小于 2 mm 时,以 2 mm 表示,大于 2 mm 时依比例尺表示,如图 6-49(b)所示。

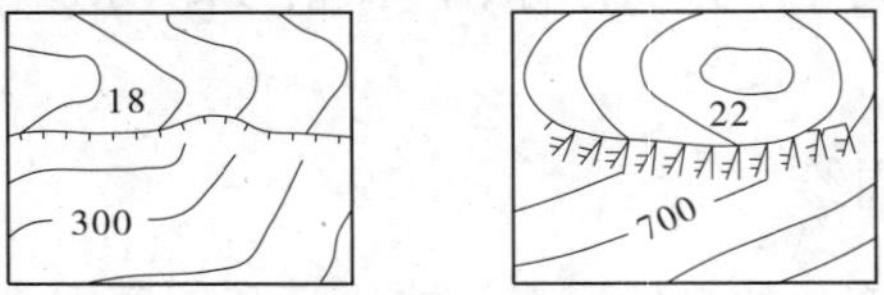

18,22—比高

(a)土质陡崖　　(b)石质陡崖

图 6-49　陡崖

调绘梯田坎和陡崖时,要注意两者的区别,两者都是陡坎,且土质陡崖与梯田坎符号类似,但梯田坎是人工地貌,分布在耕地范围内。如果陡坎上下都是耕地,一般应是梯田坎,用黑色描绘符号;陡崖是天然地貌,沟地、山坡均有可能出现,当陡坎上下都不是耕地时,一般应是陡崖,用棕色描绘符号。

3. *陡石山、露岩地*

陡石山是指全部或大部分岩石裸露且坡度大于 70°的陡峻山岭。陡石山一般很少有土壤及植被覆盖,调绘时要注意与石质陡崖相区别,陡石山的岩石连绵成一片,而石质陡崖只出现在某一地段,不能形成一片山岭。露岩地是一种与陡石山相类似的地貌形态,它是原生的岩石裸露地段,在其隙缝中仍有土坑和生长着的植被。露岩地不像陡石山那样岩石连成一片,而是一块一块地露出于地面。

野外调绘时,对于大面积范围的陡石山、露岩地,外业可不绘符号,而将其范围用红色实线标出,并用红色加注“陡石山”、“露岩地”;小面积的陡石山,露岩地则按图式规定符号用棕色描绘。

其他地貌元素的调绘,如崩崖、滑坡、独立石、土堆、坑穴、山洞、石灰岩溶斗、泥石岩墙等,按图式规定认真表示。

(二)土质元素的调绘

1. *石块地*

石块地是指岩石受风化作用破坏而形成的石块堆积地段。在航摄像片上呈现出黑色细小点状影像。调绘时要注意与露岩地的区别:石块地的石块是“外来”的、无“根基”的岩石,而露岩地是有“根基”的岩石。描绘时以两个棕色三角块符号为一组,按实地分布范围散列配置。

2. *砂砾地、戈壁滩*

砂砾地是指基岩经长期风化和流水作用而形成的砂和砾石的混合分布地段,主要分布在离石山较近的干河床、河漫滩、河流上游沿岸、海边干出滩等地段。

戈壁滩在蒙古语中为“荒漠”的意思，指地表为砾石和粗沙覆盖，只生长少量的耐碱草类及灌水的地段，主要分布于内蒙古北部、塔里木盆地、准噶尔盆地、柴达木盆地及宁夏、甘肃西北部和青海北部。调绘时，砂砾地和戈壁滩均用同一符号（棕色）描绘。

3. 盐碱地

盐碱地是指地面为盐碱聚积的地区，多分布于降水量少且排水不畅的平地或曾受海水浸泡的地段。盐碱地在像片上的色调因含水量和耐酸碱植被覆盖度不同而异，干燥处呈白色或浅灰色，潮湿处或有植被覆盖处呈灰色或深灰色，组成浮云状的斑纹图案，容易识别。

干燥盐碱地坚硬，对工程构筑、农田耕作有影响；潮湿盐碱地泥泞，通行困难。调绘时只表示不能种植作物的盐碱地，在其分布范围内散列配置符号用棕色描绘，不绘地类界。

4. 残丘地、小草丘地

残丘地是指由于风蚀或其他原因形成的成群石质或土质小丘，残丘的形态与地表岩石性质和风向稳定程度有关，我国西北干燥地区主要有风城劣地、风蚀劣地和风蚀雅丹三种形态，调绘时要注意符号的圆弧一端迎风描绘。

小草丘地是指在沼泽地、草原和荒漠地区，长有草类或灌木的小丘成群分布的地区。草丘矮小，一般不高于 1 m。

5. 沙地

各种形态的沙地在地貌学上称为风沙地貌。风沙地貌主要分布在干旱地区，那里气候干燥，降水量少，植物稀疏矮小，风暴频繁，在强烈的物理风化作用下，形成了各种形态的沙地地貌。

我国的沙漠面积约为 109.5 万 km^2，占全国总面积的 11.4%，主要分布在西北和内蒙古等地，海滩、河滩也有少量分布。这些地区蕴藏着丰富的矿产资源，也是防风固沙、改造自然、发展生产的重要地区，在经济上有重要意义。外业调绘主要是确定沙漠的形态和沙漠地区的其他地物。沙地地貌按其活动程度分为固定沙地地貌和不固定沙地地貌；按沙漠的形态特征，又可区分为平沙地、灌丛沙堆、新月形沙丘及沙丘链、垄状沙丘、窝状沙丘五种类型。

（1）平沙地是指沙面平坦、没有明显起伏的沙地。一般分布在风力较弱和季风不强、地势低洼的地方，在航摄像片上一般呈白色或灰白色，描绘时以棕色细点表示。

（2）灌丛沙堆是指每个沙丘均生长沙生灌丛而又成群分布的小沙丘群体。灌丛沙堆是流沙遇植被阻挡而逐渐堆积成的，大多数发育在水分条件比较好的地区。

（3）新月形沙丘因沙丘的平面形状呈月牙形而得名。数个新月形沙丘连结成沙丘链，其延伸方向与主导风向垂直。图 6-50 为其航空摄影的立体像对。

（4）垄状沙丘是指沙漠地区顺着主要风向延伸的堤垄状沙地。垄长一般十几米至几百米，甚至数千米，高 5 ~ 30 m。多条沙垄间彼此大致平行，在像片上阴影明显，有立体感，易识别。图 6-51 为其航空摄影像片。

（5）窝状沙丘是指在沙漠地区因风力作用而形成的大片沙坑。大而稀疏的地段称为沙窝地，小而密集的地段称为蜂窝状沙地，均以同一符号表示。

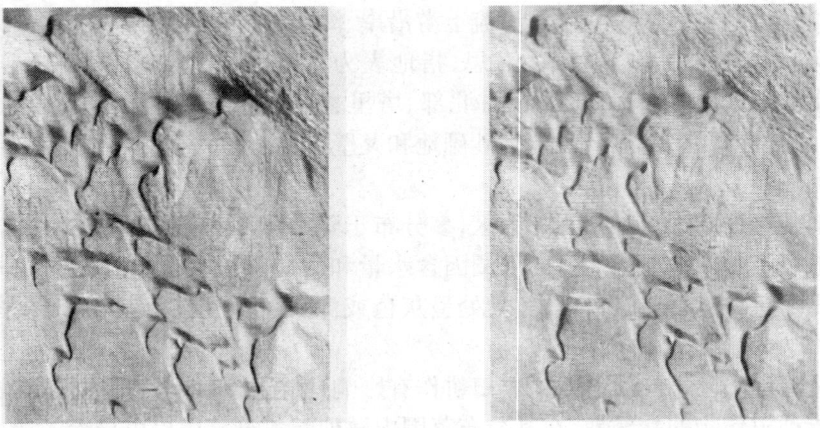

图 6-50　新月形沙丘(像对)

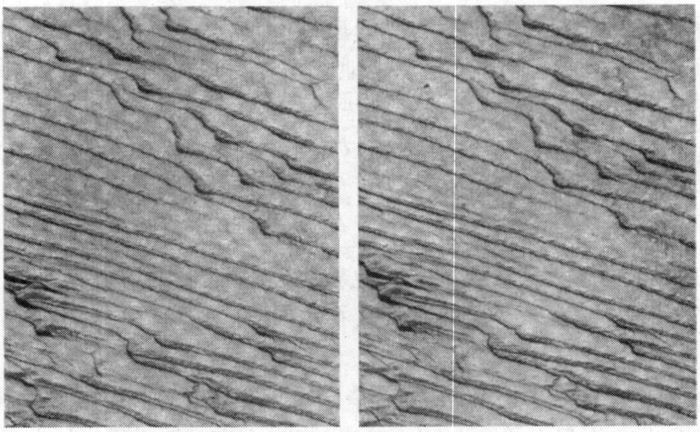

图 6-51　垄状沙丘(像对)

调绘大面积沙地时,外业可不绘沙地符号,在判明沙地性质、形态和分布范围后,用红色实线绘出范围,再加注相应的沙地类型说明即可。对于小面积沙地则应按图式规定的符号表示。由于沙漠地区气候干燥、水源缺少、植物稀少、交通困难,因此在调绘时应十分注意对水源、植被、道路及其他地物的调绘和表示。

(三)雪山的调绘

雪山是常年积雪的粒雪原、冰川等分布区的总称。我国的冰川大多分布在西南、西北的高山地区,面积有数万平方千米。正确地调绘雪山对国防建设和科学研究有重要作用。图 6-52 为常年被冰雪覆盖的珠穆朗玛峰。

1. 雪线

雪线是指终年积雪区域的下部界线,它是雪山与非雪山的分界线。由于各地温度不同,降雪量和地形情况不同,雪线的高度并不一样。雪山范围用地类界表示。

2. 粒雪原

粒雪原是指雪线以上堆积有大量粒雪的地方。粒雪是指雪花经反复融冻所形成的颗粒状雪粒。外业调绘粒雪原时,用雪山等高线配合蓝点表示。

图 6-52　珠穆朗玛峰

3. 冰川

冰川是指沿地面倾斜方向移动的巨大的可塑性冰体，在内业以雪山等高线表示。冰川的上部是粒雪原，有名称的冰川应调注专有名称。

4. 冰裂隙

由于冰川本身质量、冰川的起伏和冰川各部分运动速度不同，在冰川表面断裂产生的缝隙称为冰裂隙。其符号大小和方向应与实地一致。

5. 冰陡崖

冰陡崖是指冰川在流动过程中，由于温度、速度、地形坡度的变化及其他原因，冰体会产生巨大的横向断裂而形成陡崖，调绘时用陡崖符号表示并加注“冰”字。

6. 冰碛

在冰川运动过程中，混入冰体内的岩石碎屑随着冰川一起运动；当冰川运动到中下游时，气温升高，冰川溶化，岩石碎屑便逐渐堆积在冰床上，冰床上这些堆积物称为冰碛。冰碛在像片上呈黑色点状、长条形分布。调绘时用棕色三角块和细点符号表示。

7. 冰塔

冰塔是指在冰川的中下段，由于冰川逐渐融解形成的巨大冰峰。冰塔在像片上的影像呈白色，立体镜下可以看见耸立的冰峰，一般只表示 5 m 以上的冰塔。对于冰塔丛立地区可进行取舍。

8. 冰斗湖

冰斗湖是冰川融退后冰斗积水形成的湖泊。图上面积大于 1 mm^2 时才表示。

八、植被的调绘

植被是覆盖在地面上的各种植物的总称。植被不仅可以绿化荒山、美化环境、更是人类不可缺少的自然资源。在经济建设中，对于发展生产、保持水土、防风固沙、调节气候等均有重要作用,因此应重视植被的调绘。

由于植被在实地分布范围较大,品种繁多,生态环境也各不相同,不同季节呈现不同的状态和颜色,因此植被在航摄像片上的构像情况也比较复杂。调绘时要注意利用植被影像的色调特征、纹理特征、树冠的形状特征及其他的相关特征来仔细判读,正确反映植被的类型、疏密程度和分布特点。

(一)地类界的调绘

地类界是区分各类用地界线的符号,野外调绘为了描绘方便,用红色细实线描绘。调绘地类界应注意以下问题:

(1)要注意并不是所有的植被都要调绘地类界,要求调绘地类界的是指各种密集成林,分布面积较大的植被,如成林、幼林、苗圃、花圃、竹林、密集灌木林、经济林、经济作物地、菜地、稻田、旱地及非常年积水的水生作物地等。不绘地类界的是指分布轮廓线不明显或不能表示分布范围的植被,如疏林、高草地、草地、半荒草地、荒草地、迹地等。

(2)地类界必须封闭,地类界的某些明显突出拐角应按真实位置准确描绘,地类界弯曲很多时,图上小于 2 mm 的弯曲部分可综合取舍。

(3)地类界与道路、河流、陡崖、垣栅等地面上有实物的线状地物重合时,可省略不绘,但与境界、电力线、通信线、等高线等地面上无实物存在的符号重合时,地类界符号不能省略,应移位绘出。

(4)地类界被线状地物分割时,在其分割的各部分内至少要绘一个符号,不能让其空白,否则有可能误判为其他地物。

(5)描绘植被符号时,不得截断或接触地类界和其他地物符号。

(二)成林

成林是指林木进入成熟期、郁闭度(树冠覆盖地面程度)在 0.3(不含 0.3)以上、林龄在 20 年以上的、已构成稳定的林分(树木的内部结构特征)能影响周围环境的生物群落。成林分针叶林、阔叶林和针阔混交林。图上面积大于 25 mm^2 的成林应表示,在其范围内每隔 5 ~ 20 mm 散列配置针叶林、阔叶林或针阔混交林符号,如图 6-53 中(a)、(b)、(c)所示。

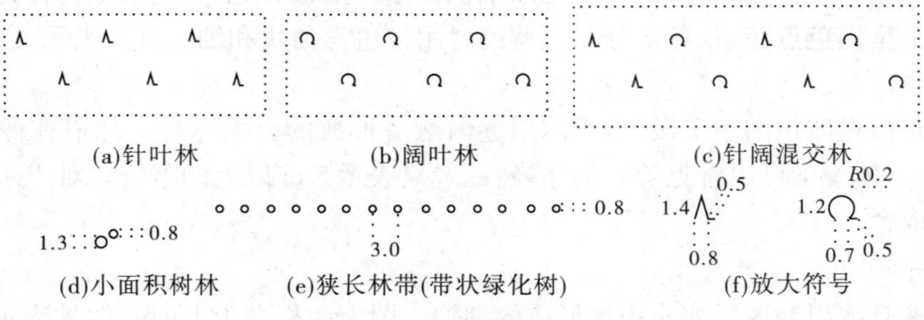

图 6-53 成林符号的表示

图上面积小于 25 mm^2 的成林用小面积树林符号,如图 6-53(d)所示。符号的大圆表示在林地中心位置上,小圆配置在方便处。

图上宽度小于 2 mm 、长度大于 5 mm 的成林用狭长林带符号,如图 6-53(e)所示,其长度依比例尺表示，图上长度大于 10 mm 的田间密集整齐的单行树，也用狭长林带符号表示。

（三）幼林、苗圃

幼林是指林木处于生长发育阶段，通常树龄在 20 年以下，尚未达到成熟的林分。苗圃是指固定的林木育苗地。幼林、苗圃在图上面积大于 25 mm^2 时才表示，在其范围内整列式配置符号，大于 50 mm^2 时要加注"幼"、"苗"字。

（四）疏林

疏林是指树木比较稀疏，郁闭度为 0.1～0.3 的林地。调绘疏林时不区分树的高度和种类，均按实地树木稀疏情况在其范围内配置相应符号表示，但应注意疏林不绘地类界，可与其底层的土质、植被配合表示。

（五）灌木林的调绘

灌木林是指成片生长、无明显主干、枝叉丛生的木本植物地。攀援崖边的藤类和矮小的竹类植物也属于灌木林类。灌木林按其地面的覆盖程度区分为密集灌木林和稀疏灌木林。

覆盖度在 40% 以上且图上面积大于 25 mm^2 的灌木林，以密集灌木林符号散列配置表示；覆盖度在 40% 以下且图上面积大于 25 mm^2 的灌木林，以稀疏式灌木林符号按实地灌木分布情况散列配置表示。

图上面积小于 25 mm^2 的灌木林和有方位作用的灌木丛，用小面积灌木林符号表示。如果在疏林、竹林、草地、盐碱地、沼泽地、沙地内杂生有零星的灌木，用灌木丛符号散列配合表示。

图上宽度小于 2 mm、长度大于 5 mm 的成长条分布的灌木林，用狭长灌木林符号表示；图上长度小于 5 mm 的用灌木丛符号表示。

（六）竹林的调绘

竹林是指各类竹子生长比较茂盛的林地。竹林在我国长江流域以南地区分布比较广泛，有重要的经济价值和一定的方位、隐蔽和障碍作用。竹林的种类很多，如毛竹、斑竹、青皮竹、水竹等，野外调绘不区分竹林的种类和竹子的粗细，均用竹林符号表示，并按面积的大小和分布特征区分为大面积竹林、小面积竹林、竹丛和狭长竹丛三种表示方法。

（七）园地

园地包括经济林和经济作物地，是指以种植果树为主，集约经营的多年生木本和草本作物，覆盖率大于 50% 或每亩株数大于合理株数 70% 的土地。

（1）经济林是指以生产果品、食用油料、饮料、调料、工业原料和药材为主要目的的树木，如茶园、桑园、橡胶园等。图上面积大于 25 mm^2 的经济林，用大面积经济林符号按整列式绘出，图上面积大于 50 mm^2 的经济林，要加注相应的林木名称。图上面积小于 25 mm^2 的经济林，用不依比例尺符号表示。田间和居民地内、外的零星经济树一般不表示，在树木稀少地区选择表示。

（2）经济作物地是指由人工栽培、种植比较固定的多年生长植物，如甘蔗、麻类、香蕉、药材、香茅草、啤酒花等。经济作物与其他作物轮种的，不按经济作物地表示。图上面积大于 25 mm^2 的，符号按整列式配置，面积大于 50 mm^2 的应加注相应产品名称，如"橡胶”、“苹”、“桑”、“茶”、“油茶”、“蔗”、“麻”、“药”等。图上面积小于25 mm^2 的经济作物地一般不表示。

(八)水生作物地

水生作物地是指湖泊、池塘中,固定生长的有经济价值的各种水生植物,如菱角、藕、茭白等。图上面积小于25 mm^2 的不表示,大于2 cm^2 的除表示符号外,还要加注品种名称。对于非常年积水的水生作物地(如藕田),在图上用不固定水崖线加符号表示。

(九)独立树、独立树丛、零星树木、行树的调绘

(1)独立树。指具有良好的方位作用或著名的单棵树,按针叶、阔叶、棕榈(椰子、槟榔)用相应符号表示。著名的应加注名称。调绘独立树时,不能以其高低、大小为标准,而主要是看与周围地物比较,是否有明显、突出的方位作用。

(2)独立树丛。指有方位作用的成丛生长的树木,按针叶、阔叶或针阔混交树丛及棕榈树丛用相应符号表示。调绘独立树丛时应注意与小面积树林的区分。

(3)零星树木。指散生在田间、水边、村落附近或杂生在灌木林、草地中的零散树木。对于田间和居民地内外的零星树木一般不表示,但在树木稀少地区应选择表示。

(4)行树。指沿道路、沟渠和其他线状地物一侧或两侧成行种植的树木或灌木。

(十)高草地、草地、半荒草地、荒草地的调绘

(1)高草地。指芦苇地、席草地、芒草地、芨芨草地和其他高秆草本植物地。图上面积大于2 cm^2 时应加注植物名称。

(2)草地。指草类生长旺盛、覆盖度在50%以上的地区,如干旱地区的草原、沼泽、湖滨地区的草甸等。人工种植的绿地也用草地符号表示。

(3)半荒草地。指草类生长比较稀疏,其覆盖度在20% ~50%的地区。

(4)荒草地。指植物特别稀少,其覆盖度在5% ~20%的地区。一般只表示位于气候特别干旱和土壤贫脊地区的荒草地。

(十一)稻田、旱地、菜地的调绘

(1)稻田。指种植水稻的耕地。不区分常年积水或季节性积水,种一季或多季,以及和其他农作物轮种的水稻田,均按稻田符号表示,并绘地类界。对于分布在山沟中的狭长稻田,图上宽度小于3 mm时,可不绘地类界,按实际情况散列配置符号。

(2)旱地。指除稻田外的其他农作物耕地,撂荒未满三年的轮休地也属旱地,旱地不区分种植品种均用同一符号表示。大面积的旱地可不用符号表示,在其范围内加注“旱地”注记。

(3)菜地。指常年种植疏菜的耕地,图上面积小于25 mm^2 及居民地内的零星菜地均不表示,粮菜轮种的耕地以旱地表示。

(十二)各种植被符号的配合表示

植被在实地的分布状况十分复杂,同一耕地上通常生长着多种植被,为反映多种植被的实际分布情况,在调绘植被时,必须用各种植被符号配合表示,但应遵守以下规定:

(1)同一地段生长多种植物时,小面积的只表示主要的植被,大面积的所表示的植被种类(包括土质元素)不超过三种,一般舍去经济价值不高或数量较少的植被。

(2)符号的配置应与实地植被的主次和疏密一致,即某种植被较多的地方或较多的植被,可多绘符号;反之,则少绘符号,以显示其分布特征。

(3)密集成林的植被,如树林、竹林、灌木林等,不能与草地、耕地等底层植被配合表示,但成林的植被之间可互相配合表示。

(4)描绘植被符号时,不得截断或接触地类界和其他地物符号。当图上植被面积较大时,符号间隔可放大1～3倍。

第三节　地理名称的调查和注记

地理名称简称地名,它是人们赋予某一地理实体的语言文字代号。地理名称是人类社会发展的产物,随着人类社会的发展和建筑物的不断增加,地理名称的数量也日趋增多。地理名称也是用图时首先接触到和大量使用的地图元素。因此,地理名称注记正确与否,直接影响地形图的科学性和使用价值。

我国幅员辽阔,民族众多,历史悠久,地名比较复杂。当前在全国范围内,还没有实现地名标准化,还存在一地多名、一名多写、重名及用字生僻,少数民族地名汉字译写不够规范等问题。因此,在调绘过程中,对地理名称的调查和注记应十分重视,避免出现失实和差错。

一、地理名称的类别及确定原则

(一)地理名称的类别

(1)居民地名称。包括城市、集镇、村庄及远离居民地的机关、学校、企业、事业、工矿和大城市中主要街道等名称。

(2)山体名称。包括山脉、山岭、山峰、山隘、山口、山谷、山坡、独立山、山洞、高地等名称。

(3)水系名称。包括江河、滩、沙洲、岸滩、运河、渠道、湖泊、水库、池塘、海洋、海角、海峡、泉、井等名称。

(4)其他名称。包括森林、沙漠、草原、戈壁、沼泽、半岛、岛屿、礁石、堤围、道路、桥梁、码头、渡口、名胜古迹、行政区划、著名独立地物及其他专有名称等。

(二)地理名称的确定原则

1.居民地名称的确定原则

(1)居民地的名称以地名办公室确认的为准。

(2)乡、镇所在地的名称与自然名称相同时,只注乡、镇名称。如不相同,则以乡、镇名称为主名,自然名称作副名注记。

(3)居民地有两个以上通用名称时,镇以上的以地名办公室确认的名称为主名,群众通用名称作为副名注出。村庄一般只注主名。

(4)居民地是两个以上政府驻地时,只注高一级的名称。居民地的总名、分名一般均须注记,但居民地内部相关位置的名称(如前街、后街等),不能作为分名注出。总名称的位置在图上比分名应醒目些,字体更大些。

(5)名称注记中的简化字应以国务院颁布的为准。对地方沿用的方言和罕见字,应在调绘片外加注读音和拼音。

2. 山体名称的确定原则

重要突出的山脉、山谷、山岭及其他地貌特征部分的地理名称均应调注。已有三角点、小三角点的点名与实地名称不一致时，仍应注记实地名称。

3. 水系名称的确定原则

(1)河流等水系中凡有固定名称的一般应调注。如当地的习惯称呼与水利航运部门使用的名称不一致，习惯名称作副名注出或舍去。

(2)同一条河流不同河段的不同名称按实际情况注出；当不能一一注出时，应优先取下游名称，其次按上游、中游顺序选注。

(3)湖泊、水库有名称的一般应注记；缺水地区和山区的湖泊均应注记名称；一个湖泊不同地段有不同名称时，若不能全部注出，应选取主要部分和著名的名称注记。

(4)著名的泉和井的名称一般应注记。

4. 其他地理名称的确定原则

凡有重要作用的其他地理名称，如工程建筑物、水利设施、名胜古迹、森林、沙漠、草地、冰川等均应调注。

5. 少数民族地区地理名称的确定原则

少数民族地区地理名称的调查和翻译应按照《少数民族语地名调查和翻译通则(草案)》以及按不同民族语言分别制定的各种地名译音规则执行，如《维吾尔语地名译音规则》、《藏语地名译音规则》等。

进入少数民族地区进行调绘时，开始需经过短期培训，学习少数民族语地名调查和翻译的有关规定，学习汉语拼音和少数民族的日常用语，了解少数民族的风俗习惯等；还要雇请有一定文化水平的翻译，这样才能较好地完成地名的调查和翻译工作。每到一地，要注意询问向导和当地居民，搞清所需调查地名的读音和含义，然后按规定翻译成汉字，再将所翻译的汉字地名读给向导和当地居民听，如他们认为发音准确，则以译音汉字注记在像片上，否则应改动不准确的汉字进行注记。一个驻地工作结束后，应找当地水平较高的翻译人员共同审查一次地名的翻译情况。最后按要求填写"少数民族语地名调查表"，并送当地政府机关审核，加盖乡以上行政单位公章。

二、地理名称的取舍原则

在人烟稠密、地物众多地区，地理名称过密时，一般按下列原则适当取舍：

(1)取总名，适当舍去分名、副名。

(2)取靠近主要交通线的名称，舍去离得较远的名称。

(3)取房屋较多而连成一片的地名，舍房屋较少且分散的地名。

(4)取远近著名而固定的名称，舍一般的和临时性的名称。

三、地理名称调查的一般方法

(一)收集资料、分析资料

当一个测区确定之后，首先进行地名资料的收集工作。收集的内容包括各种比例尺的地形图、行政区划图、规划图、水系图、交通图、旅游图以及地名普查中的有关资料。

根据所收集的资料进行整理分析，情况清楚、位置准确的可事先标注到调绘像片的相应位置上，以便到实地核对，情况不清、位置不定的部分地名可留待调查时参考，实地问清以后再填写到相应位置上去；在字形和字义上有疑惑的，应有目的地实地查清。如"我丁"，这个地名不符合汉语地名的规律，很别扭，就应到实地查清，很可能是"窝窝顶"（山名）；"对九湾"很可能就是"碓臼湾"。

在分析资料时，应仔细查看可能产生重要地名的地方，如高大的山头，较大的河谷、居民地，大面积的草地、森林，较长的峡谷、沟渠，较大的水库、池塘、堤坝、山寨、渡口以及远离居民地的明显突出的建筑物，以便到实地询问、补充，也可避免盲目调查，漏掉重要地名。

在分析资料时，还应分清总名和分名、自然名称和行政名称、主名和副名、老名称和新名称，以便进行正确的选择和注记。

（二）实地调查

地名的实地调查工作，是地名调查的关键，是处理疑难问题必不可少的步骤。要做好地名调查工作，必须在现场做到问清、听准、写对。

问清，就是调查者要把问题说清楚，使调查对象能清楚地理解提问的内容，这样调查对象才可能作出正确的回答。要作到问清应注意以下问题：

（1）选择合适的调查对象。能否问清问题与选择调查对象有直接关系。一般来说，调查对象以年长的教师、会计和文化水平较好的长者为最好，调查对象应是在当地居住时间较长、对当地有较多了解、思想敏捷、乐于助人的群众，他们可以提供更加可靠的情况。

（2）询问大地名时，不仅要在现场问，还要到远一些的地方去问。因为近处的人多用小地名，不说大地名；而远处的人一般只知道大地名，不知道那里的小地名，这样在远处问大地名就容易问清楚。

（3）提问最好讲普通话，或者讲当地的地方话，但切忌用另一地方话对当地地方话，这会造成很多错误。

（4）要注意提问的方法，发问时不要用容易造成误会的字，如"这里叫什么村?"对方可能顺口回答："寻峪村"；实际名称是"寻峪"，多余的这个"村"字则是由于发问不当造成的。正确的发问方式应当是："那里有地名吗?""叫什么地名?""这个地名指的是什么?""它代表的范围有多大?""那个地方还有没有其他地名?""哪个地方是主要的?"，这样询问就不容易产生误解了。

（5）同一地名应多在几个地方，多找几个人寻问、核对，以保证地名调查的正确。

听准，就是要准确地接收和理解被调查者回答的内容，这也是保证地名调查获得正确结果的重要方面。因为各地语音差别很大，在音、字、意上就会产生很多误解，如有的地方将"黑虎庙"念成"血虎庙"，"张公庙"念成"张光庙"，"老鸦砦"念成"老鸹砦"，"客来店"念成"怯来店"，"无梁庙"念成"五两庙"等。因此，调绘员只有熟悉和掌握地方语言的特点，了解当地地名的规律，才能听准被调查者的回答。如果大部分都听不懂，则必须雇请翻译帮助了。

写对，即用正确的文字表示地名，因为用字不当同样会造成地名错误。

防止写错地名的较好方法是请调查对象亲手写出所问地名,特别是那些听不懂、弄不清的地名,更应让对方书写出来。

名称注记使用简化字,应按国务院公布的为准。未经批准的简化字用于地名是不允许的。在调查中必须弄清字的含义,将其转化为正确的文字进行注记。

在调查中遇到不能准确写出的文字,则要进一步询问地名的来源、演变过程,分析地名的真正含义,找出正确的地名用字。如"无梁庙"是指一座在建筑上比较特殊的没有主梁构造的庙宇,因此得名,这样就不会写成"五两庙"了。

地名调查中常遇到许多地方字、生僻字,这时的调绘方法是:①找同音同义,或音、义相近的字代替。②如果觉得不能找到合适的字代替,则应将字、音、义在像片外注明,由内业定字。但要注意,注音时应以普通话读音(字典注音)为准。

四、地理名称的注记要求

在像片调绘中,除通过调查得到准确地名外,还要保证高质量地将这些地名注记在调绘像片上,使内业成图获得清楚准确的地名调查资料,保证地名在地形图上最终获得正确无误的应用。为此,对地理名称的注记有以下要求:

(1)各种注记的字体应正规清晰,字隔分明,同一名称的字体、大小和字隔要一致。

(2)地名注记不能相互矛盾。地名注记相互矛盾或不一致,常使内业不知道谁是谁非而无法处理。例如,同一条河流上游与下游的名称音同字异,同一居民地在相邻调绘像片上出现不同的名称等,都将给内业取注名称带来困难。

(3)地名注记应选择恰当的位置和序列。一切名称注记的位置必须指示明确,便于阅读,同时还要反映地物的形态特征。地名注记在不压盖重要地物和线状地物符号的交叉点、拐弯点,以及居民地的进出口的情况下,应尽量按有利于指向的位置配置,并与图形的间隔适当。一般居民地和其他独立地物的名称注记,最好的位置是在地物的右方和上方,其次是在下方或左方,如图 6-54 所示。

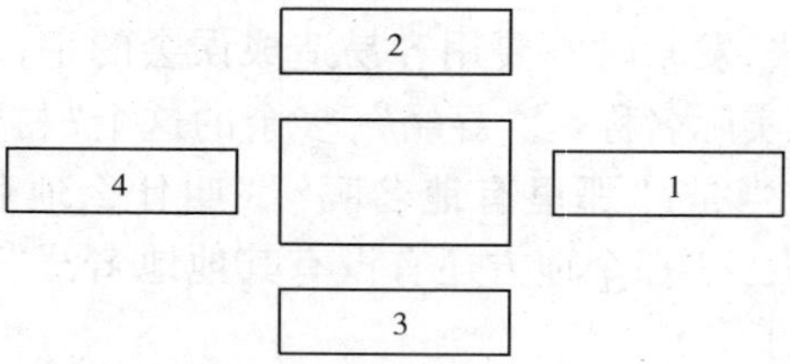

图 6-54　地名注记位置要求

名称注记的排列一般以水平字列和垂直字列为主,使用雁行字列时,应注意字隔要均匀,倾斜角度要一致。除线状地物和山脉名称外,不可使用屈曲字列。

(4)地名注记应注意颜色的区分。外业调绘像片一般可按以下颜色分类注记:地貌名称用棕色,水系名称用绿色,调绘像片外的特殊说明和简化符号的说明注记用红色,其他名称注记均用黑色。

第四节　特殊设施和单位调绘中应注意的问题

一、对军事设施和国家保密单位调绘时须遵循的基本原则

(1)军事设施和国家保密单位的调绘工作,应事先与有关单位联系,经同意后方可进入内部进行实地调绘;若不同意进入内部进行实地调绘,可采用航摄像片内判技术在室内直接判调的方法解决。

(2)作业人员在工作过程中所看到的军事禁区和国家保密单位的情况,不得转告无关人员,严防口头泄密。

(3)图上不表示的军事设施,须用与周围地形、地物相适应的符号进行伪装(如稻田、旱地、房屋、森林、沙漠等),不能看出破绽。

(4)凡属保密单位,图上一般不注记真实名称。

(5)利用自然地形作掩体的洞库(如武器库、弹药库、飞机库等)以及地下的设施,图上均不表示。

二、调绘中应注意的问题

(一)各种试验基地的调绘

试验基地包括导弹发射基地、原子弹氢弹试验基地、火箭发射基地、卫星发射基地、炮兵基地、坦克基地等,调绘时按以下要求表示:

(1)调绘时对具体的发射、试验位置均不表示,用周围的相应植被进行伪装。

(2)通往基地的专用道路:单线道路可如实表示;双线道路绘至最近的较大的村庄,从村庄至基地的双线均降为机耕路表示。铁路绘至最近的城镇。

(3)若双线路和铁路并非专用道路,而是经过各试验基地又通往其他城镇,则道路应如实表示。

(4)试验基地内的地面观测站、办公室、生活区等用普通房屋符号表示。

(5)试验基地内的油库、仓库(包括洞内的油库、仓库进出口)、气象站、雷达天线、指示灯塔等、有房屋的用普通房屋符号表示,否则一律不表示。

(6)图上名称可用公开名称注记。

(二)飞机场的调绘

飞机场一般均需表示。其表示方法是在总范围内绘一飞机符号。对通向机场的道路及机场内的铁丝网、围墙等均应表示。机场内的机库、油库、气象站、管线、指示灯、雷达天线、指挥塔及其他反映机场性质的设施,有房屋的用普通房屋符号表示,没有房屋的一律不表示;其他生活区的房屋,按一般居民地符号描绘。民用机场的名称以真实名称注记;军用和军民合用的机场不注真实名称,可用附近较大城镇名称作为机场名称进行注记。

(三)港口的调绘

所有军港内的码头、船坞、油库、气象站、雷达天线及其他反映港口性质的设施,有房屋的用普通房屋符号表示,没有房屋的一律不表示。对于港口的名称,商业港口用真名称

注记，军港用自然名称注记。

（四）军队营房、兵工厂、对外保密的国家机关的调绘

对位于城镇居民地内部或周围的军队营房、兵工厂，对外保密的国家机关，均用一般居民地符号表示；远离城镇单独构成一个建筑群时，只调绘其范围，内部可进行较大的综合，外围的铁丝网、围墙等均用相应符号表示。位于城镇内的不注记名称，远离城镇的以公开名称注记。监狱、劳改机构的调绘也按该要求表示。

（五）军用仓库的调绘

地面上的武器库、弹药库、油库等，有房屋的用普通房屋符号表示，没有的一律不表示。对于洞库、地下库及其出入口均不表示，通往仓库的道路应如实表示，图上不注记任何名称。

（六）靶场的调绘

对于靶场内的靶道、炮位、掩体均不表示，靶场只用公开名称注记，其他地物均如实表示。

（七）军用通信设备的调绘

军事专用的通信线、通信电缆、无线电发射天线均不表示，微波通信站只表示普通房屋。

（八）稀有金属矿的调绘

地壳中贮藏量少、矿体分散或提炼较难的金属，如铌、钒、钛、锂、镓、铟等，为稀有金属矿。调绘时对矿井的出入口，金属矿名称均不表示，露天采掘的矿场用乱掘地符号表示，其他地物如实表示。

第五节　像片调绘中的补测、清绘与接边

一、补测

由于航摄的时间与作业时间往往有一定的间隔，有的甚至相隔还很久，这样测区内的新增地物在航摄像片上就没有影像，因此补测就是根据像片上已有的明显地物的影像，采用判读、量测、交会或平板仪测图的方法，在像片上确定这些新增地物的位置。一般情况下，外业调绘可采用以下介绍的几种简易补测方法进行补测，但如果补测的范围大于图上 4 cm^2，或面积虽小于 4 cm^2 但涉及重要的地貌形态，则应采用仪器补测。

（一）比较判读法

根据四周明显地物的影像，比较它们之间的关系，直接判定所补测的地物在像片上的位置。如在公路旁有一新建独立房，这时可根据房屋到公路和其他有影像房屋的距离，即可将其补测在像片上。

（二）截距法

如图 6-55 所示，在紧靠公路处有一新增房屋，先判读出公路与小路的交点，然后在实地量取交点至房屋西边缘的距离 D，依像片比例尺即可确定新增房屋在像片上的位置。

（三）距离交会法

如图 6-56 所示，在实地量取 D_1、D_2 两段距离后，依像片比例尺化为图上长度，用圆规作图交会，则可确定烟囱在像片上的补测位置。实际上补测地物的方法很多，可根据实际情况选用或采用其他切实可行的方法进行补测。补测地物时，由于像片上无影像，为了防止移位变形，必须注意补测地物的中心点、中心线、轮廓线的位置准确。在地物补测出来以后，还应对照四周其他地物检查补测的地物是否与实地一致，形状、大小有无明显差异等，这样才能满足成图精度要求。

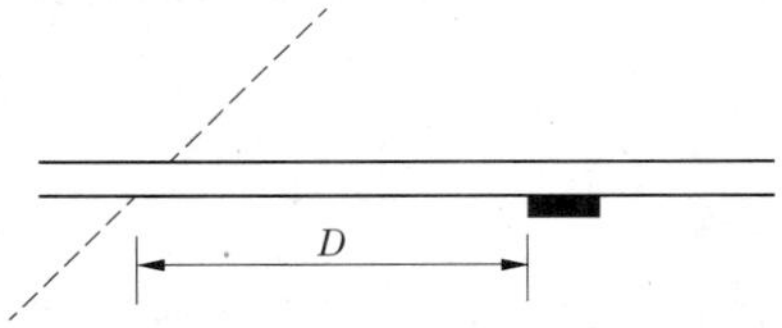

图 6-55　截距法

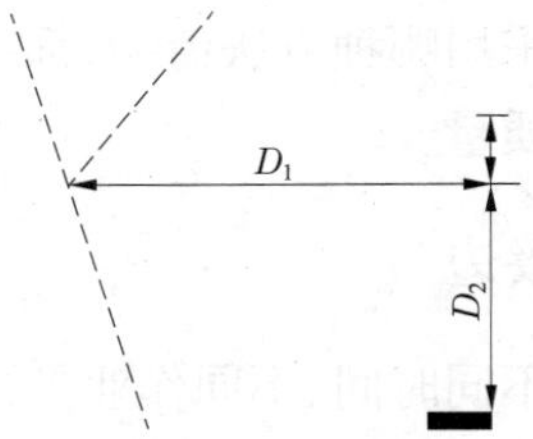

图 6-56　距离交会法

二、清绘

清绘是指在调绘像片上直接进行着墨整饰。数字影像转绘编辑是指利用外业调绘的原始资料，在室内对照电脑中的数字影像，利用相应软件功能进行地类符号及注记、补测内容的转绘编辑等。像片清绘及数字影像转绘编辑直接影响成图精度，因为其成果就是外业调绘提交给内业成图的唯一的来自于实地的图形资料，是内业成图的依据。无论在调绘过程中判读、量测、调查、综合取舍如何准确和正确，如果在转化为成果的清绘和编辑过程中产生了遗漏、移位、变形，或者图面表示不清楚，符号运用不正确，那么只能是功败一笔，全部调绘仍不符合要求。因此，必须掌握清绘技术和清绘方法，耐心细致、认真负责地做好清绘工作。

（一）像片清绘的一般要求

（1）调绘的内容应即时清绘。这样才能做到记得清、绘得快，清绘的内容更加可靠。如有特殊困难，距调绘时间也不能超过 3 天。

（2）正确运用图式符号。整饰时应基本上按图式规定的符号描绘。图式上的水系除水域普染蓝色、水涯线用黑色外，其他蓝色符号均改用绿色。

（3）各地物符号之间的关系应交代清楚。符号之间至少要有 0.2 mm 间隔，各种说明注记必须清楚、明确。

（4）清绘中要做到不遗漏、不移位、不变形，对清绘成果应有 100% 的自我检查。

（二）像片清绘的方法

调绘像片清绘前应准备全部的工具和颜料，然后根据地物的分布情况和自己的清绘习惯作好清绘计划。下面介绍几种常用的清绘方法：

（1）按调绘路线清绘法。即沿着调绘时的路线一块一块地清绘。在清绘中，应参照像片上的着铅痕迹和透明纸上的记录，边回忆、边着墨。这种清绘方法的优点是便于回忆,不易漏绘,适用于地物比较复杂的地区;缺点是要经常更换颜色。各地物清绘顺序为:独立地物、居民地、水系、道路、地貌、境界、管线、地类界、名称注记、植被,最后水域普蓝。

(2)按地物分类清绘法。即清绘时按地物的分类顺序,先将某一类地物全部清绘完,再清绘另一类地物,直到全部清绘完。这种方法的优点是系统性强,不需要频繁地换颜色,适用于地物分布较简单的地区;缺点是不便于回忆,容易遗漏,清绘时应加强检查。

(3)按颜色清绘法。清绘时按黑色、绿色、棕色、红色的顺序清绘各种符号和注记,最后普蓝。这种方法的优点是换笔次数最少;缺点是清绘次序零乱,容易出错,故较少采用。

不论采用哪种方法清绘,都应该做到边清绘、边检查,对错误和漏绘的应及时纠正,以确保调绘质量。

三、接边

由于不同时间、不同作业员进行调绘,调绘图边上往往产生很多矛盾,因此对调绘像片必须认真接边,并保证正确无误。

(一)同期作业的调绘像片接边

同期作业的调绘像片接边是指同一测区、同一作业期进行调绘的接边。同期作业接边必须在实地处理好接边的问题,避免将问题带到内业成图过程中去,从而造成更大的损失。

调绘接边与一般测图接边要求基本一样,要求相接于调绘面积线上的地物、地貌元素,应做到位置、性质、形状、方向、宽度、等级完全一致,不能相互错开,更不能出现漏洞和重叠。图幅之间接边完成后应签注"已与×××图幅接边"之类的接边说明。

(二)与已成图图幅接边

利用已成图图幅在上交资料时保存的抄边进行接边。接边方法与同期作业调绘接边一样,但应注意以下问题:

(1)接边说明中应签注"已与××年测图抄边片接边"。

(2)接边时,如接合差不大于图上的1 mm,个别不大于1.5 mm,则仅在新测图幅的调绘像片上进行改正,尽量不去改动原图幅内容。

(3)如发现原调绘像片有较大的错误或遗漏,则应利用本图幅像片补调或补测,并注明改动和补测情况。

(三)自由图边

自由图边是指作业前和作业期间都没有进行相同比例尺测图的图边。自由图边暂时没有接边工作,但必须进行抄边,并将抄边作为成果资料上交。所谓抄边,就是利用调绘多余的像片,将调绘像片图边附近1 cm范围内的调绘内容按影像原样地抄绘过去,作为相邻图幅今后测图时进行接边的依据。所以,对于自由图边的调绘内容必须严格实地检查,并加注"自由图边(已经实地检查)"及检查者的名字。参见前述图6-1调绘像片面积线外的整饰格式。

第六节　大比例尺航摄像片及回放纸图的调绘

一、大比例尺航摄像片调绘

大比例尺航摄像片调绘无论作业程序、调绘内容、调绘方法、调绘要求及图式符号的运用等，许多都与1:10 000航外像片调绘相同，因此不再重复叙述。但大比例尺航测像片调绘，由于成图比例尺较大，精度要求高，调绘所用的像片比例尺较大，影像表现较细，地物清楚易判，因此调绘内容更丰富，调绘方法更加灵活多样，图式符号的种类更多，调绘的精度要求更高。这些就是航测大比例尺像片调绘的特点。

由于摄影比例尺较小，大比例尺航测像片调绘一般采用放大像片作业。调绘像片放大倍数视地物复杂程度而定，地物复杂地区调绘像片比例尺大致与成图比例尺接近；地物简单地区调绘像片比例尺可适当小一些，但不能小于成图比例尺的1.5倍。

（一）大比例尺像片调绘方法

（1）全要素调绘：外业在调绘像片上清绘出全部调绘要素的方法。调绘时可采用先野外判调后室内清绘，或先室内判绘而后野外检查，再室内修改的方法。这种方法与1:10 000航外调绘方法基本相同，也是大比例尺航外调绘经常采用的方法。

（2）定性调绘：外业只调绘地物的种类、性质并作必要的说明注记，不绘地物符号；内业测图时可在立体模型下测定地物的形状及其准确位置并将其表示成图式符号。

定性调绘主要是利用了像片比例尺大、地物影像较清楚的特点，由内业在立体模型下确定地物，从而使地物的位置和形状更准确，地物在图面上的精度更高，同时也减少了外业像片清绘的工作量。因此，这种调绘方法在大比例尺航测调绘中得到越来越广泛的应用。例如，外业调绘居民地时，只须在房屋影像上注出房屋的种类、性质、楼层数，房屋符号的描绘，包括投影误差改正均可由内业在立体模型下完成。

定性调绘时应注意以下问题：

（1）为使内业测图时能准确判断，外业调绘像片上对线状地物的起止点、转折处、等级变换处应特别注意标注清楚。

（2）对调绘像片上影像不清或无影像的地物、新增地物以及地理名称等，外业必须调绘清楚。因为这些地物及名称内业在室内是无法判断的，只有外业通过实地调查或补测才能准确表示。

（二）大比例尺像片调绘的一般规定

（1）调绘必须判读准确，描绘清楚，图式符号运用恰当，各种注记准确无误。

（2）调绘像片通常采用隔号像片，为使调绘面积界线避开复杂地形，个别可以出现连号。调绘面积界线，全野外布点应是像片控制点的连线，非全野外布点应是像片重叠部分的中线。如果偏离，均不应大于控制像片上的1 cm。界线不宜分割重要工业设施和密集居民地，也不宜顺沿线状地物和压盖点状地物。界线统一规定右、下为直线，左、上为曲线，调绘面积界线用蓝色，自由图边、与已成图接边界线用红色，线外须注明接边图号。调绘面积不得产生漏洞，自由图边应调绘出图外6 mm。

(3)像片调绘可以采用先野外判读调查，后室内清绘的方法；也可采用先室内判读、清绘，后野外检核和调查，再室内修改和补充清绘的方法。不论采用哪种方法，对像片上各种明显的、依比例尺表示的地物，可只作性质、数量说明，其位置、形状以内业立体模型为准，调绘像片应分色清绘。

(4)影像模糊地物、被影像或阴影遮盖的地物，可在调绘像片上进行补调，补调方法可采用以明显地物点为起始点的交会法或截距法，补调的地物应在调绘像片上标明与明显地物点相关的距离。需补的地物较多时，应把范围圈出并加注说明，待内业成图后再用平板仪补测。

(5)航摄后拆除的建筑物，应在像片上用红色"×"划去，范围较大时应加以说明。建筑物的投影差改正，当采用立测法成图时一般由内业处理。

(6)路堤、路堑、陡坎、斜坡、陡岸和梯田坎等，当其图上长度大于10 mm和比高大于0.5 m(2 m等高距)时须表示，当比高大于1个等高距时须适当量注比高。比高小于3 m时量注至0.1 m，大于3 m时量注至整米。

二、回放纸图的调绘

对于回放纸图的调绘，主要工作是为了保证数学精度和地理精度而进行的调绘、补绘，指的是内业根据像片控制点首先进行数字立体测图定位，然后将所测数字图(有少部分已利用经验定性)在绘图机上回放(喷绘或打印)出来，再到实地对所绘地物、地貌元素进行定性、核实、地理名称的调绘、补测隐蔽地物和新增地物、修改(如房檐改正)、硬化路面地面高程点测量以及图幅名称的确定等，并在测区现场进行清绘或初步编辑工作。

回放纸图有两种形式：一种是在线划图上叠加有影像，另一种没有叠加影像，调绘时另配合航摄像片进行。

应当指出，内业在所建立的立体模型上进行数据采集时，依比例尺表示的地物测出其范围，不依比例尺表示的地物测出其中心位置，按模型能定性质的地物、地貌元素用相应的符号表示，对影像清楚的地物、地貌元素应全部准确无遗漏的采集，对立体影像不够清晰的地物、地貌元素应尽可能的采集，并需作出标记，以便提醒外业调绘人员注意其位置的核实及补绘，地物应以可见地物的外部轮廓为准，地貌用等高线、高程注记和地貌符号表示。对密集植被覆盖的地表，当只能沿植被表面描绘时，应加植被高度改正，在林木密集隐蔽地区，应依据野外高程点和立体模型进行测绘。

(一)数学精度的调绘、补绘

用仪器(全站仪、皮尺、水准仪、GPS-RTK等)对线划图的平面高程精度进行检核，确保调绘工作在合格的成果图上进行。对于超限的产品要进行原因分析，必要时可追溯到上道工序；对于批量性的超限产品，应分析空三加密成果的精度，必要时对此类区域由外业进行平高全野外控制测量后，内业在重建的立体模型下重新测量。

另外，测区内所有的建筑区和铺装地面高程注记点相对于最近野外控制点的高程中误差不超过±0.15 m，该部分数据由内业立体实测，外业进行足够程度的抽样检核，确认内业成果满足精度要求时方可使用，否则需要外业实测该类数据。

(二)地理精度的调绘

地理方面的调绘应系统地对地物、地貌要素进行调绘,做到图面清晰易懂,综合取舍合理。重点要注意如下方面,但不限于此。

(1)居民地和垣栅。房屋的结构和房屋层数的标注,房屋有房檐的要调注改正数,妥善处理围墙与房(檐)的关系。

(2)交通及附属设施。各级道路的等级、宽度、编号、铺面材料、铁路及其附属设施和公路的附属设施等均是调绘的重点,需按图式要求表示。

(3)管线及附属设施。输电线、配电线、通信线等走向、起讫点要逐一交代清楚,变压器、变电室及各类检修井、污水箅子、消火栓等要调绘清楚。

(4)水系及附属设施。河流、湖泊、水库、池塘、水渠等的水涯线均以摄影时的影像为准。河流、水渠要标明流向。水井应量取井深,井深注记到 0.1 m(每幅图多于 3 个水井时,应量测 3 个井深,少于 3 个应该实量)。

(5)地貌及植被。对乱掘地可不调绘,以内业采集为准。对陡坎外业适当标注比高。内业测绘时要注明坎上、坎下高程。经济类作物,要配置相应符号和注记。旱地不需要配置符号。

(6)注记。注记是地形图的重要内容之一,要求对各种名称注记,准确注出,不能随意简化。当一个院落(单位)挂几个牌名时,要调查其主要名称(业主名称)予以标注。

(7)图名的调绘。每幅图要标注图名和图号,图名应选取图幅内较大或较重要的单位、村庄。当单位、村庄很大,跨越几幅图时,应在图名后按由西向东、由北向南的顺序用圆括号和阿拉伯数字注记图名序号。图内没有较大单位、村庄,图名比较难选时,可以只标注图号,并且全测区的图名不得重复。

(8)其他。对于内业采集数据的差、错、漏,外业调绘能处理的一定要处理清楚。对于新增地物、地貌元素,要实测补绘。

利用纸图调绘与像片调绘相比,应注意其区别和特点:图纸比例尺一致,地物补测精度可靠,以线画符号及高程注记表示地物、地貌元素,判读需要一定的识图基础,调绘采用正式符号,野外工作量减小,具有较强的目的性,节省材料费用开支。

三、投影差改正

高于或低于纠正起始面的物体,由于受像片中心投影性质的影响,在纠正起始面上存在着由高差引起的投影误差。当投影误差大于图上 0.2 mm 时,将对成图精度产生影响,应进行改正。

根据这项规定,在大比例尺像片图测图像片上,大部分建筑物和其他高出地面的物体都要进行投影差改正。这项工作十分繁重,也是大比例尺像片图测图工作的一大特点,因此必须认真细致对待。

一般情况下,建筑物底部高程与纠正起始面高程相差很小,只需要把建筑物顶部影像改正到建筑物附近的地面上即可,这时可沿建筑物底部影像描绘,即实现了投影差改正。如果建筑物底部影像一部分被其他地物影像遮盖,这时以底部能看见的某一条边为依据,将建筑物顶部图形平移到正确位置,但图面上房屋轮廓线是以墙基为准的,因此当房檐宽大于图上 0.2 mm 时，应加房檐宽度改正，房檐宽度可量取滴水线与墙基之间的距离。

如果地物或建筑物不能根据其底部影像描绘，则应按投影差公式逐点计算投影差改正值，沿以像底点为中心至该点的向径方向逐点进行改正。建筑物高度数据由外业量测，并首先测定建筑物底部的高程，从而求算其与纠正起始面的高差，以保证投影差计算精度。内业应提供像底点位置，纠正起始面的高程和纠正起始面的相对航高。

当采用内业立测法测绘地物时，其投影差在内业立体测图中可自行改正，外业调绘时除房檐宽度要实地量取外，不再进行投影差改正。

四、固定比例尺像片图测图

（一）固定比例尺像片图测图的概念

固定比例尺像片图测图是综合法测图中的主要方法。它是以航摄像片为基础，经像片纠正制作成具有与测图比例尺相等的像片平面图，根据像片图的影像确定地物、地貌点的平面位置，并在像片平面图上用普通地形测量的方法实地测绘等高线，最终获得地形原图的一种测图方法。

固定比例尺像片图测图与普通地形测量法测图相比具有以下的特点：

（1）固定比例尺像片图测图时的图底是具有地物、地貌影像的像片平面图，而不是一张白纸，所以地物的形状一般可以直接按影像确定。

（2）固定比例尺像片图测图时，虽然等高线仍须采用普通测量的方法在实地测绘，但由于它测绘等高线是在具有地面影像的图底上进行的，且有影像作参照，所以对地貌的测绘更准确，对地貌特征的表示更逼真。

（3）固定比例尺像片图测图时，对地物和不用等高线表示的地貌元素，不需要像白纸测图那样实地测定，而是采用调绘的方法将其按地形图式规定符号直接根据像片影像描绘或注示。此外，测站点和碎部点的平面位置一般也不需要实地测定，所以固定比例尺像片图测图与普通白纸测图相比减少了测图的工作量。

（二）固定比例尺像片图测图的作业方法

固定比例尺像片图测图是一种适用于平坦地区的航空摄影测量与普通地形测量相结合的成图方法，故亦称为综合法。其作业方法大致如下。

1. 第一期外业测量

固定比例尺像片图测图需要两期外业工作。第一期外业工作的主要任务是：按内业纠正和制作像片平面图的需要在实地测定一定数量的像片控制点。其具体像片控制测量的方法见第四章。

2. 像片平面图的制作及质量检查

固定比例尺像片图测图中所需的像片平面图是根据像片纠正原理制作而成的，具体方法请参考第八章的数字微分纠正，这里不再重复。内业所制作的像片平面图是外业测图的重要资料，其质量将直接关系到测图的精度。所以，外业测图前须对像片平面图的质量进行如下的检查：

（1）像片平面图的图面影像应清晰，色调均匀，反差适中，无伤痕和污迹，像纸粘贴牢固，底板平整。

(2)图廓大小与理论尺寸之差:边长不大于0.2 mm,对角线不大于0.3 mm。

(3)展绘的三角点、控制点之间以及控制点至图廓点的距离与理论长度的较差不大于图上0.2 mm。

(4)像片拼接线上的地物移位差不超过1 mm,拼接线尽量不通过居民地。

(5)相邻图幅间地物接边差不超过1 mm,个别最大处也不应超过1.2 mm。

3.第二期外业测量

第二期外业测量的任务是利用像片平面图在实地测绘地貌、高程注记点和进行地物、地貌的调绘。

(1)选择测站点。测站点位置的选择应满足测绘等高线、高程注记点和补测地物的要求,因此应全盘考虑,作出计划。

一般测站点的选择应注意以下几点:

①像片平面图上的各类控制点和明显地物点均可选做测站点,这些点应是在像片平面图上影像清晰的,并能准确刺出其平面位置。

②测站点的密度视实际作业需要和最大视距而定,不必因测站点过密而增大工作量。

③测站点应能有效地控制四周地形,通视良好,一般应选在位置较高、地形开阔的地方。

④对像片平面图上无明显影像特征,无法刺出测站点的地段,应采用测图导线、测图支导线或平板仪交会点来弥补测站点的不足。

(2)确定测站点的平面位置。

(3)测定测站点的高程。

(4)标定图板的方向。固定比例尺像片图测图时,图板方向的标定方法基本与平板仪测图相同,只是当全部采用在明显地物点上刺点的方法测图时,不需要标定图板。

(5)测绘地貌。在像片平面图上测绘地貌的方法与平板仪测图基本相同。而像片图测图时,图面上有地面的影像,所以等高线的位置和走向更容易确定,控制等高线的碎部点也可相应减少。在描绘等高线时,不仅可以对照实地,而且可参照像片影像使所描绘的等高线更真实细致地显示实地的地貌特征。

(6)调绘地物。由于像片图测图时图板上已有地物的影像,因此地物不需像白纸测图那样在实地测定,而是通过像片调绘的方法来解决的。

(7)着墨整饰。着墨整饰是固定比例尺像片图测图的最后一项工作。该工作必须依照规范和图式的要求认真细致地进行,经着墨整饰后,即得到一张地形原图。

第七节　数码调绘系统介绍

目前,测绘的数字化生产已涵盖了航天、航空对地面信息的采集、全数字摄影测量的数据处理以及对数字地图的编辑整理入库等各个方面,但还有一个生产环节尚未实现数字化的技术进步,它就是野外调绘,这也是数字测绘仅剩的模拟环节。

数码调绘系统是利用计算机进行判绘,将经过判绘的影像拷贝到PDA(Personal Digital Assistant,个人数字助理或称掌上电脑)的存储卡上,在野外对照实物直接在数字影像上标绘，并记录下矢量数据，使空间数据的获取、处理、成果入库的整个流程均成为数字流程。数码调绘系统目前主要是针对我国的基础测绘，用于中小比例尺地图生产中的像片刺点和调绘。

数码调绘系统是一套实用、高效的便携式野外调绘更新系统，可以装载卫星影像、DOM、航空影像、扫描图及其他多种影像数据，PDA 内置的 GPS 具有对地面目标定位和标绘的功能，是从事测绘、GIS 及相关专业的野外作业人员进行测绘的配套设备。它为国家基础测绘（1∶50 000 和 1∶10 000 比例尺）空间数据的采集和更新提供了一种全新的途径及生产方法。

数码调绘系统的基本作业流程如下：

（1）利用 PC 机整合数据及其他资料进行室内综合判绘。

（2）利用 PDA 外业核查、补测、补调。

（3）将外业调绘数据导入 PC 机进行编辑。

（4）内业利用外业调绘数据及补测数据进行再处理、编辑。

数码调绘系统只是便携式测绘系统 MFSS（Mobile Field Surveying System）中的数码调绘的一项功能，Mobile 含有灵活轻便、可移动、可携带的意思。常规实用的多传感器与 PDA 的集成组合的 MFSS，可供外业测量员利用手持设备完成更大比例尺的空间数据的采集，因此 MFSS 是今后发展的趋势。

一、数码调绘系统的硬件配置

（一）基于 PDA 的硬件配置

目前，数码调绘系统主要采用具有 Windows Mobile 的简体中文版操作功能的 PDA 设备，如多普达的 P100、夏新的 N800 等移动设备，可以完成基础测绘 1∶50 000 的调绘工作。它的硬件参数如下（以多普达的 P100 为例，如图 6-57 所示）：

图 6-57　典型的 PDA（多普达 P100）

CPU：Samsung SC32442 300 MHz；

GPS 定位：美国（瑟孚）SiRFstar II（定位精度 7 ~ 13 m）；

触摸屏：2.8′ TFT - LCD 240 × 320 65536 色；

ROM 64 MB SDRAM 或 ROM 128 MB；

扩展插槽支持 SD/MMC 卡（1～4 GB）；

电池容量 1 100 mAh，可拆卸、可充电锂聚合物电池（工作时间 5 h，建议制作备用电池）；

音频内置扬声器，16 位立体声输出；

数据接口：USB 接口，红外线，支持 WiFi 802.11b 及蓝牙 v1.2 无线网络。

（二）用于中大比例尺测图的移动测量硬件配置

MFSS 的“测”是 PDA 以 GPS、全站仪、激光测距仪等设备为外接传感器对地物定位，如像片刺点、控制测量、碎部测量，都是野外测量实施数字化的工作过程。其定位精度要满足规范要求，在克服高大建筑和树木对 GPS 信号遮挡影响量测精度时，还要依靠全站仪 + PDA 解决高程和 GPS 信号盲点问题。

MFSS 的“绘”是将采集到的空间数据按分类、属性进行图形化的表达，面向 DLG（数字线划地图）测图服务的绘图移动平台，是对数码调绘的继承与完善。大比例尺（1∶1 000 和 1∶500）的数码测绘技术难度、复杂程度要超过中小比例尺的数码调绘，其设备的成本也较高。

基于 PDA 的类似数码测绘项目比较多，如 ArcPDA、TopPDA、地调之星、综合判调系统等，但要满足国内规模化测绘生产还须努力，还需要经过实践的不断改进，尤其是对于标准、规范和流程的适应性磨合。便携式测绘系统是面向基础测绘应用，重点要解决以下几个问题：

（1）影像传感器发展的趋势：要在提供影像数据的同时也提供地理参考数据，即带摄站坐标的或四角坐标的影像数据。有了这些带坐标的影像数据，即可使得“数码”航测外业的像片刺点、控制测量、野外调绘、碎部测量一次完成，为节约生产成本带来希望。但要使未经过几何校正的系统误差和带有投影差的影像数据消除到容许的范围。

（2）卫星增强系统和差分后处理：美国联邦航空局的广域卫星增强系统（WAAS）只能在北美使用，欧洲的静地星导航重叠服务（EGNOS）也只能在欧洲使用，在中国无法使用 WAAS 和 EGNOS 进行精确定位服务。在亚洲的多功能卫星增强系统（MSAS）中，129、137 两颗卫星，接收的差分信号定位精度为 1 m，可以完成 1∶10 000 的基础测绘要求。目前阶段，更高精度的便携式测绘系统以局域差分为主，在不具备实施实时差分的设备条件下，要进行差分后处理。

（3）GPS 功能：GPS 数据质量控制、影像跟踪导航、作业轨迹记录、控制点点位查找等。

（4）图解测绘工具：建立在统一地理坐标系下的图解法解析绘图。

（5）MFSS 与传感器的连接方式有 Bluetooth、WiFi、USB，分别与测量设备（如全站仪、激光测距仪）、通信设备（如数字电台、GMS）、多媒体设备（如相机、摄像机）连接，快速地对地物、地貌进行定性定位。

便携式测绘系统的精度取决于 GPS 接收机的性能和采集数据的质量控制，其按 GPS 精度分为三级，不同精度的 GPS 之间价格会成倍增加，要慎重地选择。

(1)测量型：定位精度在 10 ~ 30 cm，可用于像片刺点、大比例尺的（图根点）控制测量。

在通信设备支持下，由 GNSS 综合服务系统（简称网络 RTK）或连续运行与流动站（MFSS）实现大比例尺的高精度测绘。

(2)地理信息采集型：定位精度在 1 ~ 5 m，可用于 1∶10 000 数字正射影像的调绘和新增地物的补测。图 6-58 为专业的工业级 PDA。

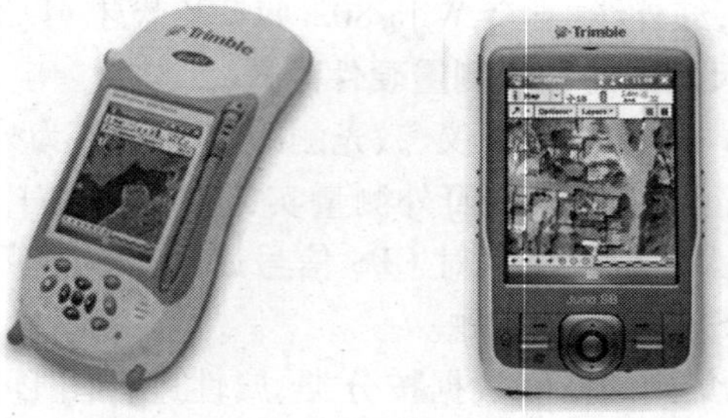

图 6-58　两款地理信息采集型便携式测绘系统

(3)导航型：定位精度在 10 ~ 15 m，可用于 1∶50 000 数字正射影像的调绘和新增地物的补测。硬件成本最低，是一款非测量专业的电子消费品，在 eMars 支持下成为生产工具（见图 6-59），但难以实现 GPS 的实时差分改正、后处理和对 GPS 接收的数据进行质量控制。

图 6-59　导航型便携式测绘系统

可实现便携式测绘的 GPS 设备有中海达的 G 系列、Trimble 的 Ceo 系列和 JUNO 系列、Topcon 的 GMS - 2。其硬件技术指标都满足实现便携式不同比例尺测绘的要求，目前需要从 CIS 系统（数据库）到手持机的整合，保证数据流上下兼容。从控制测量（测点）到地形测量（测面）的作业方式的整合，控制测量可以在规定的较大范围内“选点”，选择通视条件好的、没有被遮挡的点进行量测。而地形测量则必须“面面俱到”，即使通视条件不好的、被遮挡的点也必须采集，因此数据的质量控制是关键。筛选出不合格的数据时，要明确地告诉作业人员加以解决。

二、数码调绘的软件系统

Windows Mobile 5.0 简体中文版是微软公司为智能移动终端而设计的操作系统。自 2003 年 6 月发布以来，已被很多智能移动终端厂家采用，并生产出大量的智能移动设备。针对 Windows Mobile 平台的开发技术越来越受到各行各业的关注，由我国北京四维远见信息技术有限公司自主研发的 eMars 数码调绘软件系统就是一个基于 Windows Mobile 平台的测绘行业应用软件，其具有的移动工作、随身调绘的方式，实现了工作环境的优化，降低了野外生产的成本和工作量，大大提高了作业效率。

（一）数码调绘软件的基本技术指标

(1)系统的标绘精度为数字影像的分辨率（1 个像元）。

(2)GPS 定位精度：≤15 m，能满足 1∶50 000 地形图的定位要求。DGPS 定位精度：≤5 m，能满足 1∶10 000 地形图的定位要求。

（3）装载影像数据的最大数据量单位不超过 400 MB，2 G 的卡可存 20 幅灰度影像图。

（4）影像漫游手动速度的停顿时间不超过 5 s，影像自动跟踪 GPS 每 5 s 刷新一次。

（5）数码调绘的综合精度取决于影像分辨率的精度，新增地物的精度取决于 GPS 的定位精度，与成图比例尺无关。

（二）eMars 数码调绘软件系统

eMars 数码调绘软件系统运行在 PAD 平台上，没有 PC 机那么强大的软硬件环境支持。因此，eMars 数码调绘软件系统的设计思想主要立足于专业和精干，从系统界面的设计体现出“去甚、去大、去奢”理念，图 6-60 为该系统的主菜单界面。

图 6-60　eMars 系统主菜单界面

用户对系统的操作是通过菜单和命令条实现的。WGS－84 的坐标记录，显示到秒后 4 位小数，使软件不因 GPS 的精度变化而改变，保证任何 GPS 的定位精度都能有效利用。

系统的影像定向功能是为了跟踪导航，跟踪导航是系统基础的技术关键。跟踪导航必须有控制点。参与定向的控制点数目，要求 DOM 是 4 个、卫星影像至少是 6 个，还可根据实地地形的起伏情况适当增加定向点的数目，定向点的数目越多定向精度越高。在野外以手动控制影像漫游方式，从几百兆的数据中查找与实地相对应图斑是很烦琐的事，直接影响作业效率。为此，eMars 率先利用 GPS 定位数据控制影像自动漫游，以确保测量员的行动轨迹与影像漫游的轨迹同步，实现影像、图形漫游对作业人员的跟踪导航，使跟踪光标始终位于屏幕中央。该方法是：PDA 每秒记录一个 GPS 点，每 5 s 依据滤波后 GPS 点坐标数据刷新一次屏幕。对于未经过几何校正的卫星原始影像和大比例尺的 DOM 影像，由于 GPS 信号误差、投影方式差别和投影差的存在，影像漫游时会产生一定的跟踪误差。目前，eMars 的跟踪误差控制范围是在 ±（30～50）m 之内，保证目标点和跟踪点同时落在屏幕上。

三、数码调绘系统对影像数据的要求

eMars 数码调绘系统是一个移动的调绘工具，它是利用 Pocket PC 的智能、便携、移动的特点，以 PDA 为硬件平台（Pocket PC + GPS + 2 GB 的 SD 卡），以卫星和 DOM 影像数据为中心，对原始影像不压缩、不切割、不改变数据格式，保持原有的影像质量和几何精度在调绘的环节中不会被丢失。数据以图幅为单位存储在 SD 卡上，然后到野外在数字影像上进行定性（或定位）调绘。

数码调绘可接收 GeoTiff 文件格式（*.TIF）和 Erdas 文件格式（*.IMG）。其中，*.TIF格式的索引颜色模式暂时不支持，需要用 Adobe Photoshop 转换为灰度或 RGB 的模式。在 eMars 上的定位精度，主要取决于影像分辨率的精度，GPS 定位起辅助导航作用。只有在影像的分辨率低于 GPS 的定位精度时，才以 GPS 定位为主。大地测量与摄影测量在系统上是融合的相辅相成的关系。影像的数据量最好是 DOM 按整幅（400 ~ 700 MB）、卫星影像按整帧（500 ~ 1 200 MB）存储在 SD 卡上，数据量太大将会影响标绘操作的运行。

四、PDA 数码调绘作业方法及过程

（一）室内判绘

判绘是将已有的数字线划图 DLG 数据和室内能够依据影像判定的地物标绘到最新的数字正射影像 DOM 上，尽可能地把野外作业（80% ~ 90% 的标绘）移到室内，充分利用已有的数据，体现“更新的价值”。

（1）在 AutoCAD 上按比例、位置将数字正射影像 DOM（TIF 格式）和数字线划图 DLG（DWG 格式）套合在一起。

（2）按项目的要求分类，在 DOM 的影像上进行判绘，合成供野外调绘作业的影像数据。

（3）输出 *.TIF 影像文件或 *.IMG（ERDAS）影像文件，拷贝到 PDA 的存储卡上，并建立野外调绘信息文件。

（二）PDA 野外调绘

PDA 野外调绘就是把经过判绘的影像，装到 PDA 上拿到野外作业。核实判绘的数据，添补上新增的数据，并填补上属性数据等。

eMars 软件系统具有支持国家测绘分类标准和地形图图式符号的功能，用户可按项目的要求，自定义分类标准和地形图符号。野外调绘时，通过 GPS 的影像跟踪、点位查找、轨迹记录等功能，利用 PDA 的导航键和书写笔，将所需的地物、地貌元素标绘到屏幕上，系统将其以 *.EMS 数据格式存储在 PDA 上。

（三）室内清绘

首先将 PDA 存储卡上的调绘成果（*.EMS 数据）拷贝到计算机中，并将 *.EMS 数据转换成 AutoCAD 数据，然后利用 AutoCAD 软件，按规范要求编辑调绘成果。

五、eMars 野外标绘方法

在判绘的影像上，eMars 标绘是以速记的方式，按照国家的分类标准、地形图图式符

号、图形元素的几何特征三个选项绘图。几何特征是点、线、面、符号、注记的组合命令，确定几何特征和图形元素的画法。eMars 在 PDA 实现上述功能，由于受其硬件条件限制，软件功能目前还难以与 PC 机相比（见图 6-61、图 6-62）。

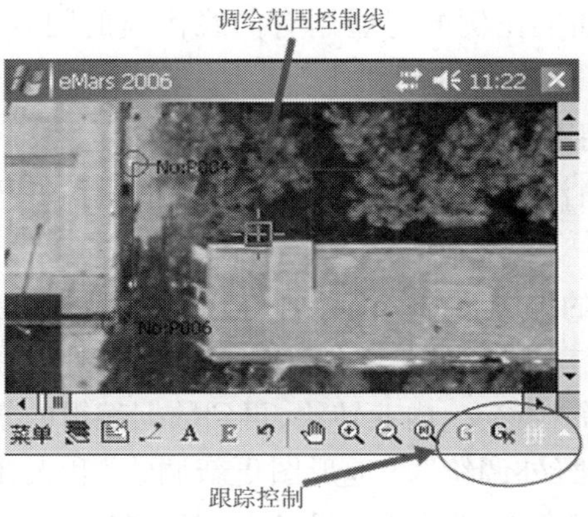

图 6-61　跟踪控制菜单

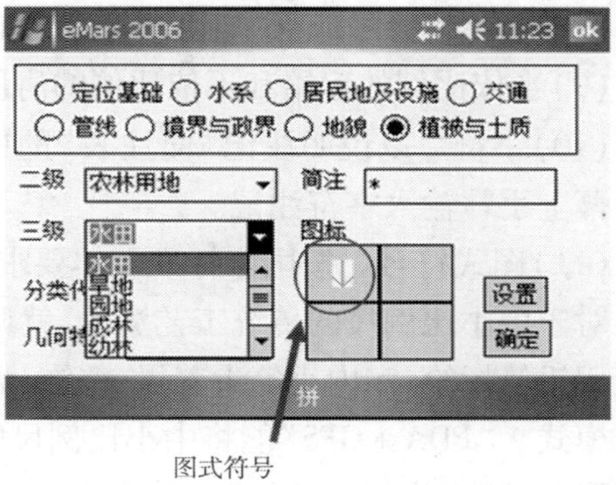

图 6-62　分类代码及地图符号

野外标绘的过程是：

（1）选择标绘地物的分类代码（分类 Class 代码）；

（2）选择标绘地物的几何特征（画法 Action 动作）；

（3）选择标绘地物的符号或文字（属性 Attribute 信息）；

（4）选择标绘地物的线型、颜色（实体 Entity 特征）；

（5）记录标绘信息（数据 Data）。

标绘可利用 PDA 的导航键或书写笔，按分类标准定义的 11 种几何特征半自动地标绘在屏幕上。每一个动作结束，调绘成果数据 * . EMS 就拷贝到 PDA 的存储卡上。标绘的 11 种几何特征为：

（1）定位点。指有实体对应的点要素，如测量控制点△、烟囱，地图符号定义有插入点。在影像的目标点打点，按正北方向插入。

（2）标注点。指无实体对应的点要素，需要明确表达要素，按定义的地图符号插入点。如高程点⊙、医院⊕，学校⊗，在影像的目标点打点，按正北方向插入。

（3）有向点。指具有方向性的点要素，如泉、窑洞等。按地图符号定义的插入点、有向点，要先在影像的目标点插入符号，再按目标的实际方向选择方向点，由插入点和方向点的连线表示有向点的旋转方向，见图 6-63。

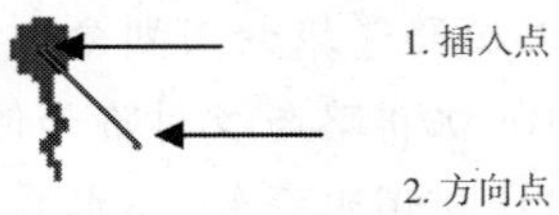

图 6-63　有向点的符号

（4）线（草绘）。指由两个以上的点连接的线，并无实体对应的线要素，如等高线、境界线、公里网。用手写笔或导航键在 PDA 的屏幕上画曲线进行标注。

（5）中心线。指有实体对应的线要素，如干堤、隧道。两条线的中间连线，可在“简注表”填写实际宽度（以 m 为单位），注记的位置在线的中心。

（6）有向线。指具有方向性的线要素。如单线河、田坎。按点的排列顺序表示前进方向,并可在前进方向的右侧标绘符号或汉字。

(7)范围面。指具有不明确边界的面要素。由有向线构成的面,线可不闭合,并可在前进方向的右侧标绘符号或汉字。

(8)轮廓面。指具有明确边界的面要素。如依比例的房屋用有向线构成的闭合面,并可在中心标绘符号或汉字,再用命令条的“E” 闭合。

(9)半依比例的房屋和不依比例的房屋。用不同长度的线宽表示。

(10)字符。以说明注记“简注表”的中文简注,如汉字或数字。可用手写笔在 PDA 的屏幕上手写输入字符注记。

(11)图式符号。按国家标准形体要求制作的地图符号, 符号名与分类代码同名。

对于中小比例尺的传统工艺流程,就调绘而言,数码调绘系统改变了旧有的外业在像片上用铅笔标绘,室内小笔尖着墨、整饰、清绘、资料移交、内业转绘,再到数据编辑的繁杂作业模式。“PDA + GPS”能将中小比例尺的“全野外调绘”、“地形图更新调绘”和大比例尺地形图的“先内后外调绘”三种作业方法整合到手持野外调绘设备上,无需“转绘”、“二次外业”和“二次编辑”等中间环节带来的额外工作量,更重要的是,避免了重复作业和转绘的精度损失。

思考题

1. 什么是像片调绘? 像片调绘的内容有哪些(如 1:10 000 的像片调绘)?

2. 何谓综合取舍? 其目的是什么? 应用综合取舍应遵循哪些原则?

3. 如何在像片上划分调绘面积线?

4. 何谓独立房屋? 在调绘中应注意哪些问题?

5. 如何区分散列式居民地和街区式居民地? 调绘这两类居民地各应注意什么问题?

6. 街区式居民地与道路的关系如何处理? 试举例说明。

7. 何谓独立地物? 调绘独立地物应注意哪些问题?

8. 根据书中列举的部分独立地物的地面影像,写出其相应的图式符号。

9. 公路等级如何划分? 调绘道路应注意哪些问题?

10. 机耕路与乡村路如何区分? 小路调绘的取舍原则是什么?

11. 何谓水涯线、高水界? 河流两岸的高水界如何表示?

12. 水库、池塘、沟渠的调绘各有哪些要求?

13. 水系的附属设施与附属建筑物有哪些? 调绘时应如何表示?

14. 调绘冲沟有哪些要求?

15. 什么是地类界? 外业调绘地类界绘什么符号? 调绘地类界应注意哪些问题?

16. 植被符号的配合表示应遵守哪些规定?

17. 对于像片上没有影像的新增地物,野外调绘时应如何处理?

18. 什么是固定比例尺像片图测图? 它属于航测中的何种成图方法? 它与白纸测图

有何区别？

19. 简述固定比例尺像片图测图的作业过程。

20. 大比例尺航测成图中的像片调绘与1:10 000航测成图中的像片调绘相比有哪些特点？应该注意哪些问题？

第七章 解析摄影测量

第一节 概 述

模拟摄影测量经历了整整一个世纪，它是在电子计算机兴起之前占统治地位的摄影测量方法。模拟摄影测量存在着明显的弱点和局限性，它一般只能提供单一的图解产品，不便于修改、更新、管理和多方面的应用，同时用模拟法确定地面点，其精度难以保证。所以，人们很早就希望能用解析的方法取代模拟法来实现摄影测量中的命题。

一、解析摄影测量的概念

早在20世纪初立体坐标量测仪发明后，如何利用所量测的像点坐标解算出相应物方待定点的空间三维坐标，一直是摄影测量界所关注的焦点。

从第二章中我们已经知道，共线条件方程式在摄影测量中是描述像点、摄影（投影）中心、相应物点三者之间坐标变换关系的数学表达式。但由于在目前摄影中，通常很难得到水平像片，故在倾斜像片的情况下共线条件方程式较为复杂，以致无法通过手工计算进行解求。正是由于这种计算工具的限制，使得用解析方法处理摄影测量中的问题，在一定时期并未表现出广泛的实用价值。

随着电子计算机的出现，才使得人们用严格计算的方法解求像点在物方空间的坐标成为可能。从此开始了解析摄影测量的新时代。

所谓解析摄影测量，是指以电子计算机为主要手段，通过对摄影像片的量测和解析计算的方式来研究和确定被摄物体的形状、大小、位置、性质和相互关系，并提供各种摄影测量产品的一门科学。

解析摄影测量与模拟摄影测量相比较，虽然其原理及作业流程仍相同，但其交会与解算方式已发生了根本性的变化，即交会从光学或机械交会变成了“数字导杆”的交会，解算由模拟解算变成了计算机数字解算。

随着电子计算机的不断发展，模拟摄影测量被解析摄影测量所取代，是摄影测量发展历史阶段的必然结果。

二、解析摄影测量的基本原理

在第三章中我们已经指出共线条件方程式是摄影测量极为重要的公式，它反映了摄影时像点与相应物点之间的坐标变换关系，对解算摄影测量中的问题具有重要的价值。

$$
\left.\begin{aligned}
x &= -f\frac{a_1(X_A-X_S)+b_1(Y_A-Y_S)+c_1(Z_A-Z_S)}{a_3(X_A-X_S)+b_3(Y_A-Y_S)+c_3(Z_A-Z_S)}\\
y &= -f\frac{a_2(X_A-X_S)+b_2(Y_A-Y_S)+c_2(Z_A-Z_S)}{a_3(X_A-X_S)+b_3(Y_A-Y_S)+c_3(Z_A-Z_S)}
\end{aligned}\right\} \tag{7-1}
$$

式(7-1)是以地面点坐标计算像点坐标形式表示的共线条件方程式,共线条件方程式也可以用像点坐标计算地面点坐标的形式(即式(7-2))来表达

$$
\left.\begin{aligned}
X_A-X_S &= (Z_A-Z_S)\frac{a_1x+a_2y-a_3f}{c_1x+c_2y-c_3f}\\
Y_A-Y_S &= (Z_A-Z_S)\frac{b_1x+b_2y-b_3f}{c_1x+c_2y-c_3f}
\end{aligned}\right\} \tag{7-2}
$$

所以,解析摄影的基本原理即是共线条件方程式的具体应用。

(1)在一张像片上,若已知三个平高控制点的地面坐标(它与公式中地面点在地辅坐标系中的坐标(X_A,Y_A,Z_A)只是简单的变换关系),并量测出相应的像点坐标(x,y),则可利用式(7-1)列出6个方程式,从而解算出该张像片的6个外方位元素(如X_S、Y_S、Z_S、α_X、ω、κ)。这在解析摄影测量中被称为单像空间后方交会。

(2)若一个像对两张像片的外方位元素(X_{S1}、Y_{S1}、Z_{S1}、α_{X1}、ω_1、κ_1)和(X_{S2}、Y_{S2}、Z_{S2}、α_{X2}、ω_2、κ_2)已知,某像点在这两张像片上的像点坐标(x_1,y_1)和(x_2,y_2)也已知(如在坐标量测仪上量测),则该相应地面点的坐标(X,Y,Z)可利用式(7-2)列出4个方程式,用最小二乘法原理进行平差计算解求。这在解析摄影测量中被称为立体像对的空间前方交会。实际上所解求出的像对中各模型点(地面点)的空间坐标即构成了一个数字的立体模型,这在数字测图中具有重要意义。

(3)在多张连续摄取像片的区域,若依据一定数量的地面控制点,同样可以利用式(7-1)列出若干个方程式,解求出各张像片的外方位元素和地面未知点的坐标(X_A,Y_A,Z_A)。

以图7-1为例,它表示一个由3张像片所组成的区域,该区域内△表示已有的4个外业控制点,○表示6个待定的加密点。每个加密点的(X,Y,Z)坐标为未知数,每张像片的6个外方位元素(X_S、Y_S、Z_S、α_X、ω、κ)也是未知数,所以该区域共有$3\times6+6\times3=36$个未知数。该区域内这10个点的像点坐标可以量测到,为已知数。所以,按照共线条件方程式(式(7-1)),4个控制点可列出8个方程式;加密点中的1、3、4、6四个点,每个点可列出4个方程式;2、5点每点可列出6个方程式,故总共可列$8+4\times4+6\times2=36$个方程式,从而能解求出该区域的36个未知数。

三、解析摄影测量的主要任务

解析摄影测量的主要任务是:

(1)进行解析空中三角测量,解求和加密地面(或物面)待定点的三维坐标。

(2)使用解析测图仪测定和研究被摄物体的形状、大小、位置及相互关系并提供所需的图件资料。

本章重点讲述解析空中三角测量。

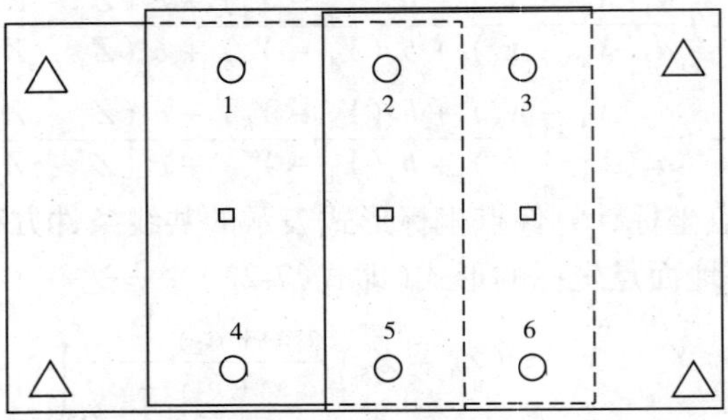

图 7-1　多张像片联测

第二节　解析空中三角测量

一、概述

在双像解析摄影测量中每个像对都需要 4 个地面控制点才能解求全部模型点的坐标。如果这些控制点的坐标全由野外测定,则工作量太大,效率也不高。能否在一条航线或几条航线构成的一个区域中,测少量的野外控制点,在内业用解析摄影测量的方法加密出每个像对所要求的控制点,然后用于测图呢？回答是肯定的,解析空中三角测量就是为解决这个问题而提出的方法。目前,生产部门已广泛采用这种方法,由于这种方法使用了电子计算机,生产中人们又习惯把这一加密控制点的方法称为电算加密。

所谓解析空中三角测量,是依据像片上量测的像点坐标和少量野外测定的控制点为基础,采用严密的数学公式,按照最小二乘法原理,使用电子计算机解求加密点的三维坐标及其定向参数的方法。

解析空中三角测量的优点是:

(1)能快速在大范围内进行点位三维坐标的测定,从而减少了大量的野外工作量。

(2)可不触及被测目标物和不受地面通视条件的约束,凡是在影像上可以看到的目标,均可以测定其位置和几何形状。

(3)能顾及摄影物镜的畸变差、大气折光差、地球曲率及底片变形等系统误差的影响并进行有效的改正。

(4)通过平差计算能保证整个区域内加密点的精度均匀和多种用途的需要。

随着解析空中三角测量的不断研究、发展和完善,它不仅在测绘部门,而且在国民经济(如铁路、公路、电力、水利、土地……)以及军事和科研的众多领域已成为点位坐标测定的一种重要手段,它主要有以下几方面的应用:

(1)为立体测绘地形图、制作影像平面图和正射影像图提供定向控制点和内、外方位元素。

(2)取代大地测量方法,进行三、四等或等外三角测量的点位测定(厘米级精度)。

(3)用于地籍测量以测定大范围内界址点的国家统一坐标,称为地籍摄影测量,以建立坐标地籍(要求精度为厘米级)。

(4)单元模型中解析计算大量点的地面坐标，用于诸如数字高程模型采样或桩点法测图。

(5)解析法地面摄影测量，如各类建筑物变形测量、工业测量以及用影像重建物方坐标等，此时所要求的精度较高。

解析空中三角测量根据平差范围的大小，可分为单航带法和区域网法。单航带法是以一条航带为一个单元进行构网、平差计算，在平差中无法顾及相邻航带之间公共点条件。区域网法则是对由若干条航带（每条航带有若干个像对或模型）或几幅图组成的区域进行整体平差，平差过程中能充分地利用各种几何约束条件，并尽量减少对地面控制点数量的要求。

根据平差中采用的数学模型可分为航带法、独立模型法、光束法三种方法。航带法是通过相对定向和模型连接先建立自由航带，以点在该航带中的摄影测量坐标为观测值，通过非线性多项式中变换参数的确定，使自由网纳入所要求的地面坐标系，并使公共点上不符值的平方和为最小。独立模型法是先通过相对定向建立起单元模型，以模型点坐标为观测值，通过单元模型在空间的相似变换，使之纳入到规定的地面坐标系，并使模型连接点上残差的平方和为最小。光束法则直接由每幅影像的光线束出发，以像点坐标为观测值，通过每个光束在三维空间的平移和旋转，使同名光线在物方最佳地交会在一起，并使之纳入规定的坐标系，从而加密出待求点的物方坐标和影像的方位元素。

（一）航带法空中三角测量

航带法空中三角测量研究的对象是一条航带的模型。首先，对航带中每个像对进行连续法相对定向，建立立体模型。此时，每个像对相对定向以左片为基准，求右片相对于左片的相对定向元素，以航带中第一张像片的像空间坐标系作为像空间辅助坐标系，对第一个像对进行相对定向。之后，保持左片不动，即以第一像对右片的相对角元素作为第二像对左片的相对角元素，为已知值，对第二个像对进行连续法相对定向，再求出第三张像片相对第二张像片的相对定向元素，如此下去，直到完成所有像对的相对定向。这时，整条航带的像空间辅助坐标系均化为统一的像空间辅助坐标系。但由于各像对的基线是任意给定的，因此各模型的比例尺不一致，为此，利用相邻模型公共点的像空间辅助坐标应相等为条件，进行模型连接，构成航带模型。用同样的方法建立其他航带模型。

然后，用航带内已知控制点或相邻航带公共点，进行航带模型绝对定向，将各航带模型连接成区域网，并得到所有模型点在统一的地面摄影测量坐标系中的坐标。

最后，进行航带或区域网的非线性改正。由于在建立航带模型的过程中，不可避免地有误差存在，同时还要受到误差积累的影响，致使航带或区域网产生非线性变形。为此，需要根据地面控制点按变形规律进行改正。通常，用于非线性改正的数学模型为二次或三次多项式。改正的方法是认为每条航带有各自的一组多项式系数值，然后以控制点的计算坐标与实测坐标相等，以及相邻航线控制点坐标应相等为条件，在误差平方和为最小的条件的前提下，求出各航带的多项式系数，进行坐标改正，最终求出加密点的地面坐标。

（二）独立模型法空中三角测量

独立模型法空中三角测量是基于单独法相对定向建立单个立体模型，以单模型作为平差单元，由一个个相互连接的单模型构成一条航带网或组成一个区域网。由于构网过程中的误差被限制在单个模型范围内，因此不会发生误差的传递积累，有利于加密精度的提高。另外，由于各模型的像空间辅助坐标系和比例尺均不一致，因此在模型连接时，要用模型内的已知控制点和模型公共点进行空间相似变换。首先将各单个模型视为刚体，利用各单个模型彼此间的公共点连接成一个区域。在连接过程中，每个模型只能作平移、旋转、缩放，这样的要求通过单个模型的空间相似变换来完成。在变换中要使模型间公共点的坐标相等，控制点的计算坐标应与实测坐标相等，同时误差的平方和应为最小，在满足这些条件的前提下，按最小二乘原理求得每个模型的 7 个绝对定向参数，从而求出所有加密点的地面坐标。

独立模型法理论较航带法严密，但计算工作量较航带法大，对计算机容量要求高，而且只适用于对偶然误差的平差，有系统误差的则需另加系统误差消除的方法。

独立模型法区域网空中三角测量的主要内容包括：

(1)求出各单元模型中模型点的坐标，包括摄站点坐标。

(2)利用相邻模型之间的公共点和所在模型中的控制点，对每个模型各自进行空间相似变换，列出误差方程式及法方程式。

(3)建立全区域的改化法方程式，并按循环分块法求解，求得每个模型的 7 个参数。

(4)由已经求得的每个模型的 7 个参数，计算每个模型中待定点平差后的坐标，若为相邻模型的公共点，则取其平均值作为最后结果。

(三)光束法空中三角测量

光束法空中三角测量是以每张像片的一束光线为平差单元，以共线方程为依据，建立全区域的统一误差方程式和法方程式，整体解求区域内每张像片的 6 个外方位元素以及所有待定点的地面坐标和高程，其原理与光束法双像解析摄影测量相同。

光束法空中三角测量的基本内容有：

(1)各影像外方位元素和地面点坐标近似值的确定。可以利用航线法区域网空中三角测量方法提供影像外方位元素和地面点坐标近似值，在竖直摄影情况下，也可以设 $\alpha_X=\omega=0$，κ角和地面点坐标近似值则可以在旧地形图上读出。

(2)从每幅影像上的控制点和待定点的像点坐标出发，按每条摄影光线的共线条件方程列出误差方程式。

(3)逐点法化建立改化法方程式，按循环分块的求解方法先求出其中的一类未知数，通常是先求出每幅影像的外方位元素。

(4)利用空间前方交会求得待定点的地面坐标，对于相邻影像公共交会点应取其均值作为最后的结果。

在上述三种方法中光束法空中三角测量理论严密，精度最高，但计算工作量最大。随着计算机技术的发展，计算机的容量、速度均已大大提高，而价格不断降低，使得光束法空中三角测量成为最有生命力的方法，特别是在该方法中加入粗差检测、自检校法消除系统误差等，使其精度更高，可得到厘米级的加密点位精度。

二、GPS 辅助空中三角测量

在 GPS 出现以前，航测地面控制点的施测主要依赖传统的经纬仪、测距仪及全站仪等，但这些常规仪器测量技术都必须满足控制点间通视的条件，在通视条件较差的地区，施测往往十分困难。GPS 测量不需要控制点间通视，而且精度高、速度快，因而 GPS 测量技术很快就取代常规测量技术成为航测地面控制点的测量的主要手段。但对崇山峻岭、戈壁荒滩等难以通行地区仍需作业人员背负仪器、跋山涉水，其劳动强度依然很大。即使如此，对国界、沼泽等作业人员无法到达地区往往显得无能为力。因此，它仅适用于测定少量地面控制点以作为航测内业空三加密所需控制信息的一种补充手段。从总体上讲，地面控制点的获取仍是一个十分耗时耗力的工作，未能从根本上解决常规方法作业周期长、成本高的缺点。

近年来，GPS 动态定位技术的飞速发展促进了 GPS 辅助空中三角测量技术的出现和发展。目前，该技术已进入实用阶段，在国际和国内已用于大规模的航空摄影测量生产。如从德国引进的高精度航空定位导航姿态测量系统（IMU/DGPS），它是采用 IMU（Intertial Measurement Unit，惯导测量仪）与 DGPS（差分 GPS）技术相结合的方法进行辅助航空摄影测量的。机载 IMU/DGPS 系统采用先进的光纤陀螺系统，结合差分 GPS 测量来直接测定航片的外方位元素，省去了传统航空摄影测量成图中外业地面控制工序。实践表明，该技术可以极大地减少地面控制点的数目，减少外业控制作业时间，缩短成图周期，降低成本。

（一）GPS 辅助空中三角测量的基本原理

在 GPS 辅助空中三角测量中，GPS 主要用于测定空中三角测量所需要的地面控制点和航摄仪曝光时刻摄站的空中位置。

GPS 辅助空中三角测量的基本原理是：利用安装于飞机上与航摄仪相连接的和设在地面上一个或多个基准站上的至少两台 GPS 信号接收机同步而连续地观测 GPS 卫星信号、同时获取航空摄影瞬间航摄仪快门开启脉冲，通过 GPS 载波相位测量差分定位技术的离线数据后处理获取航摄仪曝光时刻摄站的三维坐标，然后将其视为附加观测值引入摄影测量区域网平差中，经采用统一的数学模型和算法以整体确定物方点位和像片方位元素并对其质量进行评定的理论、技术和方法。GPS 辅助空中三角测量的基本思想是用由差分 GPS 相位观测值进行相对动态定位所获取的摄站坐标，作为区域网平差中的附加非摄影测量观测值，以空中控制取代地面控制（或减少地面控制）的方法来进行区域网平差。

（二）GPS 辅助空中三角测量联合平差

GPS 辅助空中三角测量是摄影测量与非摄影测量观测值联合平差的一部分，即摄影机定向数据与摄影测量数据的联合平差。在各种 GPS 辅助空中三角测量方法中以 GPS 辅助光束法区域网平差最为严密，GPS 辅助光束法区域网平差的函数模型是在自检校光束法区域网平差的基础上辅以 GPS 摄站坐标与摄影中心坐标的几何关系及其系统误差改正模型后所得到的一个基础方程。与经典的自检校光束法区域网平差法方程相比，其主要是增加了镶边带状矩阵的边宽，并没有破坏原法方程的良好稀疏带状态结构。因此，对该法方程的求解依然可采用边法化边消元的循环分块解决。然而区域网平差中，一并解求漂移误差改正参数，可能会使法方程面临难解问题，在这种情况下，必须有足够的地面控制点。

三、自动空中三角测量

所谓自动空中三角测量，就是利用模式识别技术和多像影像匹配等方法代替人工在影像上自动选点与转点，同时自动获取像点坐标，提供给区域网平差程序解算，以确定加密点在选定坐标系中的空间位置和影像的定向参数。其主要作业过程如下。

（一）构建区域网

一般来说，首先要将整个测区的光学影像逐一扫描成数字影像，然后输入航摄仪鉴定数据、摄影机信息文件和地面控制点信息等，建立原始观测值文件，最后在相邻航线的重叠区域里量测一对以上同名连接点。

（二）自动内定向

通过对影像中框标点的自动识别与定位来建立数字影像中的各像元行、列数与其像平面坐标之间的对应关系。首先，根据各种框标均具有对称性及任意倍数的90°旋转不变性这一特点，对每一种航摄仪自动建立标准框标模板；然后，利用模板匹配算法自动快速识别与定位各框标点；最后，以航摄仪检定的理论框标坐标值为依据，通过二维仿射变换或者是相似变换解算出像元坐标与像点坐标之间的各种变换参数。

（三）自动选点与自动相对定向

首先，用特征点提取算子从相邻两幅影像的重叠范围内选取均匀分布的明显特征点，并对每一特征点进行局部多点松弛法影像匹配，得到其在另一幅影像中的同名点。为了保证影像匹配的高可靠性，所选的点应充分得多。然后，进行相对定向解算，并根据相对定向结果剔除粗差后重新计算，直至不含粗差。必要时可进行人工干预。

（四）多影像匹配自动转点

对每幅影像中所选取的明显特征点，在所有与其重叠的影像中，利用核线（共面）条件约束的局部多点松弛法影像匹配算法进行自动转点，并对每一对点进行反向匹配，以检查并排除其匹配出的同名点中可能存在的粗差。

（五）控制点的半自动量测

摄影测量区域网平差时，要求在测区的固定位置上设立足够的地面控制点。研究表明，即使是对地面布设的人工标志点，目前也无法采用影像匹配和模式识别方法完全、准确地量测它们的影像坐标。当今，几乎所有的数字摄影测量系统都只能由作业员直接在计算机屏幕上对地面控制点影像进行判识并精确手工定位，然后通过多影像匹配进行自动转点，得到其在相邻影像上同名点的坐标。

（六）摄影测量区域网平差

利用多影像匹配自动转点技术得到的影像连接点坐标可用做原始观测值提供给摄影测量平差软件，进行区域网平差解算。

自动空中三角测量是后续的一系列摄影测量处理与应用的基础，如创建 DTM、正射影像、立体测图等。

思考题

1. 何谓解析摄影测量？它与模拟摄影测量的主要区别是什么？

2. 简述解析摄影测量的基本原理。

3. 解析摄影测量的两大主要任务是什么？

4. 什么是解析空中三角测量？它有哪些优点？

5. 目前,解析空中三角测量按其平差中采用的数学模型可分为哪三种方法？其中哪种方法的平差最为严密？

6. GPS 在电算加密中的应用有何意义？

第八章 数字摄影测量

第一节 概 述

数字摄影测量的发展起源于摄影测量自动化的实践，摄影测量自动化是摄影测量工作者多年来所追求的理想。20 世纪 50 年代，美国研制了第一台自动化摄影测量测图仪，它是将像片上灰度的变化转换成电信号，利用相关电子技术实现自动化量测。这种方法是最早研究的立体观测自动化的技术，由于它本身的不足，以及现代技术的发展，现已不再采用这种方法，但它的理论和技术是研究数字摄影测量的基础，美国于 20 世纪 60 年代研制成功的 DAMC 系统就属于这种数字的自动化测图系统。后来，许多国家研制了这种测图系统，它们都是采用数字方式实现摄影测量的自动化。因此，数字摄影测量是摄影测量自动化的必然产物。

随着计算机技术及其应用的不断发展以及数字图像处理、人工智能等科学的不断发展，数字摄影测量的内涵已远远超过了传统摄影测量的范围，现已被公认为是摄影测量的第三个发展阶段。数字摄影测量与模拟、解析摄影测量的最大区别在于：它处理的原始信息是数字影像，它最终是以计算机代替人眼进行立体观测的，因而它所使用的仪器最终将只是计算机及其相应的外部设施，其产品是数字形式的，传统的模拟产品只是该数字产品的模拟输出。

一、数字摄影测量的定义

在当今信息时代，数字化已成为渗透到诸多领域的高技术的标志性技术。摄影测量领域当然也不例外。所谓数字摄影测量，就是利用数字影像与摄影测量的基本原理，应用计算机技术、数字影像处理、影像匹配、模式识别等多学科的理论与方法，提取所摄对象用数字方式表达的几何与物理信息的摄影测量学的分支学科。这种定义在美国等国家称为软拷贝摄影测量（Softcopy Photogrammetry）。中国著名摄影测量学者王之卓教授称之为全数字摄影测量（All Digital Photogrammetry）。这种定义认为，在数字摄影测量中，不仅其产品是数字的，而且其中间数据的记录以及处理的原始资料均是数字的。

从数字摄影测量的定义可知，数字摄影测量是以数字影像为基础，通过计算机分析和处理，获取数字图形和数字影像信息的摄影测量技术。具体地说，它是以立体数字影像为基础，由计算机进行影像处理和影像匹配，自动识别相应像点及坐标，运用解析摄影测量的方法确定所摄物体的三维坐标，并输出数字高程模型和正射数字影像，或图解线划等高线图和带等高线的正射影像图等。它与模拟、解析摄影测量的最大区别在于：它处理的原始信息不仅可以是像片，更主要的是数字影像（如 SPOT 影像）或数字化影像；它最终是以计算机视觉代替人眼的立体观测，因而它所使用的仪器最终将只是通用计算机及其相应外部设备;其产品是数字形式的,传统的产品只是该数字产品的模拟输出。

实现数字影像自动测图的系统称为数字摄影测量系统 DPS(Digital Photogrammetric System)或数字摄影测量工作站 DPW(Digital Photogrammetric Workstation)。这种系统是使用按灰度元素数字化了的影像,利用电子计算机的运算,通过数字相关技术建立数字地面模型,形成线划等高线及正射影像地图,而且可以直接提供数据,建立高程数据库和地理数据库,适用于各种规划决策、工程设计和各种专题地图的编制。

数字摄影测量系统除能胜任解析测图仪可完成的一切任务外,还具有许多新的功能,如影像位移的去除、任意方式的纠正、反差的扩展、多幅影像的比较分析、图像识别、影像数字相关以及数据库的管理等;通过显示器还可观察数字图像以及框标、控制点、连接点、DEM 及其他所需特征;在空中三角测量中通过附加参数由自检校确定的系统误差的改正数可直接赋给图像,从而最终改善结果的精度;易于实现用于整体检查和质量控制的图形显示或叠合,甚至进行立体显示;可对图像自动进行所需要的特征提取,并在此基础上进行双像、多像并带几何约束的匹配以及顾及邻元条件的多块匹配,进而生成数字高程模型、数字正射影像,或直接为机器人视觉系统服务等;而且唯有数字摄影测量系统具有实时数据获取和处理的能力,正是这种能力将使它进入崭新的应用领域。

二、数字摄影测量的分类

数字摄影测量一般包括计算机辅助测图与影像数字化测图两种类型。而影像数字化测图按对影像进行数字化的程度,又可分为混合数字摄影测量与全数字摄影测量。

(一)计算机辅助测图

计算机辅助测图是利用解析测图仪或模拟光机型测图仪与计算机相联的机助(或机控)系统,进行数据采集、数据处理,形成数字高程模型(DEM)与数字地图,最后输入相应的数据库。根据需要也可在数控绘图仪输出线划图,或在数控正射投影仪输出正射影像图,或用打印机打印各种表格。在这种情况下,所处理的依然是传统的像片且对影像的处理仍然需要人眼的立体量测,计算机则起进行数据的记录与辅助处理的作用,这是一种半自动化的方式。计算机辅助测图是摄影测量从解析化向数字化的过渡阶段。

(二)影像数字化测图

影像数字化测图是利用计算机对数字影像或数字化影像进行处理,由计算机视觉(其核心是影像匹配与影像识别)代替人眼的立体量测与识别,完成影像几何与物理信息的自动提取。

此时,不再需要传统的光机仪器与传统的人工操作方式,而是自动化的方式。若处理的原始资料是光学影像(即像片),则需要利用影像数字化器对其数字化。

1. 混合数字摄影测量

混合数字摄影测量通常是在解析测图仪上安装一对 CCD 数字相机,对要进行量测的局部影像进行数字化,由数字相关(匹配)获得点的空间坐标。

2. 全数字摄影测量

全数字摄影测量处理的是完整的数字影像,若原始资料是像片,则首先利用影像数字化仪对影像进行完全数字化。利用传感器直接获取的数字影像可直接进入计算机,或记录在磁带上，通过磁带机输入计算机。由于自动影像解释仍处于研究阶段，因而目前全数字摄影测量主要是生成数字地面模型（DTM）与正射影像图。

3. 实时摄影测量

影像获取与处理几乎同时进行，在一个视频周期内完成，这就是实时摄影测量。它是全数字摄影测量的一个分支。显然，在实时摄影测量中，数字相机必须与主计算机联机使用。若传感器或影像数字化器不与主计算机联机使用，这种系统就是通用型（离线）全数字摄影测量系统。在实时摄影测量系统中需要实时地获取数字影像并实时地处理，这就需要高性能硬件的支持并运用快速适用的算法。当前，实时摄影测量被用于视觉科，如计算机视觉、机器视觉及机器人视觉等。

三、数字摄影测量系统的基本作业过程

当前数字摄影测量系统的应用方案有多种，但其基本作业过程如下：

（1）影像数字化或数字影像获取。

（2）定向参数的计算：①对数字影像的框标进行定位，计算扫描坐标系与像片坐标系间的变换参数。②对相对定向用的点位及绝时定向用的大地点进行定位与二维相关运算，寻找同名点的影像坐标值。③计算相对定向参数与绝对定向参数。

（3）影像匹配与建立数字地面模型：①按同名核线将影像的灰度予以重新排列。②沿核线进行一维影像匹配求出同名点。③计算同名点的空间坐标。④建立数字地面模型。

（4）测制等高线及正射影像图：①自动生成等高线。②数字纠正产生正射影像图。③拼接镶嵌叠加产生正射影像地图。

第二节　数字影像解析

一、数字影像的获取

（一）数字影像

数字摄影测量的原始资料是数字影像。因此，对光学影像进行采样与量化以获取所需要的数字影像，是数字影像自动测图最基础的工作。这里我们先介绍一下数字影像的概念。

数字影像实际上是一个空间的灰度矩阵 $\boldsymbol{G}$：

$$\boldsymbol{G} = \begin{bmatrix} g_{0,0} & g_{0,1} & \cdots & g_{0,n-1} \\ g_{1,0} & g_{1,1} & \cdots & g_{1,n-1} \\ \vdots & \vdots & & \vdots \\ g_{m-1,0} & g_{m-1,1} & \cdots & g_{m-1,n-1} \end{bmatrix}$$

矩阵里的每个元素 $g_{i,j}$ 是一个灰度值，对应着光学影像或实体的一个微小区域，这个区域就是像元素或像素。也就是说，数字影像的每一个数据代表了被摄物体（或光学影像）上一个“点”的辐射强度（灰度），这个“点”称为像元素，通常称为像素。像素的灰度

值常用八位二进制表示，在计算机中为一个“字节”。各像元素的灰度值 $g_{i,j}$ 代表其影像经采样与量化了的“灰度级”（光学影像的灰度分为 256 级，一般是 0 ~ 255 的某个整数，代表像元素的黑白程度）。如图 8-1 所示，若将原光学影像分成 m 行 n 列，则原影像中的某个小区域就代表了数字影像中的一个像素，如 $g_{0,0}$。

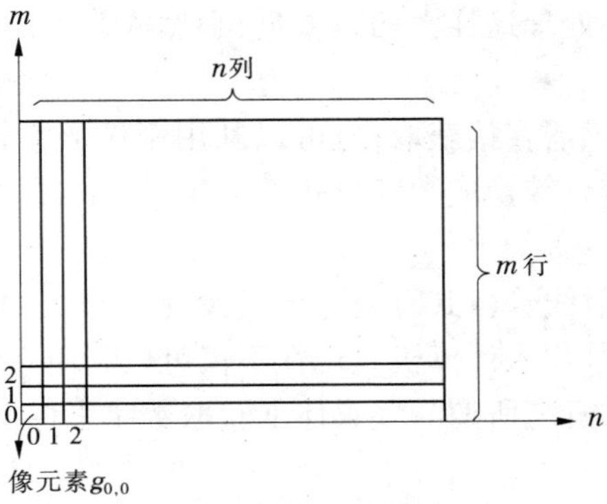

图 8-1　数字影像

数字影像一般表达为空间的灰度函数 $g(i,j)$，并构成为矩阵形成的阵列。这种表达方式与其真实影像是相似的，但有时为了压缩数据信息，便于有效地存储和传递，也可以变换用其他方式来表达数字影像。

（二）数字影像采样

光学影像上像点是连续分布的，将光学影像数字化而得到的数字影像不可能对理论上的每一个点都能获取其灰度值，而只能将实际的灰度函数离散化，对相隔一定间隔的“点”量测其灰度值。在影像数字化的术语中，把量测与记录影像上等间隔“点”的灰度值的过程称为采样。采样实质上也就是对实际连续函数模型离散化的量测过程，被量测的点称为样点，相邻样点之间的距离即是采样间隔。在影像数字化时，这些被量测的“点”也不可能是几何上的一个点，而是一个小的区域，通常是矩形或圆形的微小影像块，即像素。现在一般取矩形或正方形，矩形或正方形的长与宽通常称为像素的大小，它通常等于采样间隔。采样后是不连续的等间隔序列，采样过程会给影像的灰度带来误差。例如，相邻两个点的影像被丢失，亦即影像的细部受到损失。若要减少损失，则采样间隔越小越好，但相应地就会增加数据量。确定采样间隔，应依据精度要求和影像分解力，另外还要考虑到数据量和存储设备的容量。当采样间隔确定了以后，像素的大小也就确定了。

（三）数字影像量化

通过采样过程得到的每个点的灰度值并不是整数，这对于计算很不方便。为此，应将各点的灰度值取为整数，这一过程称为数字影像量化。该方法是将透明像片有可能出现的最大灰度变化范围进行等分，等分的数目为“灰度等级”，然后将每个点的灰度值在其相应的灰度等级内取整。量化分级的数目多少取决于所需的精度高低，显然，分级数目越多，则精度越高。在实际应用中，灰度等级一般都取为 2^M（M 是正整数），每一级的序号代表该级的灰度值。当 $M=1$ 时，灰度只有黑白两级。在数字摄影测量中，对光学影像一般要求 $M=8$，即影像按 256 级进行量化，其数是介于 0 ~ 255 的一个整数，0 为黑，255 为白。这种分级方法使每个像素的灰度都可用 8 位二进制进行编码，正好可用存储器中的一个字节来表示,所以它对数字处理特别有利。

如果对一张 23 cm×23 cm 的航摄像片按不同的像素大小进行采样,并按 256 级进行量化,其数字化后的数据量是相当大的。当像素大小为 50 μm 时,一张像片包含 21 兆字节;当像素大小为 25 μm 时,一张像片包含 84 兆字节。因而,"数据量大"是全数字摄影测量的一个特点与问题,要处理这样大的数据量,必然依赖于计算机的发展。

(四)传感器(扫描仪)

数字影像可以通过传感器直接获取,也可以利用影像数字化器从摄取的光学影像获取,即把原来模拟方式的信息转换成数字形式的信息。

1. 电子扫描仪

电子扫描仪使用阴极射线管(CRT)或光导摄像管(Vidicon)获取视频信号,由模数转换系统将其转换为数字信号存入计算机。现在不仅可以利用专门的电子扫描仪获取数字影像,还可以利用电视摄像机与所谓的多媒体卡获取数字影像,但其精度要差一些。

2. 电子-光学扫描仪

电子-光学扫描仪有很高的分解力,其扫描面积可以很大,分为滚筒式和平台式两类。一般来说,平台式扫描仪的精度与分解力较高,而滚筒式扫描仪的速度较快但精度与分解力都要低一些。这种电子-光学扫描仪一般用于光学影像或图件的扫描数字化,而不能用于实物数字影像的获取。

3. 固体阵列式数字化仪

将半导体传感器 CCD 排列在一行或一个矩形区域中构成线阵列或面阵列 CCD 相机,也称数字相机。对影像数字化或获取实物数字影像时不需扫描头逐像素地移动,在一条线上可以排列 2 048 个传感器,而在一个矩形内可排列 512×512 个传感器,甚至更多。线阵列数字化器主要应用于空间飞行器上,而面阵列数字化器在像片数字化中得到越来越广泛的应用。

数字相机具有体积小、质量轻、功耗低、抗震性强、造价低、寿命长及在弱光下灵敏度高等优点,因此已得到了广泛的应用。

二、数字影像内定向

为了从数字影像中提取所需要的几何信息,必须建立数字影像中的像元素与所摄物体表面相应的点之间的数学关系。由于经典的摄影测量学已经有一套严密的像点坐标与对应的物点坐标的关系式,因而只需要建立像素坐标系统与原有的像平面坐标系统的关系,就可以利用原有摄影测量理论,这就是数字影像内定向所要解决的问题。

内定向是摄影测量测图的第一步,在模拟测图仪上测图时,首先应将像片的框标与像片盘上的框标重合。在解析测图仪上测图时,将像片安放在像片盘上后,首先要观测像片框标的坐标,使像平面坐标系统与像片车架坐标系统联系在一起。数字影像测图的第一步也是内定向,这是因为在像片数字化时,像片的方位是任意的,因此必须进行内定向。

数字影像是以扫描坐标系 I、J 为准,即像元素的位置是由它所在的列号 I 与行号 J 来确定的,它与像片本身的像平面坐标系 $o-xy$ 是不一致的,且坐标原点不同,所以同一像点的像平面坐标与其扫描坐标不相等。一般来说,数字化时影像的扫描方向应大概平行

于像片的 x 轴，这对于以后的处理（特别是核线排列）是十分有利的。因此，扫描坐标系的 I 轴与 x 轴大致平行，如图 8-2 所示。

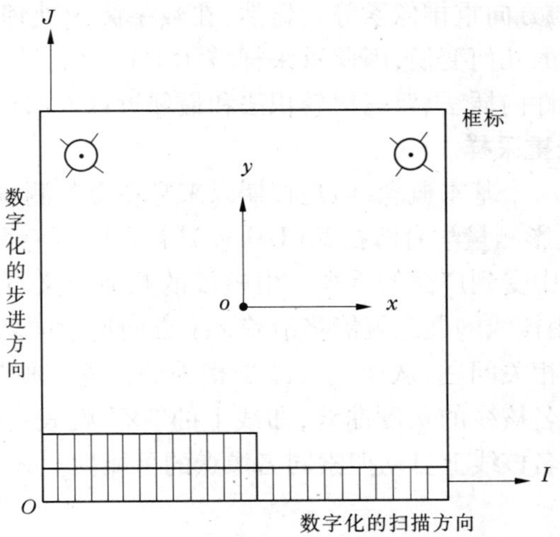

图 8-2　扫描坐标系与像平面坐标系的关系

内定向的目的就是确定扫描坐标系与像平面坐标系之间的关系以及数字影像可能存在的变形。数字影像的变形主要是在影像数字化过程中产生的。扫描坐标系与像平面坐标系之间的关系可以用下列关系式表示

$$\begin{bmatrix} x - x_0 \\ y - y_0 \end{bmatrix} = \begin{bmatrix} m_1 & m_2 \\ n_1 & n_2 \end{bmatrix} \begin{bmatrix} I - I_0 \\ J - J_0 \end{bmatrix} \tag{8-1}$$

式中：x、y 是像点在像平面框标坐标系中的坐标，x_0、y_0 是像片上像主点的像平面坐标，它通常是已知的；I、J 是数字影像在扫描坐标系中的坐标，也就是像素所在的行列号；I_0、J_0、m_1、m_2、n_1、n_2 是变换参数，其中 I_0、J_0 是数字影像的主点在扫描坐标系中的坐标值。

内定向的过程实质上就是确定上述 6 个变换参数的过程。为了解求 6 个变换参数，必须观测数字影像的 4 个框标的扫描坐标，然后与已知的光学影像框标的像平面坐标一起代入式(8-1)中，列出 8 个方程式进行平差计算，求得 6 个变换参数。得到 6 个变换参数后，式(8-1)中的系数就确定了。式(8-1)是全数字摄影测量系统的解析基础。它可以将数字影像中的像素扫描坐标(I,J)转换成像片上相应像点的像平面坐标(x,y)。然后运用解析摄影测量的方法完成相对定向和绝对定向，以确定地面点的三维空间坐标，并输出数字高程模型及相应的数字等高线和数字正射影像等信息。这些信息可以存储在计算机磁盘上或磁带上，也可以利用数控绘图仪输出图解线划图，或通过影像输出设备输出带等高线的正射影像图。

三、数字影像核线重采样

（一）数字影像重采样理论

在数字影像的几何处理过程中，常常要在数字影像的各像素阵列中计算一个不在阵列位置（采样点）上的新像素的灰度值，根据数字影像的矩阵点（采样点）的像素灰度值内

插计算新像素的灰度值叫做数字影像重采样，也就是在原采样的基础上再一次采样。每当对数字影像进行几何处理时，产生这些问题，其典型的例子为数字影像的旋转、数字纠正、在数字影像中按核线方向重排像素等。显然，在数字影像处理的摄影测量应用中，常常遇到一种或多种这样的几何变换，因此重采样技术对摄影测量学是很重要的。实际常用的重采样方法有双线性内插法、双三次卷积法和最邻近像素法。

（二）数字影像核线重采样

核线是摄影测量的一个基本概念，但是长期以来它在摄影测量中的实际应用很少，从20世纪70年代初，由摄影测量学者海拉瓦（Helava）等提出了核线相关后，核线的概念已在摄影测量自动化系统中受到广泛的重视。由核线的几何定义可知：同名像点必然位于同名核线上。这样，利用核线的概念就能将沿着 x、y 方向搜索同名点的二维相关问题，改成为沿同名核线的一维相关问题，从而大大减少相关的计算工作量。图 8-3 就表示了一对实际航摄像片上的同名核线的灰度曲线，曲线上的“×”就表示同名像点。从图 8-3 中可以直观地体会到在同名核线上自动搜索同名像点的可能性。

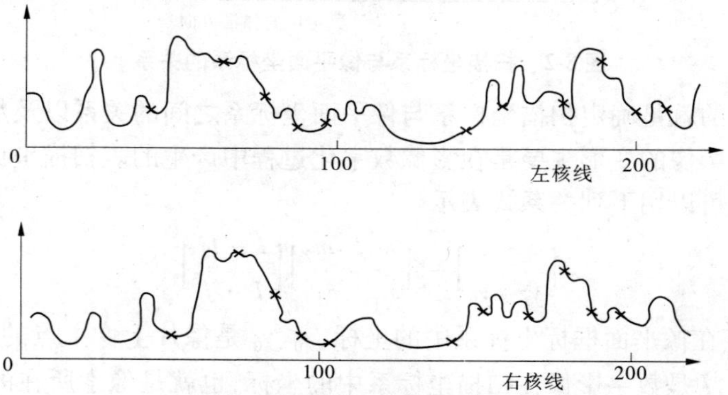

图 8-3　同名核线的灰度曲线图

数字影像通常是按扫描坐标系 I 和 J 方向按阵列形式排列的，要重新按核线方向排列，必须首先求出核线位置，然后按核线方向重采样，就可以得到按核线方向排列的数字影像。关键问题是如何确定同名核线，而且核线确定的精度直接影响到影像相关的精度。

确定同名核线的方法基本上可以分为两种：一是基于数字影像几何纠正的核线解析关系，二是基于共面条件的同名核线几何关系。其中，基于数字影像几何纠正的方法是原理最简单的一种方法。在前面章节我们讲过，倾斜像片上的核线是相互不平行的，它们相交于一个点——核点。但是，如果将像片上的核线投影到一对“相对水平”的像片上——平行于摄影基线的像对上，则核线相互平行。这样，我们就可以在相对水平的像片上建立规则的格网，它的行就是核线，核线上的像元素的灰度可由它对应的实际像片上的像元素的灰度求得，从而获得相对水平像片上的核线影像。

第三节　影像匹配

摄影测量中双像（立体像对）立体量测是提取物体三维信息的基础，立体量测的关键在于识别并切准相邻两张像片上的同名像点。在数字摄影测量中以影像匹配代替传统的人工观测,来达到自动确定同名像点的目的。最初的影像匹配是利用相关技术实现的,随后发展了多种影像匹配方法。

一、影像相关原理

影像匹配的基础是相关技术。由于原始像片中的灰度信息可转换为电子、光学或数字等不同形式的信号,因而可构成电子相关、光学相关或数字相关等不同的相关方式,它们的理论基础都是相同的,即影像相关。

影像相关是利用两个信号的相关函数评价它们的相似性以确定同名点,即首先取出以待定点为中心的小区域中的影像信号,然后取出其在另一影像中相应区域的影像信号,计算两者的相关函数,以相关函数最大值对应的相应区域中心点为同名点,即以影像信号分布最相似的区域为同名区域。同名区域的中心点为同名点,这就是自动化立体量测的基本原理——影像相关原理。

(一)电子相关

电子相关就是采用电子线路构成的相关器来实现影像相关的功能。其中,最常用的是一种极性相关器(或称为二进制相关器)。其基本原理是将两个灰度信号(在电子相关中又称视频信号)放大,然后经过限幅削波,得到两个相应的二进制(极性)视频信号,这种信号只包括高电平与低电平两种,最后将它们加到乘法器的输入端,获得两个信号相乘的结果。

由于电子相关时,电子线路复杂,性能也受到限制。因此,电子相关到后来就不再研究了。

(二)光学相关

光学相关就是利用光学影像解求影像相关的过程。它的理论基础是光的干涉和衍射以及由此而导出的一个透镜的傅立叶变换特性。利用透镜的这种傅立叶变换特性构成相干光学处理系统或称为相干光学计算机,再用相干光学处理系统来计算相关函数。当相关函数取得最大值时,即认为同名像点获得匹配。

(三)数字相关

数字相关就是利用计算机对数字影像进行相关计算的方式来完成影像的相关(或匹配)。数字相关的算法除相关函数和相关系数外,还有许多种算法,它们都是根据一定准则,比较左右影像的相似性来确定其是否为同名影像块,从而确定同名像点。

数字相关一般情况下是一个二维的搜索过程。1972 年,海拉瓦(HelaVa)等引入了核线相关原理,化二维搜索为一维搜索,大大提高了数字相关的速度,使数字相关技术在摄影测量中的应用得到了迅速的发展。

(四)金字塔影像相关

金字塔影像相关是将数字影像分成若干层,从精度最低的一层开始进行相关,这一步称为粗相关,找到相关点位后,进入下一层影像,利用上一层相关点位作为这一层的初值进行相关运算。如此进行直到精度最高一层得到精确的相关结果。对原始数字影像分层的方法很多,最简单的一种方法是两像素平均法。

一般,原始数字影像具有最高的分辨率(像素尺寸小)。两像素平均法是将原始影像两两取平均,得到分辨率比原始影像低一级的一层影像,然后对此层影像用同样的方法处理后,得到一个分辨率更低一级的影像,如图8-4所示。依次进行下去,一般分到四级。这样就得到了一个分辨率由高到低、像素尺寸由小到大的影像层次,左右影像处理相同。

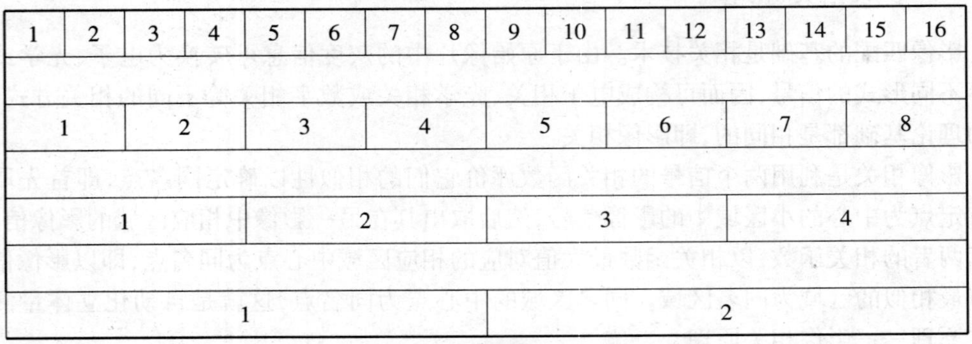

图8-4　两像素平均法

以上分级是对一维情况的分析,实际相关是对二维影像的处理。通过每 $2\times2=4$ 个像素平均为一个像素构成第二层(级)影像,再在第二级影像的基础上构成第三级影像,如此下去,最后构成如图8-5所示的金字塔影像。

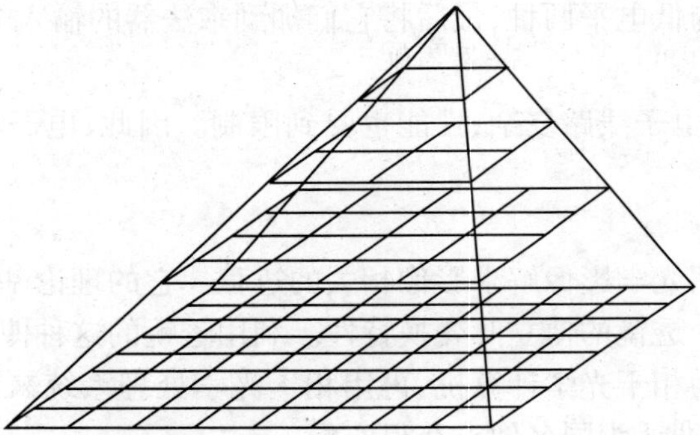

图8-5　金字塔影像

将这些影像叠置起来,很像古埃及的金字塔。因此,通常称之为金字塔影像或分层结构影像。其每一级(层)影像的像素个数均是其下层的1/4。

影像相关时,先在最上层(像素个数最少的一层)影像相关,将其结果作为初值,再在下一层影像相关,最后在原始数字影像上相关,实现一个从粗到精的处理过程。

影像匹配完成以后,即获取了同名像点的像点坐标,接下来就可以解求地面点的坐标和像片的外方位元素。

二、影像匹配

影像匹配就是在两幅或多幅影像之间自动识别同名影像或同名像点,它是计算机视觉及数字摄影测量的核心问题。在数字摄影测量中,就是应用影像匹配技术从数字立体像对中自动识别出同名像点，并获取其像点平面坐标（x_1，y_1）和（x_2，y_2），再应用解析摄影测量的方法完成相对定向和绝对定向，最后获得数字地面模型。

影像匹配的理论与实践是实现自动立体量测的关键，也是数字摄影测量的重要研究课题之一。影像匹配的精确性、可靠性、算法的适应性及速度均是其重要的研究内容，特别是影像匹配的可靠性一直是其关键之一。多级影像匹配与从粗到细的影像匹配策略是早期提出来的，但至今仍不失为提高可靠性的有效策略，而近年来发展起来的整体匹配是提高影像可靠性的极其重要的发展。从单点匹配到整体匹配是数字摄影测量影像匹配理论和实践的一个飞跃。很多整体影像匹配的方法考虑了匹配点与点之间的相互关联性，因而提高了匹配结果的可靠性与结果的相容性、一致性。目前，常用的影像匹配有以下几种。

（一）最小二乘影像匹配

最小二乘影像匹配充分利用了影像窗口内的信息进行平差计算，可以使影像匹配达到 1/10 甚至 1/100 像素的高精度。为此，最小二乘影像匹配被称为"高精度的影像匹配"。它不仅可以用于一般的数字地面模型，生产正射影像图，而且可以用于控制点的加密及工业上的高精度量测。在最小二乘影像匹配中可以非常灵活地引入各种已知参数和条件，从而可以进行整体平差。它不仅可以解决"单点"的影像匹配问题，以求其"视差"，也可以直接求其空间坐标，而且可以同时解求待定点的坐标与影像的方位元素，还可以同时解决"多点"影像匹配或"多片"影像匹配。另外，在最小二乘影像匹配系统中，可以方便地引入"相差检测"，从而大大地提高影像匹配的可靠性。

（二）基于特征的匹配

特征匹配主要是对影像上的特征点、线、面进行影像匹配。它适用于非地形测绘的地物测量，只对某些感兴趣的点、线、面进行匹配，无需产生密集的描述空间物体的网格点。比如在大比例尺城市航空摄影测量中，被处理的对象主要是人工建筑物，而非地形，这时由于影像的不连续、阴影与被遮蔽等原因，基于灰度匹配的算法就难以适应，此时若采用特征匹配可以提高匹配的可靠性。

一般来说，基于特征的匹配可分为三步，即先进行特征提取，然后利用一组参数对提取的特征进行描述，最后利用参数进行特征匹配。

（三）整体影像匹配

前面两种匹配方法都是基于单点的影像匹配，即以待匹配点为中心确定一个窗口，根据一个或多个相似性测度判别其与另一影像上搜索窗口中灰度分布的相似性，以确定待匹配点的同名点。这种匹配结果的正确与否与周围的点并无联系或只有很弱的联系（如由已匹配点进行预测等）。这种孤立的、不考虑周围关系的单点影像匹配结果之间必然会出现矛盾。而整体影像匹配考虑了周围点的相容性、一致性和整体协调性，可以纠正或避免错误的结果，从而提高影像匹配的可靠性。整体影像匹配算法主要包括多点最小二乘影像匹配、动态规划影像匹配、松弛法影像匹配、人工神经元网络影像匹配等。

第四节　数字高程模型

一、数字高程模型的概念

在模拟摄影测量及解析摄影测量中，都是将地面上的信息（地貌、地物以及各种名称）用图形与注记的方式表示在图纸上，如用等高线、地貌符号及必要的数字注记表示地形，用各种不同的符号与文字注记表示地物的位置、形状及特征，这就是常用的地形图。其优点是比较直观，便于人工使用；缺点是不便于管理，特别是无法被计算机直接利用，因而不能满足各种工程设计自动化的要求。随着计算机技术和信息处理的发展及生产实践的要求，这种传统的地形图逐渐被数字化产品取代，其典型产品将是数字地图与数字地面模型。

数字地面模型 DTM（Digital Terrain Model）是一个表示地面特征的空间分布的数据阵列。在数字地面模型中，除用数字的形式表示地形外，还可以包括其他信息，如资源、环境、土地利用、人口分布等多种信息的定量或定性描述。如果只考虑 DTM 的地形分量，我们通常称其为数字高程模型 DEM（Digital Elevation Model）或 DHM（Digital Height Model）。数字高程模型（DEM）是地形起伏的数字表达，它表示地形起伏的三维有限数字序列，即用三维向量来描述高程的空间分布。当数据点呈规则分布时（最常见的方格网分布），数据点的平面位置便可以由起始点的坐标和方格网的边长等少数几个数据完全确定下来，只要提供点的行列号就可以了，此时，DEM 只反映地面的高程，这也是数字高程模型名称的来由。在实际应用中，许多人习惯将代表地形特征空间分布的数字高程模型（DEM）称为数字地面模型（DTM）。实质上它们是不完全相同的，现在应用的一般都是数字高程模型（DEM）。

与传统的地图相比较，DTM 作为地表信息的一种数字表达形式有着无可比拟的优越性。首先，它可以直接输入计算机，供各种计算机辅助设计系统利用；其次，DTM 可运用多层数据结构存储丰富的信息，包括地形图无法容纳与表达的垂直分布地物信息。此外，由于 DTM 存储的信息是数字形式的，便于修改、更新、复制及管理，也可以方便地转换成其他形式的地表资料文件及产品（包括传统的地形图、表格）。

二、数字高程模型的表示形式

数字高程模型（DEM）有多种表示形式，主要包括规则矩形格网与不规则三角网等。为了减少数据的存储量及便于管理，可利用一系列在 X、Y 方向上都是等间隔排列的地形点的高程 Z 来表示地形，形成一个矩形格网 DEM。此时，DEM 点的分布（平面坐标）是以一种隐含的方式表示的。在这种情况下，除基本信息外，DEM 就变成了一组规则存放的高程值，可以用 DEM 点上的相应高程数据所组成的一个二维矩阵来表示。

由于矩形网 DEM 存储量小（还可以进行压缩存储），非常便于使用且容易管理，因而是目前使用最广泛的一种形式。但其缺点是有时不能准确表示地形的结构与细部，因此以矩形网 DEM 为基础描绘的等高线不能准确地表示地貌。为了克服其缺点,可采用附加地形特征数据,如地形特征点、山脊线、山谷线、断裂线等,从而构成完整的数据高程模型。若将按地形特征采集的点按照一定的规则连接成覆盖整个区域且互不重叠的许多三角形,构成一个不规则三角网 TIN(Triangulated Irregular Network)表示的 DEM,通常称为三角网 DEM 或 TIN。三角网 DEM 能较好地顾及地貌特征点、线,表示复杂地形表面比矩形格网(Grid)精确,其缺点是数据量较大,数据结构较复杂,因而使用与管理也比较复杂。近年来,许多人对 TIN 的快速构成、压缩存储及应用作了不少研究,也取得了一些成果,为克服其缺点发扬其优点做了许多有益的工作。

为了充分利用上述两种形式 DEM 的优点,德国的爱博纳(Ebner)教授提出了 Grid-TIN 混合形式的 DEM,即一般地区使用矩形格网数据结构(还可以根据地形采用不同密度的格网),沿地形特征附加三角网数据结构。

三、DEM 数据的获取

数据获取的目的就是量测一些点的三维坐标,取得一定数量的数据点。数据点是建立数字高程模型的控制基础,其作用相当于外业测绘等高线时的碎部点。模拟地表面的数学模型函数关系的待定参数就是根据这些数据点的已知信息(X,Y,Z)来确定的。目前,获取 DEM 数据的方法主要有以下几种:

(1)野外采集。利用自动记录的电子速测经纬仪或全站经纬仪在野外实测,以获取数据点坐标值。其记录的数据可以通过串行通信,输入其他计算机进行处理。

(2)在现有地图上采集。利用手扶跟踪数字化仪或扫描数字化仪对已有地图上的信息(如等高线、地性线等)进行数字化。

(3)空间传感器。利用 GPS、雷达和激光测高仪等进行数据采集。

(4)数字摄影测量方法。摄影测量方法是实际生产中使用最普遍的获取数据点的一种方法。传统的方法是利用附有自动记录装置(接口)的立体测图仪(或立体坐标量测仪)、解析测图仪或自动化测图系统获得数据点。目前,数据采集主要用数字摄影测量系统进行,数字摄影测量是空间数据采集最有效的手段,它具有自动化程度高、劳动强度低等优点。

四、DEM 数据的处理

(一)DEM 数据预处理

经过 DEM 数据采集的过程,得到的是一组原始的 DEM 数据。这组数据还不是适合于直接应用的形式,甚至还包含有错误。因此,必须在计算机的支持下,对这些原始数据进行必要的处理,改正错误,把它们整理成适合于处理和应用的形式。这些有关的内容统称为 DEM 数据预处理。它是 DEM 内插之前的准备工作,也是整个数据处理的一部分,一般包括以下内容:

(1)格式转换。由于数据采集的软、硬件系统各不相同,因而数据的格式可能也不相同。常用的代码有 ASCⅡ码、BCD 码及二进制码。每一记录的各项内容及每项内容的类型、位数也可能各不相同,要根据 DEM 内插软件的要求进行格式转换。

(2)坐标变换。若采集的数据不是处于地面坐标系,则应变换到地面坐标系。

(3)数据编辑。将采集的数据用图形方式显示在计算机屏幕上,作业人员根据图形交互式地剔除错误的、过密的点,发现某些需要补测的区域并进行补测。对断面扫描数据,还要进行扫描的系统误差改正。

(4)栅格数据转换为矢量数据。由地图扫描数字化仪获取的地图扫描影像是一灰度阵列。首先经过二值化处理,再经过滤波或形态处理,并进行边缘跟踪,获得等高线上按顺序排列的点坐标,即矢量数据,供以后建立 DEM 使用。

(5)数据的分块。数据分块主要是为了在内插 DEM 时能在大量的数据点中迅速地查找到所需要的数据点。

(6)子区边界的提取。根据离散的数据点内插规则格网 DEM,通常是将地面看做一个光滑的连续曲面。但是,地面上存在着各种各样的断裂线,如陡崖、绝壁以及各种人工地物,使地面并不光滑,这就需要将地面分成若干区域即子区,使每一子区的表面为一连续光滑的曲面。这些子区的边界由特征线(如断裂线)与区域的边界组成。确定每一子区的边界可以采用专门的数据结构方式来解决。

(二)DEM 内插

DEM 内插就是根据数据点上的高程求出其他待定点上的高程。在 DEM 数据采集的过程中,由于所采集的原始数据点不一定是正规的格网排列,它们可能是沿等高线走向排列、沿地形构造线排列或是按地形任意分布排列的,有时虽按格网排列,但密度不符合要求,仍然需要加密。因此,DEM 内插是必不可少的重要步骤。任意一种内插方法都以邻近的数据点之间存在很大的相关性为基础,这才有可能由邻近的数据点内插出待定点的数据。

五、DEM 的存储与管理

(一)DEM 数据文件的存储

经内插得到的大量的 DEM 数据必须以一定结构与格式存储起来,以利于各种应用。一般是按照以图幅为单位的文件存储或建立地形数据库。DEM 数据文件的存储是将 DEM 数据以图幅为单位建立文件存储在磁带、磁盘或光盘上,通常其文件头存放有关的基础信息,包括起点平面坐标,格网间隔,区域范围,图幅编号,原始资料有关信息,数据采集仪器、手段与方式,DEM 建立方法、日期与更新日期,精度指标及数据记录格式等。文件头之后就是 DEM 数据的主体——各格网点的高程。

考虑到 DEM 数据的兼容性和共享,建立全国性或全球性的 DEM 数据库是必须的。目前,世界上已有一些国家建立了全国范围的地形数据库。

(二)DEM 的数据管理

若 DEM 以图幅为单位存储,每一存储单位可能由多个模型拼接而成,因而要建立一套管理软件,以完成 DEM 按图幅为单位的存储、接边及更新工作。

对每一图幅可建立一个管理数据文件,记录每一个 DEM 格网或小模块的数据录入状况，管理软件根据该文件以图形方式显示在计算机屏幕上，使操作人员可清楚、直观地观察到该图幅范围 DEM 数据的录入情况。对 DEM 数据的更新应十分谨慎。对于用户，DEM 数据应是只能读取而不能写入的，只有 DEM 维护管理人员才能写入。另外，若 DEM 数据已输入了数据库，则该数据库管理系统应当有一些措施来保护数据库的数据，防止数据库的数据受到干扰和破坏。

六、数字高程模型的应用

由于数字高程模型存储的是数字形式的信息，所以便于修改、更新、复制和管理，并可以方便地转换成其他形式的产品，所以它的应用十分广泛。

（一）在测绘方面的应用

在测绘行业，利用数字高程模型可以很方便地制作正射影像图、立体透视图、立体景观图、立体匹配片、立体地形模型及等高线的自动绘制。在制图中，计算机可利用 DTM 制作出坡度图、坡向图、晕渲图等。

（二）在工程建设及其他方面的应用

可以说，数字高程模型在土木工程中是其最早的应用之一。例如，在公路、铁路等建设设计的选线中，应用数字高程模型可以自动绘制出断面图，并计算出土石方等工程量，以优化和确定选线方案。另外，数字高程模型在水利工程、农田规划管理、机场、码头、管线建设以及通信网络等的设计中都有极广泛的应用，可用于体积、面积的计算，各种剖面图的绘制及线路的设计等。

（三）在军事方面的应用

数字高程模型在军事方面有重要的应用价值。例如，将数字高程模型存入导弹头中，可使导航精度和命中率大大提高。所以，军事上的巡航导弹的导航，无人驾驶或遥控飞行装置的控制，作战任务的计划等都离不开数字地面模型的支持。

（四）在地理信息系统（GIS）方面的应用

目前，数字高程模型的一个重要发展趋势就是与其他数字化数据构成综合性的地理信息系统。可以说，数字高程模型是基础地理信息系统（GIS）数据的基本内核。现在利用数字高程模型生产出的基础地理信息系统产品有以下 4 种基本模式（简称“4D”）。

1. 数字高程模型 DEM（ Digital Elevation Model）

它是将现有地形图等高线数字化或利用像对以数字摄影测量方式生成栅格式的 DEM。

2. 数字正射影像图 DOM（ Digital Orthophoto Map）

它是在 DEM 支持下，对影像进行数字微分纠正和拼接而成的产品。

3. 数字栅格地图 DRG（ Digital Raster Graphic）

它是将地形图数字化后经误差校正与整形处理而生成的产品。

4. 数字线划地图 DLG（ Digital Line Graphic）

它是将地形图或专题图的有关线划信息矢量数字化后生成的产品。

以上 4 种基本模式产品的组合可以形成多种多样的复合产品，如图 8-6 所示为数字正射影像与等高线的叠合图。

图 8-6　数字正射影像与等高线叠合图

第五节　数字微分纠正

从第二章的分析中我们已经知道，如果对平坦地面摄得一水平的航摄像片，则该像片具有正射投影的性质，且像片上各处的比例尺一致。因此，这种航摄像片可以当做像片平面图使用。但实际中，即便地面平坦，而航摄像片总难免存在一定的倾斜，由此使得航摄像片上的像点产生倾斜误差。如何解决这一问题，正是航摄像片纠正的任务。

在航测中，把由倾斜像片变换成规定比例尺的水平像片的作业过程叫做像片纠正。经像片纠正后得到的水平像片称为纠正像片。像片纠正的方法有两种：一种是模拟法像片纠正，这种方法纠正的像片仍是中心投影，它只能消除倾斜误差，而不能消除地形起伏产生的投影差，只适用于平坦地区；对于起伏较大的地区，应采用另一种方法——微分纠正，它是利用一个足够小的面积作为纠正单元，并根据该纠正单元的地面实际高程来控制纠正元素，使之实现从中心投影到正射投影的变换。

实现微分纠正有两种方式：光学微分纠正和数字微分纠正。

一、模拟法像片纠正

（一）像片纠正的基本思想

如图 8-7 所示，P 表示对平坦地面 T 经摄影中心 S、航高为 H 时所摄得的一倾斜航摄像片。假设在平坦地面有一图形 $ABCD$，该图形在 P 上的构像 $abcd$ 则必然因像片的倾斜而产生变形，上述过程即为摄影过程。

若设想能有一投影设备，可以完全恢复该像片 P 在摄影瞬间的空间方位（即恢复其内、外方位元素），并将像片通过人工光源经 S 反转投影，则 P 上各点的投影即可与物面 T 的相应点一一重合，该过程称为摄影过程的几何反转过程。此时，若在一个平行于 T 面，

且距 S 为 $Z=H/M$ 的水平面 E 上晒像，就能得到一张比例尺为 $1/M$，且消除了倾斜误差的水平像片。

因而，我们说航摄像片纠正的基本思想是利用摄影过程的几何反转原理。

（二）航摄像片纠正适用于平坦地区

由于像片纠正只是消除了因像片倾斜所引起的像点位移，而对因地形起伏所产生的投影误差并不能够消除。所以，航摄像片纠正只适用于平坦地区。那么，地面高差在什么范围才算平坦地区呢？

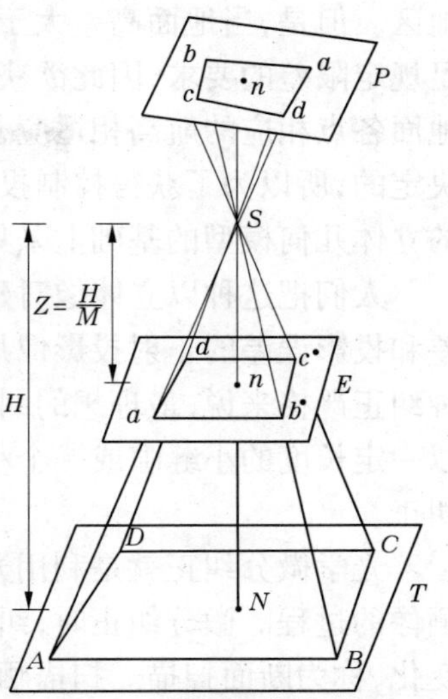

图 8-7　模拟法像片纠正

目前，航测中把一张纠正像片范围内，任何像点由于地形起伏所引起的投影误差均小于规范规定限差 δ_E 的地区称为平坦地区。

从投影误差的特性可知，投影误差的大小与所选择的基准面有关。如果以像片作业面积内的平均高程面作为纠正基准面，允许地面点高于或低于这一基准面的高差为 h，那么从最低点到最高点的允许高差则为 $2h$，一般设 $Q=2h$，即可得出像片纠正对地面起伏的高差限制公式

$$Q = 2\delta_E \frac{f}{r} M \tag{8-2}$$

式中　f——航摄仪主距；

M——成图（即纠正像片）比例尺分母；

r——航摄像片有效使用面积的最大辐射距；

δ_E——纠正像片上的规定投影误差的限差（例如，当 1∶5 000、1∶10 000 成图时，规范规定 $|\delta_E|=0.4$ mm），也就是说，只有当像幅范围内的最大高差 h_{max} 小于式(8-2)的限制时，才能得到投影误差 δ_E 不超过规定限差的纠正像片。

一般来说：当 $h_{max}<\frac{1}{2}Q$ 时，可直接对点纠正；当 $\frac{1}{2}Q<h_{max}<Q$ 时，选取中间高程面作基准面，算改投影差后对点纠正；当 $h_{max}>Q$ 时，现一般采用微分纠正。

模拟法像片纠正作业是在纠正仪（如 HJ－24 型纠正仪）上进行的，首先将 4 个已知的纠正点准确地刺在像片上，并将纠正点按成图比例尺展点在图板上。然后，利用纠正仪的各个螺旋动作使像片投影下来的像点与图版上所展的相应纠正点一一对合，最后在承影面上放上像纸进行曝光晒像，从而获得所需的纠正像片。

可以看出，上述像片纠正的方法是以单张像片为基础的二维纠正且只适用于高差小于限差 Q 的平坦地区，它只能消除倾斜误差。但是，当地面的高差大于限差 Q 时，投影差就不能满足规范规定的限差要求。此时，要想获得起伏地区具有统一比例尺的正射像片平面图，必须采用像片微分纠正的方法。

二、光学微分纠正

普通的像片纠正是以单张像片为基础的二维纠正，只适用于高差小于限差 Q 的平坦

地区。但是,当地面高差大于限差 Q 时,无论基准面选在何处,也不可能使投影差完全满足规定限差的要求,因此欲获得起伏地区具有统一比例尺的纠正像片,必须使投影高度与地面各点相应的航高相适应,进行逐点纠正才行,而投影高度的变化实际上是由地形起伏决定的,所以为了获得控制投影高度的地面各点的高程信息,就应事先在建立与地面相似的立体几何模型的基础上采集到该地区的地形断面或数字高程模型的数据。

人们把这种以立体像对建立地面模型为基础,将中心投影的像片变成消除了倾斜误差和投影误差的正射投影像片的技术叫正射投影技术,所采用的仪器是正射投影仪。这种纠正严格来说,最理想的纠正单元应是"点",但实际中逐点纠正是很难办到的,通常是以一定长度的小缝隙或一个小面积代替"点"作为纠正单元,所以正射投影技术亦称微分纠正。

光学微分纠正就是利用光学投影类的正射投影仪对像片影像逐个纠正单元进行扫描晒像的过程。微分纠正时,纠正单元沿 Y 方向地形断面移动的同时,投影高度 Z 也随之变化,称为断面扫描。扫描晒像完一带后,在 X 方向移动一个纠正单元,再进入下一断面扫描带,称为步进。如此往复,直至整个像幅纠正完毕,如图 8-8 所示。

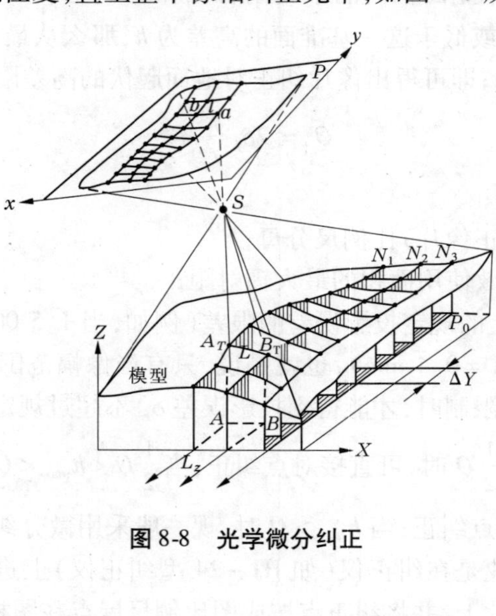

图 8-8　光学微分纠正

三、数字微分纠正

前面介绍的两种像片纠正均是传统的光学方法纠正,它们在数学关系上受到了很大的限制,特别是近代遥感技术中许多新的传感器的出现,产生了不同于经典的框幅式航摄像片的影像,使得经典的光学纠正仪器难以适应这些影像的纠正任务,而且这些影像中有许多本身就是数字影像,不便使用这些光学纠正仪器。使用数字影像处理技术不仅便于影像增强、改变反差等,而且可以非常灵活地应用到影像的几何变换中,形成数字微分纠正技术。

(一)数字微分纠正的基本原理

根据有关的参数和已经建立的数字地面模型,利用相应的构像方程式,或按一定的数学模型用控制点解算，对数字图像逐像元进行微分纠正，获取正射影像的过程叫做数字微分纠正或数字纠正。数字微分纠正必须在已知影像的内定向参数和方位元素以及数字高程模型的情况下进行。

从被纠正的最小单元来区分微分纠正的类别，基本上可分为两类：一类是点元素纠正，另一类是线元素纠正。多数光学微分纠正仪器属于线元素微分纠正，即以很窄的缝隙作为纠正的最小单元。而数字影像则是由像元素排列而成的矩阵，其处理的最基本的单元是像素。因此，对数字影像进行数字微分纠正，在原理上最适合点元素微分纠正。但实际上，能否真正做到点元素微分纠正，取决于能否真实地测定每个像元的物方坐标(X,Y,Z)，一般采用线性内插，此时数字纠正实际上还是线元素纠正或面元素纠正。

数字微分纠正与光学微分纠正一样，其基本任务是实现两个二维图像之间的几何变换，因此数字纠正的基本原理与光学微分纠正一样。在数字微分纠正过程中，必须首先确定原始图像与纠正后图像之间的几何关系。实际上是根据纠正变换公式，把影像阵列中的灰度值（即像元素）挪动位置。当新的位置（即在纠正后影像中相应像元素所应有的位置）恰是整数行列的位置上时，简单地把原有灰度值放到新位置上即可；但当新位置不是整数行列的位置上时（这种情况是普遍发生的），就存在着该非整数位置与周围整数位置之间的灰度值的插值分配问题，即所谓像元素灰度值的重采样。

（二）数字微分纠正的两种解决方法

设任意像元在原始图像和纠正后图像中的坐标分别为$p(x,y)$和$P(X,Y)$，则它们之间的关系为

$$\left.\begin{aligned} x &= G_x(X,Y) \\ y &= G_y(X,Y) \end{aligned}\right\} \tag{8-3}$$

$$\left.\begin{aligned} X &= F_X(x,y) \\ Y &= F_Y(x,y) \end{aligned}\right\} \tag{8-4}$$

式(8-3)的纠正过程是从空白的纠正影像出发，按行列的顺序依次以每个像素点位反求其在原始影像中的位置，即利用纠正后的影像阵列依次计算其每个像元素$P(X,Y)$在原始影像中的位置$p(x,y)$，同时把$p(x,y)$的灰度值送到$P(X,Y)$像元素的位置上去，这种方法称为反解法（或称为间接解法），如图8-9所示。而式(8-4)则反之，该方法的纠正过程是从原始影像阵列出发，按行列顺序依次对每个原始像元素点位求其在输出影像（纠正影像）中的正确位置，亦即在原始影像阵列中，依次对其中每一个像元素$p(x,y)$通过纠正公式求其在新影像中的位置$P(X,Y)$，最后把$p(x,y)$位置上的灰度值送到$P(X,Y)$像元素位置上去，这种方法称为正解法（或称直接解法）。

正解法存在很大的缺点，其在纠正后的影像上所得到的像点是非规则排列的，有的像素内可能“空白”（无像点），有的可能重复（多个像点），因此难以实现灰度内插，获得规则排列的纠正数字影像。由于正解法的缺点，在数字微分纠正中，一般是采用反解法来解求对应像元素的位置，然后进行灰度的内插与赋值运算。

（三）数字正射影像图

数字正射影像图（DOM）是根据数字高程模型对中心投影的航摄影像进行纠正处理、

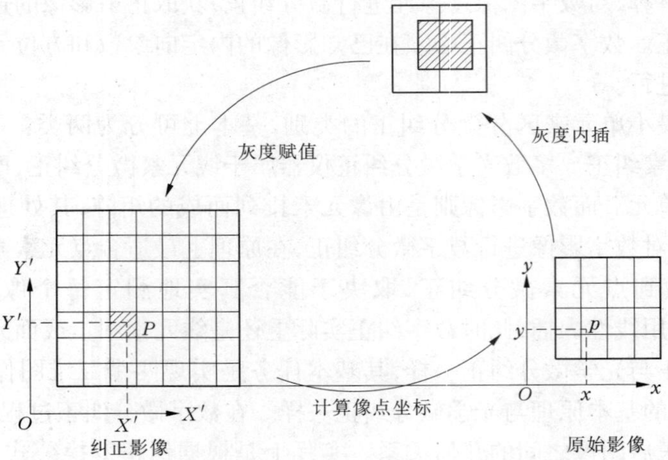

图 8-9　反解法数字纠正

消除了投影差的垂直投影的影像地图(见图 8-10)。由于它包含地表的各种原始信息,而且通过纠正处理,比例尺和相关位置是准确的,可用于城市规划、环境保护、资源调查、灾害防治以及军事等多种领域。据统计资料显示,我国城市数字正射影像图相对于线划图无论是数量还是种类均少得多,覆盖范围也很有限,所用片种包括黑白、彩红外和真彩色三种,主要用途是城市规划、土地调查和更新地形图。

目前,数字正射影像图在世界范围受到了广泛的重视,特别是随着 1 m 分辨率卫星影像投入使用,以及影像识别和单像特征提取技术的进展,将会得到越来越广泛的应用。数字摄影测量系统可以进行正射影像纠正和镶嵌、影像修补、任意影像的无缝镶嵌,此外,将数字正射影像图与数字高程模型叠加,可生成城市的三维景观图(见图 8-11)。

图 8-10　数字正射影像图

图 8-11 三维景观图

第六节 数字摄影测量系统

随着信息技术和计算机技术的迅猛发展,航空摄影测量技术也有了前所未有的发展和进步。全数字摄影测量系统取代传统的摄影测量内业仪器,作为基础地理数据获取的作业平台,已成为必然的发展趋势。全数字摄影测量系统在生产实际中的应用是摄影测量内业的一次革命。传统的航测内业是一个复杂的系统工程,而且产品单一,功效落后。现在,运用全数字摄影测量系统,在一台微机上就能完成航测内业的各个工序的工作,而且操作简单,工效翻倍,精度可靠,产品多样。数字摄影测量系统已经大大地改变了我国传统的测绘模式,提高了行业的生产效率,它不仅是制作各种比例尺的"4D"测绘产品的强有力的工具,也为虚拟现实和 GIS 提供了基础数据,是 3S 集成、三维景观和城市建模等强有力的操作平台。

数字摄影测量系统的任务是利用数字影像或数字化影像完成摄影测量作业。其根据所处理的影像是部分数字化还是全部数字化可分为混合型数字摄影测量系统与全数字型数字摄影测量系统。本节只介绍全数字型数字摄影测量系统。

全数字型数字摄影测量系统首先是将光学影像完全数字化或直接采用数字影像,这种系统不需要精密的光学机械部件,集数据获取、存储、处理、管理、成果输出为一体,在单独的一套系统中就可以完成所有的测量任务,因而有人建议把其称为"数字测图仪"。由于它可以生产三维图示的形象化产品,其应用将远远超过传统摄影测量的范畴,因而人们更倾向于称其为数字摄影测量工作站。

一、数字摄影测量系统的构成

(一)硬件

数字摄影测量系统主要由两部分构成:一部分是数字影像获取装置与成果输出设备,

另一部分(也是其核心部分)是一台计算机及外围设备。

1. 数字影像获取装置与成果输出设备

扫描仪是将光学影像数字化的装置,又称影像数字化仪。目前,我国常用的扫描仪多为进口仪器,价格昂贵,有美国的 VX 3000、VX 4000 型扫描仪及奥地利生产的 Ultra 5000 型扫描仪等。中国测绘科学研究院生产的 Imatizer 2305 影像扫描仪是一台专业型高精度大幅面胶片影像数字化仪,扫描范围为 250 mm × 240 mm,像元尺寸可在 12.5 ~ 25 μm 连续采集,扫描速度快,输出数据格式为 TIFF,适应于 23 cm × 23 cm 及以下尺寸的彩色/黑白、整卷/单张、正/负透射航空摄影胶片的数字化扫描(见图 8-12)。

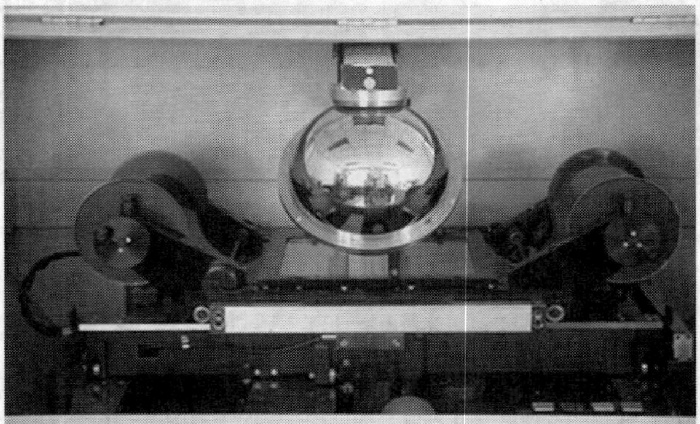

图 8-12　Imatizer 2305 扫描仪

成果输出设备主要用于输出线划图和胶片。大幅面高分辨率的影像输出设备,目前以进口产品为主,将加工后的图形、文字等,通过光栅图像处理器(RIF)将数据重新排列、组合,以控制激光光束、成果输出设备使在高速旋转的滚筒上的胶片曝光,得到高精度的、可用于印刷的图形胶片。

2. 计算机及其外围设备

由于数字摄影测量处理的数据量非常大,比如一张 23 cm × 23 cm 的航摄像片,当采样间隔为 0.05 mm 时,就有 21 MB 字节的数据量,因此一套实用的数字摄影测量系统,对计算机的处理速度与容量的要求就非常高。目前,随着计算机技术的飞速发展,市面上售销的各种计算机已完全能够满足数字摄影测量的要求。

对数字影像的立体观察,可将立体反光镜置于显示屏幕前,对并列显示的两幅影像进行观察;或者利用互补色影像显色,如左片为红色、右片为绿色并叠加在屏幕上,然后利用红绿眼镜进行观察;或者利用偏振光及闪闭法进行立体观察,这种专用于立体观测的监视器已得到迅速发展,是目前常用的一种观测方式。

(二)软件

数字摄影测量系统的软件实际上是解析摄影测量软件与数字图像处理软件的集合,其主要部分为:

(1)定向参数的计算。

①内定向。框标的自动与半自动识别与定位,利用框标检校坐标与定位坐标,计算扫描坐标系与像片坐标系间的变换参数。

②相对定向。将左影像分区提取特征点,利用二维相关寻找同名点,计算5个相对定向参数。金字塔影像数据结构与最小二乘影像匹配方法一般都要用于相对定向过程,人工辅助量测有时也是需要的。

③绝对定向。现阶段主要由人工在左(右)影像定位控制点,由最小二乘匹配确定同名点,然后计算7个绝对定向参数。今后有可能建立控制点影像库以实现自动绝对定向。

(2)空中三角测量。其基本算法与解析摄影测量相同,但由于数字摄影测量可利用影像匹配替代人工转刺,从而极大地提高了空中三角测量的效率,避免了粗差,提高了精度。

(3)形成按核线方向排列的立体影像。按同名核线将影像的灰度预以重新排列,形成核线影像。

(4)影像匹配。沿核线进行一维影像匹配,确定同名点。考虑结果的可靠性与精度,应合理地应用影像匹配的各种方法。

(5)建立DTM。按定向元素计算同名点的地面坐标(X,Y, Z),然后内插DTM格网点高程,建立DTM。

(6)自动生成等高线。

(7)制作正射影像。

(8)等高线与正射影像叠加,制作带等高线的正射影像图。

(9)制作景观图、DTM透视图。

(10)基于数字影像的机助量测(如地物、地貌元素的量测)。

(11)注记。

(三)数字摄影测量的主要产品

(1)数字地面模型:如数字高程模型DEM。

(2)数字线划图:如数字地图。

(3)数字正射影像图。

(4)立体景观图。

(5)立体透视图。

(6)立体模型。

(7)各种工程设计所需的三维信息。

(8)各种信息系统、数据库所需的空间信息。

目前,国际市场上常用的全数字摄影测量系统主要有:

(1)Leica公司的Helava数字摄影测量系统(市场占有率最大)。

(2)德国Zeiss公司的PHOTODIS系统。

(3)美国InterGraph公司的ImageStation系统。

(4)中国武汉测绘科技大学的VirtuoZo系统。

(5)中国测绘科学研究院的JX-4C系统。

由于全数字摄影测量系统对系统的软、硬件配置有较高的要求,目前主要是两种形式:一种是硬件、软件一体化的数字摄影测量工作站,它的功能相对较强,但投资相对较高;另一种是独立的软件系统,它可以安装在多种计算机硬件平台上,成本相对较低。下面主要介绍我国的VirtuoZo和JX-4C两个系统。

二、VirtuoZo 全数字摄影测量系统

VirtuoZo 全数字摄影测量系统是由武汉大学张祖勋院士主持研究开发的全数字摄影测量系统。1985 年完成了 WuDAMS1.0 版本，尔后与澳大利亚 Geonautics 公司合作，于 1994 年 9 月在澳大利亚黄金海岸正式推出第一个商品化的工作站版本，并将 WuDAMS 更名为 VirtuoZo。1998 年由武汉适普公司推出其微机 NT 版本——VirtuoZo NT。

VirtuoZo 全数字摄影测量系统是一个功能齐全、高度自动化的现代摄影测量系统。该系统为用户提供了从自动空中三角测量到测绘地形图的全套整体作业流程解决方案，不仅能根据航空影像生产从 1:50 000 到 1:500 各种比例尺的“4D”产品（DEM、DOM、DLG 和 DRG），还能处理近景影像，卫星影像（SPOT1－4、TM 等），高分辨率的 IKONOS、QuickBird、SPOT5 卫星影像和可量测数码相机影像。VirtuoZo NT 采用最先进的快速匹配算法确定同名点，匹配速度高达 500～1000 点/s，其开放的数据交换格式也可与其他测图软件（如 GIS 软件和图像处理软件等）进行方便的数据共享。

该系统大部分的操作不需要人工干预，可以批处理地自动进行，用户也可以根据具体情况灵活选择作业方式。VirtuoZo NT 拥有多种高效实用的测图模式以及 MicroStation 接口测图模块，是 3S 集成、三维景观、城市建模和 GIS 空间数据采集等最强有力的操作平台。

（一）VirtuoZo 系统的硬件配置

1. 计算机

VirtuoZo 软件系统所占用的磁盘空间为 150 MB（标准安装），对计算机的配置要求较高，一般要求为：

CPU：Pentium Ⅳ 1 GHz 或以上。

内存：1 GB 以上。

硬盘：120 GB 以上。

显卡：需要选用支持 4 buffer OpenGL 立体的显卡。

显示器：推荐使用双屏，显示器在 1 024×768 的分辨率下的刷新频率应达到 100 Hz 以上。

2. 立体观测设备

立体反光镜或液晶立体镜、手轮、脚盘、三维鼠标等。

（二）VirtuoZo 软件功能介绍

1. 数字影像输入

通过影像数字化设备对影像进行数字化，得到相应的数字影像，可以接收的数据格式有 TIF、SGI（RGB）、BMP、TGA、SUNRaster、VIT、JFIF/JPEG、BSF 格式。

2. 自动空三量测

自动内定向、自动选点与转刺，自动相对定向，半自动控制点量测，用区域网平差计算解求全测区加密点大地坐标。自动建立测区内各立体像对模型的参数。

3. 内定向

框标的自动识别与定位，自动进行内定向。提供人机交互后处理功能。

4. 相对定向

自动寻找同名点，计算相对定向参数。提供人机交互后处理功能。

5. 绝对定向

人工参与确定控制点位置，系统自动匹配同名点并计算绝对定向参数。

6. 生成核线影像

在用户选定的区域中，按同名核线将影像的灰度予以重新排列，形成按核线方向排列的立体影像。

7. 预处理

在影像自动匹配之前，可在立体模型中量测一部分特征点、特征线和特征面，作为自动影像匹配的控制。

8. 影像匹配

沿核线进行一维影像匹配，确定同名点。采用金字塔影像数据结构，基于跨接法的整体影像匹配，高速自动匹配达 500 点/s。

9. 匹配结果的显示和编辑

匹配结果的显示和编辑是数据的后处理工作。在立体模型中可显示视差断面或等视差曲线以便发现粗差，可显示系统认为是不可靠的点。交互式机助编辑有点、线、面方式，利用鼠标可控制测标四个方向的运动。

10. 建立 DTM/DEM

移动曲面拟合内插 DTM。自动生成精确的数字地面模型 DTM(DEM)或被测目标的数字表面模型。精度为 1/3 000 ~ 1/5 000 航高。

11. 正射影像的自动制作

采用反解法进行数字纠正，比例尺由参数确定，自动绘制正射影像图。

12. 自动生成等高线

由 DEM 自动生成带有注记的等高线图，等高线间隔由参数设定。

13. 正射影像与等高线叠合

将等高线数据装入正射影像文件中，制作带等高线的正射影像图。

14. 数字化地物

利用计算机代替解析测图仪、用数字影像代替模拟像片、用数字光标代替光学测标，直接在计算机上对地物数字化。

15. 影像与立体影像显示

可在屏幕上直接显示当前数字影像是否清晰，其方位是否正确，查看整个数字影像的完整性，还可以在屏幕上直接显示三维立体影像。

16. 景观图或透视图显示

可在屏幕上直接显示景观图和透视图，真实透视，真实三维模型，其影像可无限缩放，任意角度，人控动画。

17. DEM 拼接与正射影像镶嵌

对多个影像模型进行 DEM 拼接，给出精度信息与误差分布。对正射影像、等高线影像、等高线叠合正射影像镶嵌。正射影像镶嵌拼接无缝，色调平滑过渡。

18. 批处理

对多个模型一起进行多项计算处理，由批处理参数选择模型文件名，处理类型（核线、匹配、DTM/DEM、正射影像、等高线、正射影像 + 等高线），系统自动进行批处理。

19. 输出

提供灵活的图形、图像输出功能，可用各种计算机外设输出线划图、影像图。可提供的数据格式有以下几种：

（1）VirtuoZo Vector —— DXF，Text，ARC/INFO；

（2）VirtuoZo DEM —— Text，DXF；

（3）VirtuoZo Contour —— DXF；

（4）VirtuoZo Image —— TIFF、RGB、BMP、TGA、SUN、JFIF/JPEG。

VirtuoZo 系统的工作流程如图 8-13 所示。

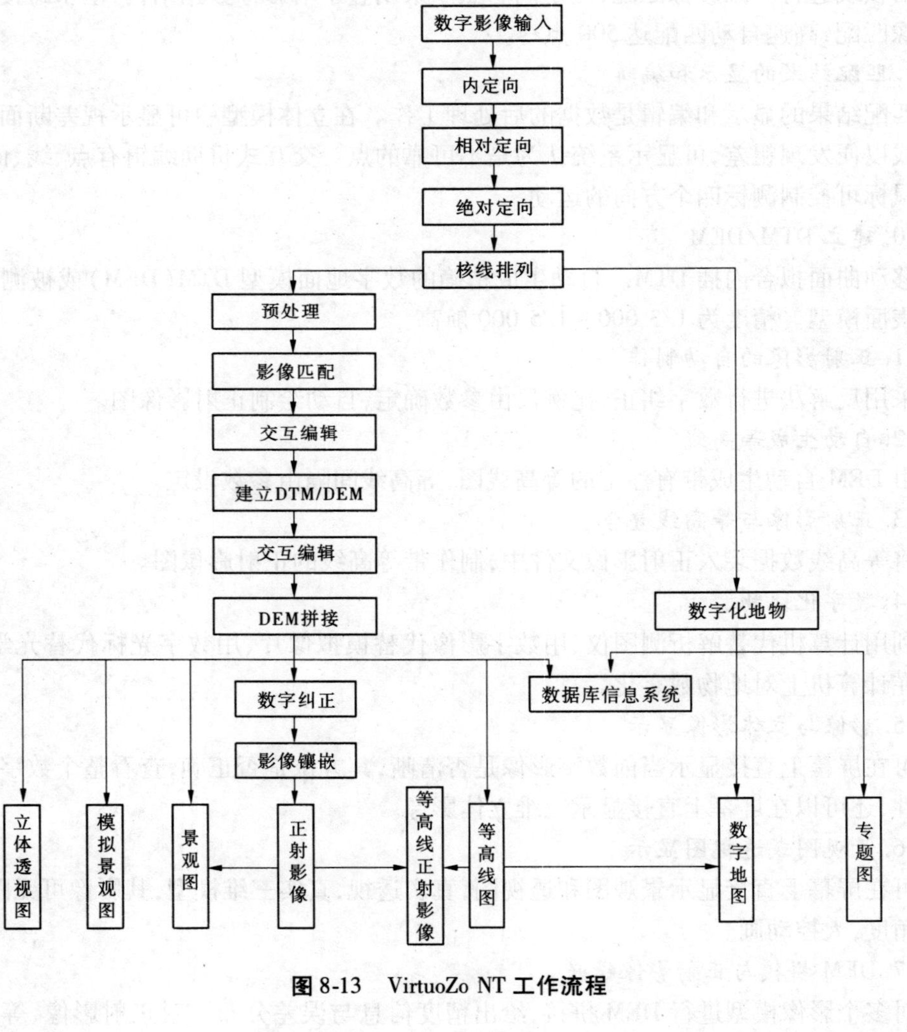

图 8-13　VirtuoZo NT 工作流程

三、JX－4C 数字摄影测量系统

JX－4C 是由中国测绘科学研究院研制的一套半自动化、实用性强、人机交互功能好、有很强的产品质量控制工艺的微机数字摄影测量工作站。该系统有一个极好的立体交互手段，立体观测效果并不亚于进口的解析测图仪，若加上手轮、脚盘和脚踏开关就成为一台彻头彻尾的解析测图仪。该系统最显著的一个特点是具有强大的立体编辑和产品质量的可视化检查功能。JX－4C 数字摄影测量系统的外观如图 8-14 所示。

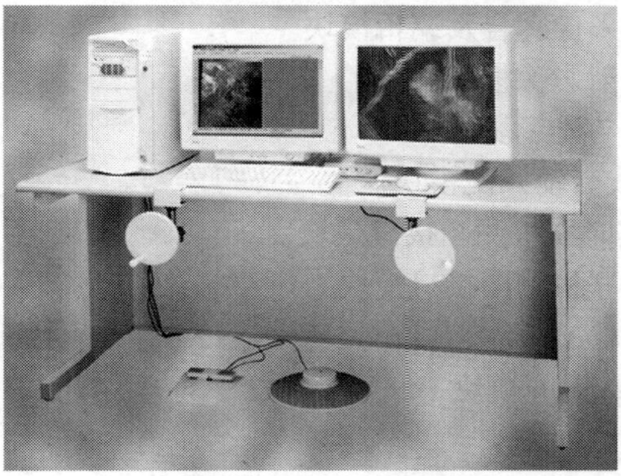

图 8-14　JX－4C 数字摄影测量系统的外观

（一）硬件配置

1. 计算机

采用最新型的计算机配置，如：

CPU：Intel Pentium Ⅳ、主频 3.0 GHz 800 FSB；

主板：Intel 865PE 芯片组；

内存容量：1 GB（512 MB DDR 400 两条）以上；

硬盘容量：120 GB 以上，7 200 转；

光驱：16 × DVD ROM；

显示卡：专业工作站级显示卡（显示内存 256 M，立体信号输出）；

网卡：10/100 Mbps 以太网接口卡；

显示器：19 英寸纯平彩色显示器 2 台。

2. 立体观测设备

液晶立体镜两副，3D 输入、输出立体卡各 1 块，红外同步器 1 台，手轮 2 只，脚盘 1 只，脚踏开关 1 只。

（二）JX－4C 的软件功能

（1）3D 输入、3D 显示驱动模块。

（2）全自动内定向、相对定向及半自动绝对定向模块。

（3）影像匹配模块。

（4）核线纠正及重采样模块。

（5）空三加密数据导入模块。

(6)投影中心参数直接安置模块。

(7)整体批处理模块(内定向、相对定向、核线重采样、DEM 及 DOM 等)。

(8)矢量测图模块。

(9)鼠标立体测图模块。

(10)TIN 生成及立体编辑模块。

(11)自动生成 DEM 及 DEM 拼接模块。

(12)自动生成等高线模块。

(13)等高线与立体影像套合及编辑模块。

(14)由 TIN 生成正射影像模块。

(15)正射影像拼接匀光模块。

(16)特征点、特征线自动匹配模块。

(17)MicroStation 实时联机测图接口模块。

(18)AutoCAD 实时联机测图接口模块。

(19)地图符号生成器模块。

(20)影像处理 ImageShop 模块。

(21)三维立体景观图模块。

(22)数据转换和 DEM 裁切等多个使用小工具软件。

(三)JX－4C 的特点

1.精度高

子像元级的观测平台保证向量测图可达到很高的精度;采用 TIN 的立体编辑生成特征线、特征点,使 DEM 精度高,等高线形态好。由于 DEM 精度高,加上正射纠正采用严密公式解算,使 DOM 达到很高的质量。

2.实用性强

(1)手轮、脚盘及作业与解析测图仪相同,操作方便。

(2)作业边界、水域边界、平坦地区边界、镶嵌边界均是多边形区域。

(3)向量测图同 JX－3(三维 DLG 测量)、矢量(包括线形和符号)、DEM 和 TIN,可映射到立体屏幕上。

(4)很强的立体编辑功能:二维屏幕可同时进行矢量、DEM、TIN 和 DOM 的叠加、显示和编辑;硬件的影像漫游、图形漫游、测标漫游,实现了方便的实时立体编辑。

(5)多种影像处理:除进行常规的航空影像处理外,还可接收诸如 IKONOS、SPOT5、QuickBird、ADEOS、RADARSAT 等卫星与雷达影像,可通过以上数据获取 DEM、DOM、DLG 成果。

(6)与下列三种软件实时联机:MicroStation、AutoCAD2000(2002)、ArcGIS。

(7)采用双屏幕显示(两台 19 寸纯平彩显),图形和立体独立显示于两个不同的显示器上,使得视场增大,立体感强,影像清晰、稳定,便于进行立体判读。

(8)由 TIN 生成正射影像,解决了城市 1:1 000、1:2 000 比例尺正射影像中由于高层建筑和高架桥引起的投影差问题,使大比例尺正射影像完全重合,更加精确地描述诸如道路等地物的形态,没有变形。

(9)利用大地定向软件,解决传统航测长期以来先外业控制、后内业测图的问题,使外业和内业可以同时作业,提高了工作效率,保证了测图精度。

3. 质量控制手段有效

(1)DEM 精度控制:有特征线、零立体检查、左右图像和左右图形的四体漫游。

(2)DEM 接边:检查点有 DEM 精度统计报告。

(3)500 多种国标分类已装进系统,保证了分类的正确性。

(4)向量映射检查,甚至用于检查外业成果。

(四)输出格式

矢量——DGN ,DXF,Shapile(ArcGIS),ASC 和 JX4。

DEM——ASC ,DXF 和 JX4(中国国家标准)。

TIN——JX4 ,ASC 和 DXF。

DOM——Tiff 和 TFW。

思考题

1. 摄影测量的三个发展阶段及其特点各是什么?
2. 什么是数字摄影测量?它包括哪些部分?各部分的特点是什么?
3. 何谓像素?什么是数字影像?数字影像是如何获取的?
4. 利用相关技术进行立体像对自动量测的原理是什么?
5. 什么是影像匹配?影像匹配技术解决了数字摄影测量中的什么问题?
6. 什么是 DTM 与 DEM?DEM 的建立一般经过哪些步骤?
7. 基础地理信息系统产品的四种基本模式(即 4D 产品)指的是什么?
8. 什么是航摄像片纠正?航摄像片纠正的基本思想是什么?
9. 何谓数字微分纠正?它与传统的光学微分纠正有什么区别?
10. 数字摄影测量的主要产品有哪些?

参考文献

[1] 李德仁,王树根,周月琴. 摄影测量与遥感概论[M].2 版.北京:测绘出版社,2008.

[2] 李德仁,郑肇葆.解析摄影测量学[M]. 北京:测绘出版社,1992.

[3] 李德仁. GPS 用于摄影测量与遥感[M].北京:测绘出版社,1996.

[4] 乔瑞亭,孙和利,李欣.摄影与空中摄影学[M]. 武汉:武汉大学出版社,2008.

[5] 王之卓.摄影测量原理[M]. 北京:测绘出版社,1979.

[6] 袁修孝.GPS 辅助空中三角测量原理及应用[M]. 北京:测绘出版社,2001.

[7] 张祖勋,张剑清.数字摄影测量学[M]. 武汉:武汉测绘科技大学出版社,1996.

[8] 赵中华.航空摄影测量外业[M]. 北京:测绘出版社,1994.

[9] 中华人民共和国国家质量监督检验检疫总局,中国国家标准化管理委员会. GB/T 20257—2006 国家基本比例尺地图图式 第 2 部分:1:5 000 1:10 000 地形图图式[S].北京:中国标准出版社,2006.

[10] 国家技术监督局. GB/T 13977—92 1:5 000、1:10 000 地形图航空摄影测量外业规范[S].北京:中国标准出版社,1993.

[11] 中华人民共和国国家质量监督检验检疫总局,中国国家标准化管理委员会. GB/T 15661—2008 1:5 000、1:10 000、1:25 000、1:50 000、1:100 000 地形图航空摄影规范[S].北京:中国标准出版社,2008.